Horst Krüger:
Tiefer deutscher Traum
Reisen in die Vergangenheit

Deutscher
Taschenbuch
Verlag

Von Horst Krüger
sind im Deutschen Taschenbuch Verlag erschienen:
Ostwest-Passagen (1562)
Poetische Erdkunde (1675)
Spötterdämmerung (10355)
Das zerbrochene Haus (10665)
Zeit ohne Wiederkehr (11121)
Kennst du das Land (11158)

Ungekürzte Ausgabe
1. Auflage April 1986
Deutscher Taschenbuch Verlag GmbH & Co. KG,
München
© 1983 Hoffmann und Campe Verlag, Hamburg
ISBN 3-455-04015-2
Umschlaggestaltung: Celestino Piatti
Gesamtherstellung: C. H. Beck'sche Buchdruckerei,
Nördlingen
Printed in Germany · ISBN 3-423-10558-5
4 5 6 7 8 9 · 94 93 92 91 90 89

Das Buch

Horst Krüger, ein unruhiger Zeitgenosse, den die Neugier lange in der Welt umhertrieb, ist in diesem Buch auf der Suche nach der deutschen Identität. In Wittenberg geht er den Spuren des Protestantismus nach und entdeckt dabei ein eigenwilliges Psychogramm Martin Luthers. Er reist durch Preußen, erlebt den Sog der eigenen Kindheitserinnerungen und erzählt wie nebenbei die Lebensgeschichte Friedrichs des Großen. Er schildert das Weimar unserer Tage und versinkt unversehens im Thüringen Goethes. Er besucht Ostpreußen (»ein Traum von der Erde, wie sie einmal war«) und wagt sich nach Oberammergau zu den Passionsspielen. »Wie fremd sind sich die Deutschen?« fragt er sich und sucht in der DDR wie in der Bundesrepublik nach einem Gefühl von Zuhause. Ein sinnliches, melancholisches und sehr ehrliches Buch. »Ich habe es in einem Zug gelesen, Orte und Menschen neu entdeckt, den Osten, die Deutschen, auch unsere Geschichte neu sehen gelernt«, schrieb Arnulf Baring in der Wochenzeitschrift ›Die Zeit‹.

Der Autor

Horst Krüger, am 17. September 1919 in Magdeburg geboren, lebt seit 1967 als freier Autor in Frankfurt am Main. 1970 erhielt er den Thomas-Dehler-Literaturpreis, 1972 den Johann-Heinrich-Merck-Preis der Deutschen Akademie für Sprache und Dichtung, 1973 den Berliner Kritiker-Preis. Wichtige Veröffentlichungen: ›Das zerbrochene Haus. Eine Jugend in Deutschland‹ (1966), ›Fremde Vaterländer. Reiseerfahrungen eines Deutschen‹ (1971), ›Zeitgelächter. Ein deutsches Panorama‹ (1973), ›Ostwest-Passagen‹ (1975), ›Poetische Erdkunde. Reise-Erzählungen‹ (1978), ›Spötterdämmerung‹ (1981), ›Der Kurfürstendamm‹ (1982), ›Kennst du das Land‹ (1987).

Inhalt

»Franzosen und Russen gehört das Land
Das Meer gehört den Briten.
Wir aber besitzen im Luftreich des Traums
Die Herrschaft unbestritten.«

Heinrich Heine

Eisleben

Warum soll ich es verschweigen? Es sind keine schönen Erinnerungen, die blieben. Sicher, das graue Industrienest an den Ausläufern des Harzes, östlich, ist nie etwas Richtiges gewesen: vermurkste Armseligkeit. Kupferbergbau wurde früher betrieben. Heute Möbel- und Textilindustrie, dazu ein paar Zulieferbetriebe für Fernsehgeräte. Doch das ist es nicht, was ich meine. Der Geruch kleiner Leute lag immer über dem Mansfelder Land. Ungefähr das hatte ich ja erwartet, aus Magdeburg kommend. Nichts als plattes Land: viel Staub und Sand, alles Provinz, bröselnd.

Damals war aber September gewesen, noch einmal ein schöner, fast heißer Spätsommertag. Die Sonne stand hoch am Himmel. Sie war nicht zu sehen. Aus einer grauen Dunstglocke rieselten feinste Braunkohleteilchen und andere Chemiereste auf uns nieder. Wir waren bei Aschersleben in eine gespenstische Landschaft geraten. Wir waren an entlaubten Bäumen mit kahlen Ästen vorbeigefahren, im Septemberlicht. Tote Vögel lagen am Weg. Die Windschutzscheibe war wie erblindet. Wir husteten und schluckten Dreck runter. Die DDR, das muß man einräumen, ist auch in Fragen der Umweltverschmutzung heute eine führende Industrienation. Sie liegt ganz vorn. Weltniveau heißt das hierzulande.

Und wenn man so, verschwitzt und mit trockener Kehle, dann am Marktplatz in Eisleben außer einem Lenin-Denkmal zur Erfrischung nur zwei HO-Cafés findet und wenn in dem einen Café – wo es aber nichts gab – dem Gast die Mahnung entgegenspringt: »Wir bitten, die Stuhlordnung nicht zu verändern!« und in dem anderen – wo es Trinkbares gab – das Schild droht: »Es ist nicht erlaubt, die Handtasche auf den Nachbarstuhl zu legen!«, dann, ungefähr, versteht man, was ich meine. Es war der Geist autoritärer Spießigkeit, der mir, ziemlich ernüchternd, entgegenschlug, wieder einmal. Ach, DDR, ach, Sozialismus, du große Welthoffnung von vorgestern, ich werde es nie lernen. Daß aus der letzten Revolution unserer Epoche, daß aus dem großen russischen Oktober schlußendlich dies herauskam, diese triviale Verstaatlichung des Kleinbürgers, das kränkt mich immer wieder: lauter Gartenzwerge. Freudlos und rechthaberisch schienen mir die Leute von Eisleben zu sein.

Sein Geburtshaus: Daß es wegen Renovierung geschlossen war, will ich hinnehmen. Die ganze Republik war ja damals mächtig am Putzen und Aufpolieren der alten Sachen. Früher, zu Ulbrichts Zeiten, war Luther ja ein Fürstenknecht, jetzt ist er ein früher Ahnherr dieser Republik. Vielleicht ist beides so widersprüchlich nicht? Unser nationales Kulturerbe wurde jedenfalls auf Hochglanz gebracht. Es gibt hier Lutherhäuser in großer Zahl. Das hat seine Richtigkeit, historisch gesehen. Er ist viel gereist. Er war, obwohl seßhaft von Natur, dauernd unterwegs, ein Wanderprediger seiner Sache. Und diese Häuser, wo er wohnte, erzählen heute davon – was?

Lutherhäuser im Arbeiter- und Bauernstaat sehen alle gleich aus. Es sind meist zwei- oder dreistöckige, sehr spitze Giebelhäuser mit schönen Fachwerkfassaden, die sich durch ihre gepflegte Bürgerlichkeit sehr vorteilhaft vom Grau der Republik abheben. Drinnen im Treppenhaus ist etwas kunstgewerblich Betuliches typisch. Altfränkisch und doch kahl die Zimmer. Der Schrank und das Bett, solide, etwas klobige Tischlerkunst, wie man sie heute auch bei uns findet in den ländlichen Bungalows unserer gehobenen Stände. Immer steht ein solider Holztisch in der kleinen Stube. Auf dem Tisch liegt immer eine Bibel aufgeschlagen. Immer hängen ein schlichtes Kreuz und ein Lutherbild an der Wand. Das meiste stammt gar nicht aus seiner Zeit. Immerhin hat auch das seine Richtigkeit, atmosphärisch.

Mit ihm hat tatsächlich die bürgerliche Familie in Deutschland begonnen, in ihrer Innerlichkeit, Frömmigkeit, auch Behaglichkeit. Da wohnte man gottesfürchtig zusammen, da saß man um einen schweren Holztisch in großer Zahl, da webten und strickten die Frauen, während die Männer Bier tranken. Man tunkte das Brot in die Suppe, hörte die Worte des Herrn aus der Schrift, sang die Choräle, sagte sich mit einem Psalm gute Nacht. Gottes Segen stand über solchen Bürgerhäusern. Man sah es nicht nur an der Kinderzahl. Je mehr Frauen im Kindbett starben, um so frömmer wuchs die Familie zusammen. Thomas Mann hat in den ›Buddenbrooks‹ diese Lebensform noch einmal beschrieben, aber damals ging es, gottlob, schon um den ›Verfall einer Familie‹. Und heute hier in der DDR? Heute sind das reine Museen deutscher

Innerlichkeit: hochglanzlackiert und steril. Es ist tot, was hier einmal lebte.

So etwas, ungefähr, war auch in seinem Geburtshaus zu erwarten. Obwohl also geschlossen, gelang uns von der Rückseite her ein kleiner Vorstoß. Ein Malergeselle pinselte da hoch oben an einer Zimmerdecke. Er tünchte sie weiß, kam von seinem Gestell sogar herunter. Unser Westwagen hatte ihn wohl freundlich gestimmt. Er führte uns einen Stock höher, wies mit seinem tropfenden Pinsel auf ein winziges Zimmer, das als Luthers Geburtsstube heute verehrt wird. Außer ein paar Farbtöpfen und Brettern am Boden war in dem kahlen, weißen Raum nichts zu sehen.

Merkwürdig ist es mit solchen Gedenkstätten. Überall, ob nun im Goethehaus in Frankfurt, im Geburtshaus von Marx in Trier, ob in Wagners Bayreuth oder in Bonn, wo Beethoven zur Welt kam – wo immer ein Großer lebte, hoffen die Menschen durch nachträgliche Berührung seiner Privatsphäre magische Nähe zu gewinnen. Was tue ich anderes? Ich besuche Luthers Lebensräume, um ihm näher als nur in Büchern zu kommen. Das mag seinen Sinn haben, heute, in Luthers Sinn war es nicht. Er verabscheute, ja, haßte den Kult mit den sterblichen Resten. Ich bin sicher: Er hätte alle Lutherhäuser verdammt als Götzendienst und Teufelsdreck. Aber so ist der Mensch eben. Er braucht das Konkrete. Er will bewundern. Ich frage: War Luther eigentlich ein Menschenkenner? Ich bin skeptisch.

Dann kam wieder Eisleben zu Wort, unverkennbar. Unten war ein Mann eingetroffen. Ob es eine höhergestellte Persönlichkeit oder nur der Leiter der Baubrigade war, weiß ich nicht. Nicht daß er unseren Besuch beenden wollte, war das Bemerkenswerte – das war sein Recht –, nur wie er es wahrnahm! Dieser dickliche, verschwitzte Mensch verwandelte sich blitzschnell in eine straffe Amtsperson, die deutlich größer wurde. Er schnarrte wie ein Automat plötzlich Sätze herunter, die druckreif wie aus einer Polizeiverordnung kamen. Man kennt sie. Sie beginnen immer mit dem Satz: Das Betreten der Baustelle ist polizeilich verboten, und enden schließlich mit diversen Strafandrohungen. Er spulte das ab wie vom Tonband, warf sich schnaufend in seinen Trabbi, wobei er deutlich wieder kleiner und rundlicher wurde, knatterte davon, eine grauweiße Rauchfahne entrüstet hinter sich ziehend. Mein Gott, haben die einen Ton hier, fuhr es mir durch den Kopf. Lauter Obrigkeiten, lauter Untertanen – will sich hier nie etwas ändern?

Gleich nebenan die Pfarrkirche St. Peter und Paul. Hier wurde er auf den Namen Martinus getauft; das war am 11. November 1483. In einer kleinen Kapelle ist der schwere, siebeneckige Taufstein noch zu sehen. Und obwohl jetzt im großen Kirchenschiff fleißige Frauen der Petri-Gemeinde mit etlichen Staubsaugern einen hoffnungslosen Kampf gegen die Sandmassen der Region nicht nur auf dem Fußboden durchstanden, traten wir endlich ein in seine Lebensgeschichte. Hier sind auch die Bilder seiner Eltern zu sehen. Man kennt sie. Die berühmtesten Porträts hat Lucas Cranach der Ältere gemalt. Die Originale hängen heute auf der Wartburg in Eisenach. Bei solcher Porträtkunst aus dem Spätmittelalter sollte man in Fragen naturalistischer Ähnlichkeit vorsichtig sein. Trotzdem kann man in diesem Fall sagen: Beide Bilder sind ungemein aufschlußreich für das Elternhaus, aus dem er kam.

Luther hat sich später immer gern als Bauernsohn bekannt. Das ist insofern ungenau, als sein Vater, aus bäuerlicher Familie stammend, er hieß übrigens Luder, Hans Luder, aus Gründen der Erbfolge das Handwerk des Kupferschiefer-Bergbaus erlernte. Es war darin sehr erfolgreich und hat es später in Mansfeld zu einem gewissen Wohlstand gebracht. Als Teilhaber verschiedener Schächte sollte man ihn, auch wenn es die DDR heute nicht gerne hört, als mittelständischen Kleinunternehmer bezeichnen. Der vornehme, dunkelbraune Pelzkragen, den Cranach mit großer Akribie gemalt hat, ist jedenfalls kein Bauernkittel, sondern Standesornat. Bedenklicher stimmt des Vaters Gesicht. Es zeigt einen pedantischen, strengen Mann mit Zügen selbstgerechter Entsagung. Ich sage nicht: bigott, aber doch auf jene knöcherne Weise rechtschaffen, der jeder Zug ins Freie und Freundliche fehlt. Schulmeister sahen früher so aus: gedrückt.

Bei der Mutter ist das Bestürzende, was auch beim Vater schon auffällt: das Fehlen der Lippen. Ein strenger, harter Mund, von lauter Askese ganz nach innen gezogen. Lustfeindlich und lieblos ist dieser Mund. Man weiß von dieser Margarethe Luder, geborene Ziegler, eigentlich nur, daß sie aus der Gegend um Eisenach stammt. Die leicht schräg gestellten, fast slawischen Augen sind schon deutlich die des Sohnes später. Pflichtgefühl, Entsagung und eine Verschlossenheit, die befremdend wirkt, sprechen aus dem Gesicht. »Sie hat es sich immer blausauer werden lassen«, hat später der Sohn von seiner Mutter gesagt. Ein andermal erinnert er sich: »Die Mutter stäubte mich um einer geringen Nuß willen, daß hernach das Blut floß.«

Sicher ist, daß der Junge, der frühe Begabung, aber sonst nichts Auffälliges erkennen ließ, eine Erziehung erfuhr, die wir heute als knochenhart, ja, brutal einstufen würden. Damals war das so üblich. Die Autoritäten standen noch fest und prügelten auch fest. Man darf annehmen, daß Luthers Hang zum Grübeln und jene Schwermut, die bei ihm immer wieder durchbrach, in der Gefühlskälte dieses Elternhauses ihre Wurzeln haben. Wahrscheinlich kam aber auch seine Kraft, dieser rasende Wille, sich freizukämpfen aus dieser Gefangenschaft, früh und von diesem Elternpaar, das zäh und willensstark wirkt.

Ja, und dann ist er hier auch gestorben, in jenem zweiten Lutherhaus, das, etwas eingeklemmt, neben dem HO-Warenhaus Magnet gegenüber der Andreaskirche liegt. Das Sterbehaus wird von der Kirche, das Geburtshaus heute vom Staat verwaltet, was höchst unterschiedliche Lutherdeutungen der Republik ermöglicht. Eisleben jedenfalls kann sich beider Ereignisse rühmen: Geburt und Tod. Wer darin Sinn sehen will, mag es tun. Es spricht wenig dafür. Hier rundet sich nichts. Hier fand nicht das Alter, verklärend, zur Kindheit zurück. Es war mehr ein Zufall, daß der inzwischen weltberühmte Mann, in Schlichtungsaufgaben der verstrittenen Grafenfamilie von Mansfeld berufen, in Eisleben auch verschied: dreiundsechzigjährig.

Etwas merkwürdig Undramatisches liegt über dem Ende. Er war ein Rebell, ein Kämpfer, eine Kraftnatur ohnegleichen gewesen und siecht hier in wenigen Tagen dahin wie ein Bauer, der sein Tagwerk erledigt hat. Als Todesursache wird Herzversagen vermutet. Schon in den letzten Jahren hatte er über die Maßen müde und abgelebt gewirkt. Der Tod einer Tochter hatte ihn getroffen. Auf einem Auge war er erblindet. Er neigte ein wenig zur Trunksucht jetzt. Es ist, als wenn ein Vulkan erloschen wäre. Das Feuer war weg. Das Werk war getan. »Wahrlich, wir sind alle Bettler!« soll er als letztes gesagt haben. Was blieb, war ein alter Mann, der den Tod vor sich sah. »Wenn ich wieder gen Wittenberg komme«, schrieb er am 16. Februar 1546 ahnungsvoll an seine Käthe, »so will ich mich alsdann in den Sarg legen und den Maden einen feisten Doktor zu essen geben.« So war es. Zwei Tage später war er tot, vier Tage danach beigesetzt in Wittenberg.

Nein, nicht sein Anfang, auch nicht sein Ende ist mein Stoff.

Was dazwischenlag, will ich erzählen, in Bruchstücken wenigstens. Es war ein Stück ohnegleichen. Da hat einer sich und seine Zeit ins Freie gekämpft, mit nichts als einem Buch in der Hand – wie?

Erfurt

Es ist nicht nur eine der ältesten Städte Deutschlands, es ist auch eine der schönsten. Man soll sich Erfurt wie Nürnberg vorstellen, in den Norden gerückt. Und obwohl dort, trotz mancher Renovierungen Anfang der siebziger Jahre, schon wieder viel bröckelt, sage ich doch: Komm mit! Sieh dir das an! Geh durch die Bahnhofstraße zum Alten Ring, der heute Gagarins Namen trägt. Selbst Sowjetastronauten können den Glanz der Geschichte, der dich trifft, nicht überstrahlen. Geh weiter zur Lorenzkirche, dann zur Krämerbrücke, auf der, eng gedrängt, lauter Fachwerkhäuser stehen, dreiunddreißig sollen es sein. Biege danach links ab zum Fischmarkt. Geh durch die Marktstraße. Paläste und Patrizierhäuser begleiten. Sie erzählen vom Stolz und Reichtum einer versunkenen Zeit.

Dann bricht die Enge der Marktstraße ab. Ein weiter Platz öffnet sich. Seine Leere verblüfft. Man hebt den Kopf, man staunt. Da erhebt sich am Ende der Leere, hinten, hoch oben wie ein gewaltiges Gebirgsmassiv, eine Gottesburg, grau, majestätisch, schweigend. Es sind zwei Kathedralen, sozusagen: links der Dom, rechts die St. Severin-Kirche. Das Ganze hat etwas von der Faszination einer großen Bühneninszenierung. Eine breite Freitreppe führt, gelegentlich dekorativ versetzt, nicht ohne Festlichkeit zum Dom empor. Hier müßte man Hofmannsthals ›Jedermann‹ inszenieren, authentischer als in Salzburg, dachte ich. Und später ging mir dann durch den Kopf: Ich weiß nicht, woran das liegt. Die konnten früher einfach bauen. Die wußten, wie man einen Platz inszeniert. Keiner kann das heute mehr, in Ost und West. Wir leben in dürftiger Zeit. Wir wissen nichts mehr davon, daß die Welt eine Bühne ist und daß wir Menschen die Spieler darauf sind.

Auch sonst hatten wir Glück gehabt. In Erfurt ging eben eine »Woche der evangelischen Kirchenmusik« zu Ende. Wir hörten das letzte Konzert im Dom. Veranstaltungen solcher Art, die man zu Hause kaum beachtet, haben hier einen ganz anderen

Stil und Stellenwert. Sie sind ernster. Es sind keine Konzerte. Es sind Versammlungen von Außenseitern, die noch eine andere Wirklichkeit anbieten wollen als die des real existierenden Sozialismus. Der Kontrast ist extrem: Draußen scheppern die Trabbis, eine Tram, die eine abgesunkene Kurve zu nehmen versucht, quietscht herzerweichend. Drinnen aber ist es, als hätte es nie eine deutsche Teilung gegegeben. Tausend Jahre Geschichte stehen ungebrochen. Der Hauch von Ewigkeit weht einen an: kühl. Das Schweigen des Doms ist streng und beredt zugleich.

An jenem Sonntag, als wir eintrafen, fand außerdem die Herbstwallfahrt der Katholiken zum Erfurter Dom statt. Motto: »Für Euch und alle!« Im HO-Hotel und in der Stadt war nichts angekündigt, aber als wir dann zufällig da hineingerieten, sahen wir, daß die Erfurter trotzdem informiert waren. Zehntausende füllten den Platz. Die Volkspolizei hatte ihn gesperrt, um die Prozession um den Dom zu ermöglichen. Es war ein festlicher Umzug, fast wie in Bamberg, nur dünner, auch ärmlicher, versteht sich. Massen von Schaulustigen säumten den endlosen Pilgerzug, der zum Dom emporschritt. Es kamen Gemeindemitglieder, singend und betend. Es kamen Priester und andere Klerisei. Auch Bischöfe schritten violett. Es folgten dann schwarze Gruppen von Ordensschwestern. Es war, als hätte es Luthers Reformation nie gegeben. Was mich am meisten erstaunte, waren die Mönche. Mindestens hundert Franziskanermönche pilgerten in ihren braunen Kutten mit Kerzen und Gebetbüchern an uns vorbei. Daß es so etwas überhaupt noch gibt in der DDR – Franziskanerklöster? Und als dann der Zug zum Stehen kam und ein hochgewachsener, schlanker Mönch, der, schön wie ein junger Gott, merkwürdig allein vor uns stand und an seinem Rosenkranz drehte mit einer Hand, sagte doch so ein Schaulustiger, ein braver DDR-Bürger, neben mir zu seiner großgeblümten Gattin grinsend: »Lauter warme Brüder, nich, Mutti?«

Mich interessierte in dieser Stadt nur eins: Warum ist der junge Martin in Erfurt ins Kloster gegangen? Man muß es sich vorstellen: Der Vater hatte ihn zum Jurastudium bestimmt. Advokaten ging es schon damals exzellent. Es waren Spitzenpositionen, die die ständische Ordnung auch dem Bergmannssohn noch eben erlaubte. Martin hatte das damals übliche Grundstudium der Freien Künste vier Jahre absolviert. Im Januar 1505 promovierte er zum Magister. Im Mai begann er mit der vom Vater gewünschten Jurisprudenz, aber schon am 2. Juli tritt jener erste, tiefe Knick in sein Leben, der es für immer veränderte. Der Vorgang ist rätselhaft. Ich versuche, ihn zu bedenken.

Die äußeren Ereignisse sind bekannt. Auf dem Rückweg von Mansfeld nach Erfurt wird der einsame Fußwanderer von einem Gewitter überrascht. Es war bei dem Dorf Stotternheim. Ein Blitz schlägt direkt neben ihm mit solcher Gewalt ein, daß er weggeschleudert wird. Er stürzt zu Boden, ruft, tief erschreckt: »Hilf, Heilige Anna, ich will ein Mönch werden!« Und dieses hilflose Versprechen an die Schutzpatronin der Bergleute, das damals nicht viel bedeutete, mehr eine fromme Anrufung war, hält der junge Mann ein, zum Erstaunen, ja, Entsetzen der Seinen. Sofort gibt er das Jurastudium auf, wirft alles hin und tritt schon am 17. Juli, also nur zwei Wochen später, als Novize in das Schwarze Kloster der Augustinereremiten ein, das in der Stadt nicht weit von der Universität liegt.

Was war geschehen? Es war ein Akt außerordentlicher Selbsterniedrigung, darüber hinaus auch ein Akt schroffen Ungehorsams gegenüber dem Vater. Daß er sich moralisch durch das Gelöbnis gebunden fühlte, kann man vergessen. Daß es ein echtes Berufungserlebnis zum Mönchstum war, ist auch unwahrscheinlich. Der junge Novize Martinus ist dann ja ein schlechter Mönch gewesen. Er ging seinen Oberen durch penetrante Skrupel und einen neurotischen Beichtzwang beträchtlich auf die Nerven. Er wirkte vollkommen unerlöst, nichts da von der Seligkeit der Berufenen. Er nimmt in den sieben Jahren auch keineswegs Anstoß an den Mißständen eines verwahrlosten Klosterlebens. Sie interessieren ihn nicht. Was auffällt, ist eine maßlose egozentrische Beschäftigung mit sich selbst.

Damals in Stotternheim muß etwas anderes geschehen sein. Es muß, so vermute ich, im Augenblick des Blitzschlages eine radikale Umstrukturierung seiner Person stattgefunden haben. Der Tod holte ihn ein. Zuvor war schon ein Freund gestorben. Die Todesangst preßte ihn so zusammen, daß bei ihm, im wahrsten Wortsinn, das Unterste nach oben kam und umgekehrt. Man kann von einer Art Revolution intrapsychisch, einer Umwälzung aller Persönlichkeitsschichten, sprechen. Nur das war ihm sofort klar: Er würde nie, wie es der Vater wünschte, ein Advokat und Ehemann werden. Was aber hochkam aus dem Unbewußten, war spurenhaft schon Protestantisches. Ein starkes Sündenbewußtsein bricht auf. Schmerz, Angst, Verzweiflung suchen ihn heim. Er entwickelt Zwangsphobien. Depressionen legen ihn wochenlang lahm.

Man spürt: Hier ist einer in eine tiefe Auseinandersetzung mit sich selbst geraten. Eine Krise ohnegleichen schüttelt ihn. Und er? Er reagiert regressiv. Er zieht sich zurück. Er trifft die Wahl zeitweiliger Nichtigkeit, hat man gesagt. Das Kloster war dafür der ideale Ort. Bei ihm muß man es als eine Art Krankenhaus der Seele verstehen. Man sollte seinen Eintritt als eine infantile Regression deuten, zur Entlastung einer schweren Persönlichkeitskrise. Denn hier war er wieder Kind. Hier konnte er noch einmal ganz von unten anfangen, und das tat er auch.

Den äußeren Bildungsgang, den ihm seine Oberen verordnen, durchläuft er problemlos. Ein Jahr nach dem Eintritt legt er die ewigen Gelübde ab. Ein halbes Jahr später wird er zum Priester geweiht, hier im Erfurter Dom. Erst danach nimmt er das Studium der Theologie auf. Er erhält einen Lehrstuhl für Moralphilosophie. Er besteht das Bakkalaureat in Theologie, und so geht das weiter mit Vorlesungstätigkeiten. Und doch bleibt diese akademische Laufbahn, die sich da anbahnt, merkwürdig farblos und blaß. Noch ist sein reifes Ich nicht geboren.

Große Naturen sind oft Spätentwickler. Wie langwierig, ja, verzögert seine Persönlichkeitsentwicklung verlief, kann man an jener Romreise ablesen, die er im Auftrag seines Klosters im Winter 1510/11 unternahm. Er reiste als Begleiter eines Paters, der Ordensinteressen im Vatikan zu vertreten hatte. Luther in Rom – wer meint, hier wären erste Ansätze seiner reformatorischen Auseinandersetzungen zu finden, täuscht sich. Immerhin war er nun schon achtundzwanzig Jahre alt. Er war intelligent, gebildet, und das ersehnte Rom, das er antraf, das der beginnenden Renaissance, war nun wirklich damals die Hure Babylon, italienisch. Der päpstliche Hofstaat glich einer höchst südländischen Mischung aus korrupter Monarchie und fidelem Opernball. Vom Stellvertretertum Christi keine Spur. Auch war die Stadt total verwahrlost. Rom hatte damals weniger Einwohner als das blühende Erfurt, aus dem er kam.

Das interessante an seiner Entwicklung ist, daß er den Skandal sieht, aber keinerlei Anstoß nimmt. Noch immer ist er der Mönch, das Kind, der Provinzler, der mit der glühenden Inbrunst eines verzweifelten Wallfahrers nach Rom kam, um sein Seelenheil zu finden. Er macht die üblichen Ablaßriten brav mit. Er besucht an einem Tag die sieben Hauptkirchen Roms, was einen besonderen Schuldablaß bringt. Er bedauert, daß seine Eltern noch nicht tot sind, denn nur so könne er sie hier aus dem Fegefeuer freikaufen. Er betet bei den Reliquien von Peter und Paul. Er rutscht auf seinen Knien die Heilige Treppe empor, die berühmte Pilatusstiege. Der Luxus des Vatikans beleidigt ihn nicht. Von der beginnenden Renaissancekunst nimmt er nichts wahr. Wie ist das möglich? Wenn man bedenkt, daß er schon sechs Jahre später in Wittenberg seine 95 Thesen publizieren wird, so muß man von einer rätselhaft verlängerten Latenzphase sprechen. Er war aus dem Dämmerzustand des sterbenden Mittelalters noch nicht erwacht.

Nur seine Vitalität, bäuerlich-robust, eine unbändige Kraft und Gesundheit, fällt auf. Die beiden Augustinermönche sind dann im Winter 1511 zu Fuß von Rom nach Erfurt zurückgewandert. Durch Schnee und Eis über die Alpen, Schritt für Schritt, wie es die Ordensregel verlangte. Mit keinem Wort hat Luther später die Strapazen der Reise erwähnt. Er fühlte sie kaum. Nicht einmal einen Schnupfen hat er sich dabei geholt. Ein kraftvoller junger Mann, aber noch ungeboren, immer noch ohne jenes Ich, das dann die Welt verändern sollte: radikal.

Heute ist von dieser Entwicklung in Erfurt nichts zu sehen – wie auch? Reste der alten Universität stehen noch, eher kümmerlich. Es gibt auch noch die ehemalige Klosterkirche der Augustiner: eine Basilika aus dem 14. Jahrhundert. An ihrer Südseite sind heute das alte Klostergebäude und der gotische Kreuzgang wiederhergestellt. Im Krieg wurde viel zerstört. Man kann also einen Blick auf die Zelle rechts oben werfen, wo der junge Mönch damals wohnte. Man kann den Kreuzgang betrachten, wo er mit seinen Mitbrüdern auf und ab ging, meditierend, diskutierend. Doch was soll's? Was bringt das ein? Der Geist, der hier litt, rang, mit sich selbst nicht ins reine kam, ist so nicht zu haben. Protestantismus ist überhaupt eine undankbare Sache für Augenmenschen. Er ist so innerlich. Er gönnt den Sinnen – fast nichts.

Aber die jungen Leute, die mit mir vor dem Kloster standen, in Jeans und zerlumpter Kluft, barfüßig – ihrer will ich gedenken. Nachmittägliche Reste der Wallfahrer vom Vormittag. Sie suchten, was wir suchten. Man kam natürlich nicht rein. Mir imponiert diese Jugend, die hier zur Kirche findet, ganz locker. Sie ist ungewöhnlich. Sie ist bescheiden und doch frisch. Sie jammert nicht über »die Gesellschaft«. Sie ist mutig. Auf ihren Jeansjacken war ein faustgroßer, runder Flecken in bräunlichem Ton zu sehen. Da war einmal das Zeichen »Schwerter zu Pflugscharen« aufgenäht. Das ist jetzt verboten im ersten deutschen Friedensstaat. Aber die Art, wie sie das Zeichen heraustrennten, ist wieder ein Zeichen, das man versteht. Junge Katholiken im Protest. Junge Protestanten, kann man also auch sagen, aus unseren Tagen.

Wittenberg I

Ich warne. Es ist kein Vergnügen, sich der Stadt zu nähern. Zuerst kommt man an Kasernen und Militärlagern vorbei, endlos. Rote Armee oder Volksarmee? Alles Sperrzonen sowjetischer Streitkräfte. Monströs sieht das aus – nackter, brutaler als bei der Bundeswehr. Kurz vor der Stadt wird die Luft säuerlich, giftig, dann stechend. Fäulnisgeruch darüber. Große Fabriken, die Phosphate verarbeiten, also Stickstoffwerke, stinken und verbreiten den unverkennbaren Geruch des Fortschritts. Also, das nächste Mal, wenn wir kommen, sagte ich, bringen wir Gasmasken mit. Es geht nicht anders. Es wird von Jahr zu Jahr schlimmer. Aber die Leute hier scheint's nicht zu stören. Sie tragen es. Wieviel kann man eigentlich dem Menschen zumuten, frage ich unsere Grünen. Kommt doch mal her und prüft's!

Dann reißt die Industrie ab. Plötzlich fährt man in Vergangenheit ein: frühes 16. Jahrhundert. Lutherzeit schlägt über uns zusammen wie ein Meer der Geschichte. Plötzlich steht man am Rathausplatz, betrachtet neugierig und doch etwas enttäuscht die beiden Denkmäler. Luther und Melanchthon, überlebensgroß. Solche kolossalen Prunkstücke des 19. Jahrhunderts sagen uns nichts. Zwei Männer in geistlicher Heldenpose. Luther erkennt man immer an der Art, wie er die Bibel hält: demonstrativ. Ach, was sind das alles für alte, verstaubte Geschichten! Man kann jetzt nachprüfen, was früher einmal der Religionslehrer sagte. Das war eher fad.

Schöner fand ich ein junges Brautpaar, das eben mit beachtlichen Oldtimern am Rathaus vorfuhr. Hochzeiten werden nur in der DDR heute noch richtig gefeiert: brav-bürgerlich und in etwas steifer Verlegenheit. Es gibt Brautschleier und Blumenkinder. Nach dem Trauakt im Ratskeller Sauerbraten mit Rotkohl, dazu Bier. Dann die Kinder. Nach sieben Jahren spätestens die erste Scheidung. So ist das Leben, nicht nur hier.

Soll man Wittenberg heute das evangelische Rom nennen? Protestantische Würdenträger aus aller Welt kehren ein, wollen den Geist der Reformation einatmen, wie Katholiken sich am

Weihrauchgeruch Roms laben, immer noch. Jedenfalls genießt die berühmteste aller Lutherstädte in der DDR einen etwas wunderlichen Status ideologischer Neutralität. Die Uhren der Republik gehen nach. Natürlich regiert auch hier die SED, aber weniger demonstrativ. Sie hält sich im zweiten Glied. Pastoren und Professoren, Historiker und Kunstführer bestimmen gutbürgerlich die Stadt, ihr Bild, meine ich.

Im Grunde ist Wittenberg heute, was es immer war: das reinste Elend. Ein graues Provinznest auf kargem Sand. Brandenburg ist zu riechen. Im nahen Jüterbog ließ Tetzel seine Kassen klingeln. Schon Luther meinte: ein Ort am Ende der Zivilisation. Aber in diese Provinz strömt heute Welt. Amerikaner, Kanadier, Engländer, Skandinavier: Die evangelischen Kirchenführer der Welt machen Visiten. Sie gehen vornehm und steif wie Konsistorialräte mit Bäffchen und schwarzem Talar durch die alte Stadtkirche St. Marien. Hier predigte Luther. Sie betrachten den herrlichen Hochaltar, dessen Bilder von Lucas Cranach dem Älteren sind. Die Bilder zeigen erste evangelische Kirchengeschichte. Man sieht den Reformator auf der Kanzel. Er weist auf den nackten Gekreuzigten: Das Wort ist Fleisch geworden – nur in ihm. Cranach war übrigens auch Bürgermeister der Stadt.

Die Besucher gehen weiter an alten Bürgerhäusern vorbei, die nicht bemerkenswert sind, wohl aber die Namensschilder, die an den Außenfassaden hängen. Hier wohnte Simon Dach, hier Paul Gerhardt, hier Lessing einmal; hier lebte Novalis als junger Student, und so geht das weiter. Ein Treffpunkt erlauchter Geister war die Stadt mit Luther geworden. Später versank sie dann wieder in ihre frühe Bedeutungslosigkeit.

Die Besucher erreichen schließlich die Schloßkirche, die damals auch Universitätskirche war. Die Kuppel ihres runden Turms sieht aus wie eine Hohenzollernkrone. An der Tür der Kirche dann, in mächtige schwarze Metallblöcke gegossen, der Text der 95 Thesen, riesengroß. Aber auch das ist, so prunkvoll und demonstrativ, eigentlich wieder erst 19. Jahrhundert. Die Nachfahren blasen immer alles so auf. Der Vorgang des Thesenanschlages ist umstritten. Fest steht nur, daß die kleine Holztür, die dann im Siebenjährigen Krieg verbrannte, den Professoren immer als Anschlagbrett gedient hatte. Das war also zunächst keine Heldentat. Es war Universitätsbrauch, daß die Gelehrten an diesem Brett ihre Disputationen ankündigten.

Das tat auch der junge Professor Martinus an jenem 31. Oktober 1517, der seither als Geburtstag der Reformation gefeiert wird. Drei Wochen lang hing das Papier unbeachtet. Niemand interessierte sich für den lateinischen Text. Der übliche Theologenstreit, das ewige Mönchsgezänk, dachte man damals. Zur anberaumten Stunde der Disputation ist niemand erschienen. So beginnen die ganz großen Augenblicke der Geschichte: unerkannt. Luther hatte mit einem Gelehrtenstreit gerechnet. Es wurde eine deutsche Revolution. Das gemeine Volk stand auf. Ein Sturm ohnegleichen brach los.

Wir wohnten im Hotel »Wittenberger Hof«, nicht eben das erste Haus am Platz: alles etwas altmodisch, kleinbürgerlich, brav. In den Betten rutschten die Matratzen jede Nacht in wunderliche Kuhlen, die hier offenbar schon Generationen von Pilgern rundgelegen hatten. Dafür zeichnete die Gaststube des denkwürdigen HO-Betriebes etwas Einmaliges aus. Hier grüßt nicht Erich Honecker väterlich-versonnen, freundlich-bebrillt, wie sonst in allen Gaststuben der Deutschen Demokratischen Republik, von der Wand und paßt auf. Hier hängt vielmehr ein spätes Lutherbild und erinnert all die gottlosen Zecher, Arbeitersöhne, Volkspolizisten nebst Freundinnen, die an ihren Tischen ihre Limo, ihr Bier oder auch den köstlichen »Lindenblättrigen« schlürfen, ernst und besonnen daran, daß der Sozialismus große Ahnherren hat: auch diesen zum Beispiel.

Stell dir das vor, sagte ich: Über fünfunddreißig Jahre hat er in dieser kleinen Universitätsstadt gelebt, gelehrt, gepredigt und gestritten. Vor allem der Streit war seine Lust, und in seinen letzten zehn Jahren muß er tatsächlich so breit und imponierend ausgesehen haben, wie ihn das Bild zeigt. Ein deutscher Rebell und väterlicher Hausfreund zugleich. Ein Mönch, aus dem ein geistlicher Landesvater wurde: schwerleibig, rundgesichtig, pyknischer Typ. Thomas Mann, der an seinem Lebensende noch einen Lutherroman plante, hat ihn in seinen Vornotizen »den stiernackigen Gottesbarbaren« genannt. Ich finde das Wort vortrefflich. Es ist nicht abwertend. Es definiert die rustikale Kraft und überwältigende Einfachheit seiner Person. Er war sehr stark – von Natur.

Aber damals, 1513, als er hier in Wittenberg begann, er war eben dreißig geworden, sah er noch ganz anders aus. Ein junger Kleriker, spindeldürr, jeder Knochen war zu sehen. Ich stelle ihn mir fast wie Savonarola vor, nur nicht rückwärtsgewandt-römisch, sondern vorwärtsstürmend ins Freie. So etwas hat Seltenheit in deutscher Geschichte: ein Revolutionär. Etwas Asketisches und Glühendes muß über seinem kantigen Gesicht mit den starken Backenknochen gelegen haben. Sein eigenwillig vorspringendes Kinn und seine tiefdunkelbraunen Augen drückten die Kraft aus, die er jetzt über die Zeitgenossen ausübte. Man spürt das Feuer, die Leidenschaft, die nun in ihm brannte. Das ist kein demütiger Mönch mehr, der sich hinter Klostermauern verkriecht. Es ist der junge Rebell, der, von seiner neuen Wahrheit besessen, in die Welt hinausdrängt. Jetzt besitzt er Identität. Jetzt ist sein Ich endlich geboren nach zwölfjähriger Latenz, die eine schmerzhafte Mischung aus Schlaf, Depression, Schuldkomplex und ratlosem Suchen gewesen sein muß. Das muß die tiefste Heimsuchung des Menschen sein: elementare Kraft und kein Ich, das sie reguliert. Was war geschehen? Wie ist dieser zweite Bruch in seiner Lebensgeschichte zu erklären? Was war in ihm passiert?

Wenn man vom Hotel »Wittenberger Hof« nur ein paar hundert Meter weitergeht auf der Kollegienstraße, steht man vor jenem Gebäude, in dem sich dieser Umbruch vollzog. Heute heißt der große Komplex einfach Lutherhalle, obwohl von einer Halle nichts zu sehen ist. Historisch betrachtet, sind das die Reste des Schwarzen Augustinerklosters, das er erst als Mönch, später dann als Reformator bewohnte. Sein Landesherr und fürstlicher Sympathisant, jener wunderliche Kurfürst von Sachsen, auch Friedrich der Weise genannt, hatte dem siegreichen Reformator 1524 den ganzen Klosterkomplex als Wohnhaus geschenkt. Die Sachsen haben ja immer so etwas durchtrieben Schlaues und Grundgütiges. Eigentlich sind sie machtlos, wissen gleichwohl, mit ihren bescheidenen Pfunden zu wuchern, verschmitzt. Man denke heute an Genscher. Dieser sächsische Friedrich jedenfalls war wirklich weise. Er hätte natürlich den jungen Rebellen gegen Kaiser und Papst ausliefern können. Er war ein leidenschaftlicher Sammler von Reliquien, über tausend heilige Reste besaß er, und er ist auch katholisch geblieben. Er wußte nur, was er an dem jungen Mann hatte. Überall in der Welt sprach man jetzt von Wittenberg. Und ehrlich gefragt: Wer würde heute von Friedrich dem Weisen etwas wissen ohne den Reformator? Fürsten und Politiker werden schnell vergessen. Nur der Geist übersteht.

In diesem Kloster also, oben in jenem Turmstübchen, das es noch gibt, ist im Frühjahr 1513 das geschehen, was man seit Jahrhunderten das »Turmerlebnis« nennt. Der junge Professor, so wird überliefert, habe bei seinen Vorstudien zu Vorlesungen eine Art Erweckung erlebt. Es habe ihn bei erneuter Lektüre des Römerbriefs von Paulus der Heilige Geist erleuchtet. Tatsächlich war es ihm im Jahrzehnt seiner Krisen immer um die Frage der Rechtfertigung gegangen. Schuldgefühle quälten ihn tief. Wie finde ich einen gnädigen Gott? Heute sind uns solche Fragestellungen schwer nachvollziehbar. Aber damals bewegten sie die Massen. Sie lebten in unvorstellbarer Angst vor der Hölle. Sie zitterten vor der Qual ewiger Verdammnis. Auch war das Weltende nah. Wenigstens das letztere ist für uns einfühlbar.

Also noch einmal: Römer, Kapitel 1, Vers 17. Der junge Professor las bei Paulus wieder den Satz, den er, man darf das vermuten, sicher schon hundertmal gelesen hatte: »Der Gerechte wird seines Glaubens leben«, steht da. In anderer Übersetzung heißt der Satz: »Der Gerechte wird aus dem Glauben das Leben erhalten.« Hier biß er sich fest. Das hieß doch: Nicht gute Werke und fromme Taten führen zur Seligkeit. Es kommt auf den Glauben an, der uns rechtfertigen kann. Da löste sich eine tiefe Verstrickung in ihm. Die Stimme des Gewissens brach durch. War das der Schlüssel zum Ganzen?

Luther hat diesen Augenblick später so beschrieben: »Ich überlegte: Wenn wir leben müssen gerecht aus Glauben, und wenn die Gerechtigkeit Gottes jedem Glaubenden zur Seligkeit nötig ist, so wird es ja nicht unser Verdienst sein, sondern Gottes Barmherzigkeit. So wurde ich aufgerichtet.« Und weiter hat er hinzugefügt: »Hier fühlte ich mich wiedergeboren und glaubte, durch die offenen Pforten in das Paradies einzutreten.«

Der Vorgang ist merkwürdig. Irgendwie befriedigt er uns Heutige nicht ganz. Es ist auch ungeklärt, ob diese Einsicht plötzlich oder im Laufe einiger Wochen kam. Große Erweckungserlebnisse jedenfalls verlaufen anders. Es sind Katastrophen personaler Begegnungen. Saulus sinkt auf dem Weg nach Damaskus zu Boden und wird von Gott wieder aufgerichtet. Augustinus hört die himmlische Stimme, die sagt: »Nimm und lies!« Die Schrift der jungen Christen war gemeint. Bei Luther, der ganz mittelalterlich an Teufelsstimmen und Engelszungen glaubte, taucht keine Stimme auf. Die Erleuchtung ist ein Akt theologischen Verstehens. Er begreift einen alten Text neu. Es sind im Grunde ja nur zwei Worte, um die die Reformation kreist: sola fide. Allein im Glauben. Es ist theologische Vernunft, die die Helligkeit bringt. Ein Intellektueller sieht endlich klar.

Was war wirklich geschehen? Die explosionsartige Kraft der Befreiung, die er durch diese zwei Worte erlebt, läßt auf ganz tiefe, also frühe Persönlichkeitsschichten schließen, die nun noch einmal umstrukturiert wurden – nach dem Zusammenbruch von Stotternheim. Mit Sicherheit quälte sich der Sohn seitdem mit Schuldgefühlen, dem Vater gegenüber. Er hatte ihn tief verletzt; er hatte ihm das Lebenskonzept für den Sohn verpfuscht. Insofern besaß er eigentlich nur einen gekränkten, also bösen Vater, der sein Gewissen belastete. Das Autoritätsproblem war ungelöst. In diesen letzten Erfurter Jahren war aber im Kloster etwas geschehen, das für den jungen, suchenden Mönch entscheidend wurde. Zum erstenmal hatte er einen Menschen gefunden, zu dem er Vertrauen fassen konnte. Neben den grollenden Vater in Mansfeld trat nun ein neuer und gütiger Vater. Es ist also von einer zwischenmenschlichen Bindungsgeschichte zu berichten. Nur wenn ein Ich einem Du wirklich elementar vertraut, kann es zur Freiheit entbunden werden.

Das ist jetzt die Gestalt jenes Generalvikars Johannes von Staupitz, die in der Lutherliteratur immer zu kurz behandelt wird. Ich halte sie in diesem Augenblick des Übergangs von Erfurt nach Wittenberg für zentral. Staupitz war mehr als Luthers Ordensoberer und theologischer Lehrmeister. Er wurde sein väterlicher Freund, er war auch sein Beichtvater. Alles, was den jungen Mönch bewegte, auch quälte, konnte er mit ihm kritisch austauschen. Am wichtigsten erscheint mir: Staupitz riß den jungen Grübler und Zweifler auf eine sehr gesunde Weise in eine Art Arbeitstherapie hinein. Auf dessen immer wiederkehrende Frage, wie er vor Gott Rechtfertigung erlangen könne, soll Staupitz pädagogisch sehr klug erwidert haben: »Bruder Martin, du mußt arbeiten! Du mußt mehr studieren, du mußt fleißiger die Bibel lesen, du mußt auch öfter predigen und Vorlesungen halten! Dann lösen sich viele Konflikte von selbst!« Was den jungen Luther im tiefsten bewegte damals, hat Staupitz wahrscheinlich nie begriffen. Er muß aber ein guter Erzieher gewesen sein. Staupitz ist dann ja auch später gut katholisch und keineswegs beunruhigt in einem Salzburger Kloster gestorben.

Der junge Luther aber muß ihn geliebt haben, wie eben ein verlorener Sohn den wiedergefundenen Vater liebt. Immer wieder nennt er Staupitz seinen »Vater im Evangelium«, was objektiv falsch war, denn Staupitz hat an den reformatorischen Kämpfen in Wittenberg nie teilgenommen. Luther hat Staupitz als seinen Lebensretter gepriesen, was zutreffen mag. Er heilte ihn von seinen selbstmörderischen Gewissensskrupeln. Er gab ihm das kindliche Urvertrauen, also das gute Gewissen zurück. An der Art, wie der junge Luther diesen älteren, gütigen, im Grunde aber unbedeutenden Abt überschätzte, ist eine infantile Übertragung zu erkennen, die aber gelang. In ihm wurde seine frühkindliche Vaterfurcht gelöst. Möglich sind solche heilsamen Übertragungen in der Tiefe wohl nur, wenn auch auf der Gegenseite Emotionen aus dem Unbewußten mit im Spiel sind. Tatsächlich hat Staupitz noch auf seinem Totenbett bekannt, er habe den Bruder Martin mehr geliebt, als eine Frau es je könne.

Nein, hier wird nichts psychologisiert. Hier wird auch nichts Geistliches entweiht. Die Eigenständigkeit des Religiösen bleibt gewahrt. Es soll nur verständlich werden, aus welcher Tiefe die Dynamik des Befreiungsgefühls kam, das den jungen Luther jetzt erfaßte. Die schwierige, langwierige Geburt seines Ichs war gelungen durch späte Vaterfindung. Der Mönch war gestorben, der Reformator geboren.

Wie besessen durchforstet der junge Theologe nun die hundertmal gelesenen Texte des Alten und Neuen Testaments auf seine Problematik hin. Wenn es so ist, daß der Mensch nur durch den Glauben, und das heißt ja doch: im Urvertrauen auf das Wort, seine Rechtfertigung findet, dann entfällt jene monströs veräußerlichte Bußgeschäftigkeit, die überall Sitte war. Tetzels Ablaßgeschäfte im nahen Jüterbog waren nur groteske Übertreibungen, sozusagen die Spitze eines Eisberges, den er jetzt sah. Es bedurfte nicht länger jener juristisch spitzfindigen Heilsapparatur, die in Rom von Aristoteles bis Thomas kunstvoll aufgebaut worden war.

Man kann sagen: Mit diesem neuen Bibelverständnis brach die ganze römische Amtskirche mit all ihren Gnadenprivilegien zusammen. Was ist römisch, bis heute? Das Wort Jesu an Petrus: »Du bist der Fels, und auf ihn will ich meine Kirche bauen!« Also die Gewalt nur des Priesters, zu lösen und zu binden. Was ist lutherisch? Es bedarf keiner Priesterschaft. Jeder ist berufen. Nur das Gewissen bindet und löst. Der Glaube macht frei.

Was bei Luther jetzt einsetzt, hat etwas von der Gewalt eines Naturereignisses. Man hat es die protestantische Unruhe genannt. Sie hält bis heute an. Es ist, als wenn ein riesiger Stausee plötzlich durchgebrochen wäre. Alles, was bisher feststand, wird fortgerissen, wird weggeschwemmt. Ein Rausch von Produktivität wird frei. Aus einem Meer von Depressionen von gestern taucht eine Kampfeslust, ja Aggressivität auf, die verblüffend ist. Alles, was er jetzt schreibt, predigt, ist ein revolutionäres Diktat, heiß und kalt zugleich. 1520 verfaßt er in einem Jahr jene Trilogie seiner Streitschriften, deren Titel schon wie Fanfarenstöße klingen: ›An den christlichen Adel deutscher Nation!‹ und ›Über die babylonische Gefangenschaft der Kirche‹ und ›Von der Freiheit eines Christenmenschen‹.

Jetzt kommt die säkulare Größe seiner Person zur ersten Entfaltung. Ein neues Zeitalter wird geboren, in ihm. Jetzt hebt er, nur schreibend, nur redend, eine tausendjährige Tür aus ihren verrosteten Angeln. Ein Kampf ohnegleichen beginnt. Ihn macht das glücklich. Erst jetzt wird er jung. Immerhin war er damals schon siebenunddreißig.

Die Wartburg

Auf der Autobahn ist sie zu sehen. Von Herleshausen kommend, direkt bei Eisenach liegt sie rechter Hand, ganz oben. Wie oft habe ich sie auf dieser Transitstrecke nach Berlin so betrachtet: sehnsüchtig, neugierig, nur flüchtig natürlich. Sie liegt wie der Traum vom deutschen Mittelalter in Thüringens lichter Berglandschaft, von der man immer nicht weiß: Ist es das Grün, ist es das zarte Blaugrau, das dominiert? Alles verschwimmt mit dem Himmel ins Ungefähre.

Jedenfalls ist das Deutschland zentral. Noch deutscher geht's nicht. Was heißt das? Ich glaube, es hängt mit beseelter Natur, mit Innerlichkeit und einer romantisch zerfließenden Formlosigkeit zusammen. Auch Musik ist im Spiel. Nicht nur Walther von der Vogelweide und Wolfram von Eschenbach sangen hier ihre Lieder. Noch Ludwig II., der kranke Bayernkönig, hat sich mit seinem Sängersaal in Neuschwanstein hier inspirieren lassen. Richard Wagner ist deutsch. Damit ist alles gesagt.

Verletze ich nun die heiligsten Güter der Nation, wenn ich sage: Das Beste an der Wartburg bleibt dieser Außenanblick? Drinnen hat es mir nicht gefallen. Es war immer zugig und kalt. Der Massenbetrieb eines öden Tourismus stößt ab. Schnaufende und Bier trinkende Deutsche sind widerlich, gleichgültig ob Ost oder West, obwohl die befreite Arbeiterklasse noch etwas freier rülpst. Die DDR hat auch hier ihre Riten, das Leichte schwer zu machen. Was mich enttäuschte, war genau das, was die meisten Besucher entzückt: dieser goldglänzende, deutschnationale Kitsch, mit dem das 19. Jahrhundert die an sich stolze Burg überzog. Die Fresken von Moritz von Schwind, die unter anderem hier das Leben der heiligen Elisabeth schildern – ich weiß, welch ein Sakrileg ich begehe, ich sage es trotzdem –, ich finde sie grauenvoll. Wenn man dem Wilhelminismus, hier noch verschönt durch Wiener Spätromantik, das deutsche Mittelalter überläßt, kommt so was raus: bürgerliche Restauration mit nationalem Heiligenschein. Die Großmannssucht einer im Grunde zerrissenen Nation wirkt hohl, auf mich jedenfalls. Die Wartburg ist dann ja auch später unter Hitler eine Heimstatt der deutschen Seele gewesen. Merkwürdig nur, daß es auch der DDR gefällt – wie das? Sicher gibt es so etwas wie eine Internationale des Kitsches.

Die Lutherstube, die auf der Wartburg gezeigt wird, hat damit nichts zu tun. Sie wirkt echt. Man kann glauben, daß es so war. Sie ist karg möbliert. Ein hoher, grüner Kachelofen in der Ecke, ein Schreibpult an der Wand, die mit Holz verkleidet ist. Auf dem Pult eine aufgeschlagene Bibel, auf deren Druckblättern noch handschriftliche Eintragungen von Luther und Melanchthon zu erkennen sind. Darüber der berühmte Kupferstich von Lucas Cranach: Luther als Junker Jörg. Mir gefällt das Bild, obwohl es natürlich nicht typisch sein kann. Sein Landesherr Friedrich hatte sich auch jetzt wieder als der Weise bewährt. Er hatte ihn vor dem Zugriff von Kaiser und Papst hier oben in eine Art Schutzhaft gesetzt. Dazu gehörte auch leichte Verkleidung. Luther mußte sich lange Haare und einen kräftigen Bart wachsen lassen. Er sieht nun aus wie ein noch junger, melancholischer Edelmann: gut. 1521 war das, also nur vier Jahre nach seinem Thesenpapier. In diesen vier Jahren hatte er das erreicht, wovon unsere Intellektuellen immer träumen: Er hatte die Welt verändert, radikal und revolutionär. Von Augsburg bis zum Baltikum stand Europa in Aufruhr. Die Neuzeit begann unter Qualen.

Ich spreche von diesen zehn Monaten auf der Wartburg, weil in der Stille dieser Abgeschiedenheit der Augenblick gekommen ist, um das Besondere seiner Persönlichkeit, die sich nun entfaltet hatte, sichtbar zu machen. Worin bestand eigentlich Luthers Größe? Jetzt, wo er im Vollbesitz seines Ichs, zeigte es sich, daß die Gewalt, die von ihm ausging, Sprachgewalt war. Man kann auch sagen: Luthers Leben ist eine reine Rednerkarriere gewesen. Was lag alles hinter ihm? Von den ersten Disputationen nach dem Thesenpapier 1518 in Heidelberg über das Verhör in Augsburg, ein Jahr später dann die Disputation mit dem Professor Eck in Leipzig bis schließlich zum Reichstag in Worms, wo er sich als angeklagter Ketzer vor Kaiser und Reich verteidigen mußte – überall war er kraft seiner Rede der Sieger geblieben. Die Art seiner Rede muß etwas Unwiderlegbares gehabt haben. Sie überzeugte durch Einfachheit, die kraftvoll und glaubwürdig war. Bei wichtigen Passagen redete er zweisprachig: erst Lateinisch, dann Deutsch.

Sicher haben zum Durchbruch seiner Gedanken auch noch ganz andere Faktoren mitgewirkt: die Sympathie seines Landesvaters vor allem, der als Kurfürst ein wichtiger Mann war im Streit zwischen Kaiser und Papst. Sicher ist die blitzschnelle Verbreitung der Reformation nicht ohne die Erfindung der Buchdruckerkunst denkbar. Luther: ein Medienphänomen. Sicher entsprach alles, was er verkündete, einer tiefen Zeitstimmung. Die Zeit war reif. Ich behaupte: Die Reformation hätte es auch ohne Luther gegeben, nur anders: weniger kraftvoll und deutsch. Man denke an Zwingli oder Calvin. Ich gehe noch einen Schritt weiter. Ich behaupte: Es gab keinen Gedanken Luthers, den nicht auch andere schon vor ihm formuliert hätten. Sein Genie war nicht das Neue und Originelle. Originell sind meistens die Schwachbrüstigen, Melanchthon zum Beispiel. Luthers Genie war, daß er das, was alle jetzt fühlten und dachten, mit einer Kraft zur Sprache brachte, die aus seinem neuen Besitz des Gewissens kam. Es waren alles Eingebungen seiner Innerlichkeit. Das Gewissen hat etwas Unwiderlegbares, und das war neu.

Dabei ist interessant, daß seine Rede, wenn man sie genauer betrachtet, eigentlich nicht so sehr Selbstdarstellung, also Konfession war, wie man oft behauptet hat. Nie ist sie monologisch. Immer ist sie auf den anderen, den Gegner ausgerichtet. Ich möchte sie als streitbar-polemisch bezeichnen. Er war jetzt eine Kämpfernatur. Je härter er angegriffen wurde, um so besser kam er in Form. Die Herausforderung machte ihn produktiv. Er fand immer mehr zu sich, je mehr er angeklagt wurde. Er brauchte den Streit. Erst in ihm kam er seiner neuen Wahrheit auf die Spur. Je lauter die Feinde um ihn schrien, um so ruhiger und bedachter, aber auch härter kam sein Widerspruch.

Dafür ist sein Auftritt vor dem Reichstag in Worms ein Beispiel. Hier war es nun wirklich um Leben und Tod gegangen.

Ketzer seiner Art pflegte man nach dem Prozeß zu verbrennen. Es wurden über ihn dann ja auch der päpstliche Bann und die Reichsacht des Kaisers verhängt, aber das hat ihn wenig geschert. Mit einer unglaublichen Ruhe tritt er am 18. April 1521 abends um sechs in Worms vor Kaiser und Reich zum letzten Verhör. Er soll widerrufen, was er an Ketzerischem geschrieben hat. Sein letztes Wort ist berühmt. Es ist rühmenswert. Nichts ist da Leidenschaft oder dramatische Selbstdarstellung. Alles ist klug bedachtes und wohlbegründetes Bekenntnis. Die Einfachheit seiner Sätze überzeugt: »Da Eure Kaiserliche Majestät und Eure Herrlichkeiten eine schlichte Antwort begehren, so will ich eine solche ohne alle Hörner und Zähne geben . . . Wenn ich nicht durch Zeugnisse der Schrift und klare Vernunftgründe überzeugt werde, so bin ich durch die Stellen der Heiligen Schrift, die ich angeführt habe, überwunden in meinem Gewissen und gefangen in dem Wort Gottes. Daher kann und will ich nichts widerrufen, weil wider das Gewissen etwas zu tun, weder sicher noch heilsam ist.« Danach soll er dann noch das Stoßgebet aller Landsknechte damals hinzugefügt haben: »Gott helfe mir – Amen!«

Ich spreche vom Junker Jörg hier auf der Burg noch aus einem anderen Grund. Wie ist uns sein Aufenthalt immer wieder verklärt worden, nicht nur im Religionsunterricht. Die fromme Legende ist keineswegs nur katholisches Gut. Auch Luthers Gestalt ist im Laufe der Jahrhunderte von deutschen Legendenerzählern bis zur Unkenntlichkeit verschönt worden. Die Heldenverehrung ist offenbar ein unausrottbarer Trieb der Massen. Immer suchen sie etwas zum Aufblicken, und dieser da oben muß rein und edel und möglichst titanisch übergroß sein. An dieser Stelle setzt bei den Führungen durch die Wartburg meistens das Hohelied auf seine Übersetzung des Neuen Testaments ein. Gemach, gemach! sage ich. Wir sollen genauer hinblicken. Wie lebte er auf der Wartburg in Wirklichkeit?

Von außen gesehen, ging es ihm in dieser Ehrenhaft gut. Er litt keine Not. Im Gegenteil: Es umgab ihn eine gewisse Bequemlichkeit, die sich ihm sonst nicht bot. Die Küche soll schmackhaft und der Weinkeller vorzüglich gewesen sein. Auch bot man ihm Ausritte an zu größeren Jagdvergnügen. Nur er reagierte auf das alles negativ. Es bedrückte ihn diese Ruhe und Untätigkeit. Er konnte mit den Vorzügen besinnlicher Eremitenexistenz jetzt nichts mehr anfangen. Er war eben kein Mönch mehr, obwohl er es immer noch war, vom Stand her.

Ich glaube, die Not, in die er geriet, hing wieder mit seiner Sprachgewalt zusammen. Er hatte hier niemanden, den er wie ein Stier auf die Hörner nehmen konnte, verbal. Es entsprach seiner kämpferischen Natur nicht mehr, einsam zu sein. Er wollte jetzt wirken: reden und predigen, immer wieder predigen, nur hörte niemand zu. Für Monologe fehlte ihm jetzt die Egozentrik. Er war ganz frei, und so wurde ihm diese Stille hier zur Qual, ja, zur Hölle.

Das alles kann man in den Briefen nachlesen, die Luther von der Wartburg meist nach Wittenberg schrieb. Immer wieder beklagt er sich, wie elend es ihm gehe. Es sind wahre Jammerepisteln. Orale Regressionen sind zu erkennen: Er aß und trank plötzlich unmäßig viel. Seine spätere Korpulenz beginnt hier. Vor allem aber holten den kräftigen, fast vierzigjährigen Mann sexuelle Anfechtungen heim – wie nicht? Er seufzte über das »selbstmörderische Zölibat«. Er schreibt in einem Brief: »Ich, der ich brünstig seien sollte im Geist, bin brünstig im Fleisch, Geilheit, Faulheit, Müßiggang und Schlafsucht.« Er schreibt: »Betet für mich, denn ich werde in Sünden versenkt in dieser Einsamkeit.« Er nennt die Wartburg eine Wüste, in der er verschmachte.

Erzähle ich das nun, um noch etwas Goldglanz von dieser hohen Burg der deutschen Seele abzukratzen? Es geht mir um die Ermittlung der historischen Wahrheit. So fromm und gottesfürchtig, wie es die Fremdenführer hier vorbeten, lebte er nicht. Die Übersetzung des Neuen Testaments geschah auch nicht aus Sorge und Pflichtgefühl der neudeutschen Hochsprache gegenüber, wie es unsere Germanisten heute deuten. Nachträglich war ja alles immer viel bedeutsamer. Die Arbeit begann lustlos. Sie war eine Notlösung. Man kann sagen: auch ein Stück Arbeitstherapie gegen das faule Leben des Eremiten.

Daß er trotzdem in der Kürze dreier Monate die Übertragung aus dem griechischen Urtext in ein ganz neues Deutsch schaffte, beweist wieder sein Stück Genie. Ja, ich weiß, wie unbeliebt dieses Wort heute ist. Heute gibt es sie ja auch nicht mehr, Geniale. Er war sprunghaft, war zügellos, durchaus genialisch. Er warf das einfach so raus. Er schuf das Buch, das dann für Jahrhunderte das meistgelesene Hausbuch der Deutschen wurde, halb wie im Rausch, halb aber auch aus Verzweiflung. Es wurde übrigens nicht ganz fertig. Er hat es später mit Melanchthon noch überarbeitet. Immerhin, wie man seine Not zur Tugend wendet, das hat er uns damit auch vorexerziert. Arbeit ist immer noch die beste Medizin. Aber wer will das hören, heute?

Es gehört schließlich zur historischen Wahrheit, daß Luther sein Elend hier selber beendete. Ein eigensinniger, ja, starrsinniger Mensch. Nie hat er sich mit anderen beraten. Alles macht er auf eigene Faust. Trotz Reichsacht, trotz kirchlichem Bann und gegen den Rat seines Landesherrn ist er im März 1522 einfach ausgebüxt. Er floh heimlich, ganz allein. Schlechte Nachrichten lagen aus Wittenberg vor.

Wittenberg II

Vielleicht war es wirklich nur die Art, wie unser Gastgeber sich in seinen Sessel zurücklehnte: behaglich und doch souverän? Vielleicht war es auch die erlesene Kultur des Mobiliars, das uns empfängt? Das schöne Cembalo, noch aus Bachs Zeiten, die kostbare Bibliothek an der Wand, der stilvolle Mahagonitisch vor uns, auf dem die jüngste Neuerscheinung zur Lutherforschung liegt. Nein, nicht von hier, aus Stuttgart natürlich, hatte der Professor wie beiläufig, fast kopfschüttelnd korrigiert, so, als gäbe es nicht diesen zweiten deutschen Staat mit seinen eigenen Zollriten von Literaturverbannung. Weißwein wurde kredenzt, der trockene und herbe aus Meißen, der trinkbar ist.

Wir waren wieder in Wittenberg. Wir saßen jetzt in der großen Lutherhalle, dem alten Augustinerkloster. Dort ist neben Luthers Wohnung und anderen Gedenkstätten heute auch ein Predigerseminar zu Hause. Gut ein Dutzend Professoren bilden die frischgebackenen Theologen in der Kunst der Rede aus. Verkündigung ist ja Predigt im Protestantismus. Nicht schlecht, dachte ich. Wenigstens die Herren Professoren leben so übel hier nicht. Unten auf der Straße zwischen dem Kaufhaus Magnet und der Minoltankstelle stinkt's unverkennbar nach DDR. Die Leute schlurfen im Staub. Hier ist's wie in Marburg oder Tübingen etwa – fein.

Unser Gastgeber gehörte zu jenen Köpfen der evangelischen Kirche, für die ich seit je neidvolle Bewunderung hege. Sie wirken so weltläufig und sicher. Man würde nicht glauben, daß das Pastoren, also doch Jünger Jesu sind. Es könnten eher versonnene Kunsthistoriker oder Kulturattachés einer mittleren Botschaft in Belgrad oder Oslo sein. Eleganter Anzug, randlose

Goldbrille. Sie gondeln mit Klappfahrrädern aus der BRD durch Wittenberg und tun das so, wie in den Tagen der Ölkrise führende Bankbosse bei uns am Sonntag durch Bad Homburg radelten: Seht da, wir sind wie alle, ungemein progressiv und fröhlich im Herrn!

Ich bewundere weiter an diesen Theologen die Subtilität ihrer Denkstrukturen. Nichts da von klerikaler Verbapptheit und missionarischem Eifer. Es sind meist nachdenklich-bescheidene Intellektuelle von großer Liebenswürdigkeit. Ihre Liberalität und Toleranz besticht. Und kommt man im Gespräch mit ihnen auf Theologisches, so werden sie noch zurückhaltender. Zögernd und zweifelnd sind sie. Es beginnt jetzt ein hochkomplizierter Prozeß messerscharfer Begriffsunterscheidungen, der mich einschüchtert. Nein, so einfach könne man es nicht sehen. Viel differenzierter sei das Problem. Das eigentlich Christliche sei ohnehin etwas Unfaßbares. Sie blicken dabei sinnend ins Weite, so, als wäre das Eigentliche dort zu sehen.

Wie es der Kirche im Sozialismus denn jetzt gehe, hatte ich in meiner schlichten Art gefragt. Ich kann das interessante Referat, das folgte, nicht wiederholen. Es lief darauf hinaus, daß die Zahl der Gemeindemitglieder unwichtig sei. Auch wenn es nur zwanzig DDR-Bürger wären, die sonntags zur Kirche kämen – man könne dann vermuten, daß vielleicht zwei von ihnen vom Heiligen Geist geführt wären. Das sei schon viel. »Wissen Sie«, sagte der Professor später, »die wirkliche Gemeinde Gottes war immer eine Minderheit. Von Gott wird gewogen, nicht gezählt. Denken Sie nur an die Jünger. Erwählt sind nur wenige.« Das ist wohl wahr, dachte ich, aber auch ganz bequem, hierzulande. Es war das Elitäre seines Denkansatzes, das mich skeptisch machte. Auch ein Hauch von Selbstgefälligkeit, denn das ließ er doch durchblicken: Zu den ganz wenigen gehörte auch er, höchstwahrscheinlich.

Ja, das ungefähr sind heute seine späten Nachfahren. Natürlich ist das nur ein Typus. Es gibt auch ganz andere. Die Kirchenleitung von Thüringen gilt als besonders elegant arrangiert mit der Partei. Man tut sich nicht weh in den oberen Rängen. Weiter unten, bei den Pastoren und Vikaren, vor allem bei den Aktiven in der Jungen Gemeinde, sieht es oft anders aus. Da brodelt und kocht es im kleinen Kreis still vor sich hin. Es gibt junge Christen, die sich entsetzlich quälen, etwa in der Friedensfrage, wenn sie zur NVA eingezogen werden.

Auch kann man, theologisch gesehen, den Herren Professoren keinen Vorwurf machen. Im Sinne Luthers liegen sie richtig. Das war ja nun seine Lehre geworden, als er jetzt nach Wittenberg zurückkehrte: Es gibt zwei Reiche, die Welt, die des Teufels ist, seit Adams Fall, und die Gemeinde, die unter dem Kreuz allein durch den Glauben gerechtfertigt ist. Beide Bereiche sind reinlich zu scheiden. Und ob erlöst oder unerlöst: Der Christ ist der Obrigkeit untertan. Denn die Obrigkeit ist von Gott bestimmt. Daraus hat sich dann später das protestantische Staatskirchentum entwickelt: schlimm!

Ich weiß, was jetzt alles zu erwidern wäre: Es gibt schon bei Luther ein Widerstandsrecht des einzelnen gegen die böse Obrigkeit. Auch hat sich die Kirche vom Staat längst gelöst. Aus der evangelischen Kirche als der Gemeinde Christi kam Widerstand. Ich denke an die Bekennende Kirche im Dritten Reich. Aber hier in der DDR? Ich meine, wenn man bedenkt, daß sich Martin Luther etwa im Bauernkrieg, trotz allen Mitgefühls für die Geschundenen, auf die Seite der Fürsten schlug, ist nicht recht einzusehen, warum sich so aufgeklärte und kluge Professoren wie die im Predigerseminar jetzt mit ihrem Staat anlegen sollten. Warum denn? Der Staat, auch der sozialistische, steht ohnehin unter dem Gesetz der Sünde, theologisch gesehen. Es sind zwei Reiche gesetzt. Kleine Wegweisungen für die Gemeinde sind möglich, Bischofsworte zu Schul- und Erziehungsfragen werden gewagt.

Merkt man es? Jetzt treten andere Seiten seiner Gestalt ins Bild. Jetzt muß ich von Luthers Grenzen sprechen. Er war der größte Beweger und Befreier in unserer Geschichte, aber er war, so behaupte ich, was guter deutscher Tradition entspricht, in seiner Tiefe eine ganz unpolitische Natur. Die Machtfragen im Reich interessierten ihn nicht. »Ach Gott, ich bin in solchen Dingen ein Kind«, hat er 1530 auf der Veste Coburg angesichts der Verhandlungen beim Reichstag zu Augsburg gesagt. Er hatte mit seinem Gewissensprotest eine Welt zum Einsturz gebracht. Er war der Sieger im Gottesstreit, aber was er damit in Europa politisch in Gang gebracht hatte – ich vermute, die Machtkämpfe, die nun ausbrachen, hat er in ihrer historischen Tragweite nicht begriffen. Sie waren sein Thema nicht. Das war nicht sein Auftrag. Vieles, was nun geschah, hat er nicht gewollt. Er sah es eher mit Entsetzen. Die Kinder dieser Welt: die Bauern und die Fürsten, die Ritter und die mächtigen Städte, hatten sich seiner Umwälzungen angenommen und kochten jetzt, jeder auf seine Art, ihre Blutsuppe daraus – entsetzlich.

Gott und die Seele war sein Thema gewesen – nicht Gott und die Welt.

Damals, 1523, als er von der Wartburg zurückkehrte, sah er die Folgen zum erstenmal. Wittenberg war kaum wiederzuerkennen. Alles war in Auflösung. Die alten Sozialstrukturen zerbröselten. Eine tausendjährige Ordnung zerfiel in Staub. Überall verließen die Ordensleute ihre Klöster. Mönche und Nonnen liefen einfach davon und heirateten, kreuz und quer. Der Klosterbesitz verwahrloste, die Bistümer verwaisten. Auch die Priester traten in den Ehestand. Der Gottesdienst wurde geändert, die Kirchen vom Bildersturm verwüstet. Dazu all die Schwarmgeister, die in Zeiten des Umbruchs immer ihr Publikum finden. Es waren nicht nur die aus Münster. Überall schwärmten jetzt Propheten aus, die den nahen Weltuntergang verkündeten. Das Ende steht vor der Tür, heißt es dann immer wieder. Nichts, denke ich manchmal, fasziniert die Massen tiefer als kollektive Todesvermutungen.

Mitten in diesem sozialen Aufruhr nimmt Luthers Leben noch einmal eine Wendung, die bedenkenswert ist. Von einem radikalen Knick kann nicht mehr die Rede sein. Es ist eher eine letzte Rundung, mit der sein Werk sich erfüllt, persönlich. Auch er heiratet. Der zweiundvierzigjährige Mönch heiratet im Sommer 1525 die aus ihrem Zisterzienserkloster weggelaufene Nonne Katharina von Bora: sechsundzwanzigjährig. Unsere junge Linke hat immer behauptet, daß die politische Revolution auch eine sexuelle sei. Etwas daran ist wahr. Der Leidensdruck unter dem Zölibat muß damals eine starke Triebkraft zum Umsturz gewesen sein. Die Befreiung der Sexualität brachte die römische Ordnung zu Fall, im häuslichen Kreis sozusagen.

Dabei soll man sich Luthers Ehe nicht als Liebesheirat vorstellen. Solche Begriffe gab es damals nicht. Er hatte den ganzen Schwarm entlaufener Nonnen, die da eines Tages vor seinem Haus in Wittenberg mit einem Pferdewagen angekarrt kamen, Stück für Stück unter die Haube gebracht. Und als Katharina, die er lange genug einem befreundeten Juristen angeboten hatte, dort nicht zum Zuge kam, hat er sie genommen. Es ist trotzdem eine gute, ja, mustergültige Ehe geworden. Endlich kamen in sein großes Haus, das ziemlich junggesellenhaft verlottert war, Ordnung, Behaglichkeit, vor allem auch Gastlichkeit. Luther war ja im privaten ein typischer deutscher Intellektueller: Er sah den Himmel, messerscharf. Aber wie zu Hause im Schlafzimmer das Bett zu machen sei, das hat ihm erst seine Käthe gezeigt. So wurde das protestantische Pfarrhaus begründet. Über seinen Segen brauche ich nicht zu sprechen. Fast alle Musensöhne, die uns als Volk der Dichter und Denker berühmt machten, stammen daher.

Wichtig scheint mir: Mit dieser Familiengründung hat Luthers Lebenskurve ganz offenbar ihren historischen Höhepunkt überschritten. Es beginnen jetzt langsame Rückzüge von der Bühne der Weltgeschichte. Aus dem Rebellen gegen Kaiser und Papst wird in seinen letzten zwanzig Jahren der christliche Hausvater, der das neue Haus, das Haus der Gemeinde und der Familie, ordnet. Fragen der Kirchenordnung werden wichtig. Auch hier ist er mit der Anlehnung an den jeweiligen Landesvater nicht mehr revolutionär. Dafür entdeckt er erst jetzt die Musik. Das evangelische Gesangbuch mit seinen berühmten Liedern entsteht im Haus. Immer noch finden theologische Disputationen statt. In Marburg mit Zwingli zum Beispiel, und doch sind das alles schon Nachhutgefechte. Das Werk war getan.

Interessant ist auch, daß nun sein Ruhm, der grenzenlos war, zu bröckeln begann. Seine Heirat mitten in den Blutbädern der Bauernkriege hatte seine Freunde empört. »In dieser unseligen Zeit«, schrieb Melanchthon, »da Deutschland seine Kraft so nötig hat, schädigt er sein Ansehen durch diese unglückselige Tat.« Wieso eigentlich? frage ich wieder wie auf der Wartburg. Warum müssen große Männer immer Titanen sein?

Sicher aber ist der Zeitpunkt der Eheschließung wieder ein Indiz dafür, wie wenig politisch Luther dachte. Weit mehr noch hat er seinem Ansehen damals durch seine Streitschriften wider die Schwarmgeister geschadet. Er predigte Mäßigung, und das zahlten ihm die aufgeregten Massen mit deutlichem Liebesentzug heim. Vor allem sein zweites, rabiates Pamphlet ›Wider die räuberischen und mörderischen Rotten der Bauern‹, das wirklich ein starkes Stück war, hat man ihm ungeheuer übel genommen.

Dieser Mann war nicht einzuspannen in die Züge der Zeit, die jetzt durch das Land rasten. Er verharrte auf seiner Gewissensfrage und wie sich daraus das Verhältnis der Seele zu Gott stelle. Luther hatte die Menschen mündig gesprochen. Jetzt standen die Unmündigen auf und meldeten sich zu Wort, auch gegen ihn.

Aber so ist es mit den Großen der Geschichte immer gewesen: Sie prägen ihre Zeit, dann stehen sie daneben, nicht gerade allein, aber von Mißverständnissen umgeben. Trotzdem: Sein frühes Alter ist schwierig und voller Fragen gewesen. Er hatte nur vollbracht, was in ihm war, von Anbeginn.

Torgau

Merkwürdig ist das auf solchen Reisen durch die DDR. Man ist hin und her gerissen. Meist fühle ich mich bedrückt, fast depressiv. Die lähmende Langeweile dieser Kleinbürgerrepublik legt sich wie Staub über das Gemüt. Aber dann gibt es immer Augenblicke, wo man erwacht. Es ist, als hätte man im Sand plötzlich eine Perle entdeckt: Fahr runter von der Hauptstraße, nimm diesen Feldweg jetzt! sagt man verblüfft. Siehst du nicht, daß dahinten etwas ganz Phantastisches liegt? Ist es ein Schloß, eine Klosterruine, eine verzauberte Stadt, die aus volkseigenem Grau strahlend emporwächst? Was mag das sein? Die DDR, das muß man einräumen, ist voller Geheimnisse. Wirkliche Entdeckungen gibt es für Feinschmecker deutscher Geschichte nur hier.

Auf dieser Reise haben wir es zweimal erlebt, diesen jähen Umschlag von Depression in Staunen, ja, Entzücken. Einmal war es, als wir von Dessau kamen, kurz vor Magdeburg gewesen. Da erschien im diesigen Abendlicht des flimmernden Industriestaubes dieser großen Tristesse plötzlich wie eine Fata Morgana eine gewaltige Silhouette vor uns, eine riesige Ruine. Ihr Anblick inmitten dörflicher Leere war phantastisch. Wie ein Elefant lag das am Boden, grau und exotisch. Es war Schloß Leitzkau, ein Renaissancebau, zerbrochen, aber noch in seinen stolzen Resten märchenhaft. Ach, liebe DDR, wie sorgst du immer wieder für Überraschungen! Da hat einmal das Geschlecht derer von Münchhausen gewohnt. Auch Karl Friedrich Hieronymus Freiherr von . . ., auch genannt »der Lügenbaron«, der durch seine köstlichen Kriegs- und Reiseabenteuer dann die Phantasie des 19. Jahrhunderts maßlos beflügelte. Niemand kennt das. Keiner weiß davon mehr. Auch in Magdeburg war kaum etwas auszumachen unter Lokalkennern. Lügenbarone sind untauglich beim Aufbau des Sozialismus, oder täusche ich mich? Wie ist das denn mit dem Herrn von Schnitzler?

Unsere zweite Entdeckung hieß Torgau. Bei diesem Namen denkt man ähnlich wie bei Bautzen immer nur an Festungen und Zuchthäuser. Zu Unrecht, denn das tausendjährige Torgau ist eine Perle sächsischer Geschichte. Mittelalter und Renaissance erbauten hier ein Stadtkunstwerk, das seinesgleichen sucht. Es blieb im Krieg unzerstört. Vor allem Schloß Hartenfels, das sich heute an der Stelle der alten Burg erhebt, ist ein so herrlicher Renaissancebau, daß einem seine vollendete Schönheit noch heute den Atem verschlägt. Die Schloßfassade innen wird von einem kunstvollen Treppenturm, dem großen Wendelstein, geschmückt. Seine sanft aufsteigenden Windungen sind von einer Anmut und schwebenden Leichtigkeit, die noch den Betrachter beflügelnd nach oben zieht. Das vergammelt jetzt. Von Stiege zu Stiege bricht alles zusammen. Unten eine Strippe davor, ein Pappschild baumelt daran: »Einsturzgefahr! Betreten verboten!« Das ist sehr ratsam. Übrigens: In diesem Schloß, nicht in Wittenberg, hat Luthers Schirmherr Friedrich der Weise residiert. Wieder erfährt man's: Die sächsischen Fürsten waren große Kenner der Künste – delikat.

Torgau hat mehr zu bieten. In der Marienkirche ist das Grab Katharina von Boras bewahrt. Die hilfreiche und treue Ehefrau hat ihren Doktor nur um sechs Jahre überlebt. Sie ist 1552, gut fünfzigjährig, hier gestorben. Ein Grabstein zeigt eine imposante Frauensperson. Auch sie hält die Bibel beschwörend vor ihrer Brust. Ihre feingliedrigen, überlangen Finger auf dem Buch deuten auf eine Sensibilität, die der mächtige Körper verbirgt. Eine Mutterfigur mit Geist und Verstand, fast herrscherlich. Nichts Marianisches ist mehr um sie. Alles ist Welt.

Torgau ist weiter von Wichtigkeit, weil Luther und Melanchthon hier schon 1530 die sogenannten ›Torgauer Artikel‹ verfaßten, die dann später die Grundlagen der ›Augsburgischen Konfession‹ wurden. Für das Auge ergiebiger und für den Kopf bedenklicher ist die Schloßkirche. Sie ist nämlich das erste Gotteshaus, das streng nach protestantischem Selbstverständnis gebaut wurde. Der Fürst hatte es dem Reformator finanziert, dieser hat den Bau inspiziert und ihn noch zwei Jahre vor seinem Tod mit einem Festgottesdienst eingeweiht. Die Torgauer Schloßkirche ist also authentisch, original lutherisch. Hier kann man überprüfen, was der Geist der Reformation ästhetisch den Sinnen einbrachte: Fast nichts ist zu sehen.

Die Kanzel, von der Luther predigte am Sonntag der Eröffnung, ist bildreich und schön – aber sonst? Es ist ein kahler, hoher Raum, dessen Leere Menschen wie mich frösteln macht. Die ganze Kälte und intellektuelle Spitzfindigkeit lutherischer

Orthodoxie wird spürbar. Das eben war ja die reformatorische Tat gewesen: Die Kirche ist ein Versammlungssaal, wo die Gemeinde das Wort Gottes hört, es bedenkt und sich bedankt in Gebet und Gesang. Außer der Gnade geht alles vernünftig zu. Manche Synagogen sind ähnlich karg. Dieser Rückgriff ist lutherisch. Protestantismus ist eine Wortreligion, wie der Judaismus eine Vertragsreligion ist.

Das muß wohl so sein, religionsgeschichtlich, aber, offen gesagt: Beides ist mir ganz fremd. Mich läßt das kalt. Ich bin ja kein Christ, aber wenn ich es wäre, dann doch bitte katholisch. Ich bin für den Kult. Es gehören Bilder und Heiligengestalten, es gehören Weihrauch und goldene Meßgewänder dazu. Das Mysterium muß schön sinnlich und geheimnisvoll sein. Mein Vater war evangelisch, meine Mutter katholisch. Das gab viel Streit. Bin ich nun schon bei dem Thema, wo ich hin will? Ich nähere mich. Es kündigt sich die deutsche Teilung an.

Diese ist viel weiter unten an den Ufern der Elbe zu besichtigen. Dort, am Fuß des Schloßberges, wo eine bescheidene Brücke den breiten Strom überspannt, steht heute das ›Denkmal der Begegnung‹, das die Sowjetunion 1946 errichten ließ. Denk mal daran, vergiß es nicht ganz: Haargenau an diesem Elbufer haben sich am 25. April 1945 die vorrückenden sowjetischen und amerikanischen Truppen vereint. Sie fielen sich in die Arme, damals. Der Krieg war aus. Das große Blutbad der Völker, das Hitler eröffnet hatte, ist hier beendet worden. Torgau bietet auch das: Das Ende des Zweiten Weltkriegs fand hier statt.

Ein paar Kränze liegen am Denkmal. Tannengrün mit Rosenbuketts, alles Plaste und Elaste. Etwas verbeulte Kunststoffschärpen mit Goldtroddeln scheppern im Wind, der von der Elbe kommt. »Den heldenhaften Kämpfern – VEG Rinderzucht« ist auf der Schärpe zu lesen. Oder auch »Euer Tod war nicht umsonst – Likörfabrik Zahna«. Die Helden, das versteht sich, sind immer nur die Sowjettruppen gewesen. Daß auch die Amerikaner gegen Hitlerdeutschland Krieg führten, wirkt in Torgau heute merkwürdig anachronistisch. War das denn wirklich so? Washingtons Hochrüstung und der Raketendoppelbeschluß der NATO sprechen deutlich dagegen, von heute her gesehen.

Jetzt bin ich an dem Punkt, der mir wichtig scheint am Ende dieser langen Lutherreise. Damals wurde Europa geteilt, konfessionell, heute ist es geteilt, politisch. Und immer ist in solchen Krisen der Geschichte Deutschland die Region, wo der Schnitt mitten durchgeht. Was ist das für ein Volk, was ist das für eine zerrissene Nation? Ist es ein Zufall, daß all die Lebensräume Luthers, die ich besuchte, heute auf dem Territorium der DDR liegen, also wieder in der Grenzzone der deutschen Spaltung? Von Eisenach nach Herleshausen rüber sind es kaum zwölf Kilometer. Da treffen und trennen sich zwei Weltsysteme. Die deutschen Kernlande hier, vor allem das schöne Thüringen mit seiner Wartburg, haben es faustdick hinter den Ohren. Wenn immer ein Riß durch die Welt geht, beginnt er hier. Immer liegen wir ganz vorn in der Geschichte. Wir tragen es aus, was das Jahrhundert bewegt. Evangelisch oder katholisch? Kapitalistisch oder kommunistisch? Meister der Teilung kann man die Deutschen nennen.

Aber darin liegt vielleicht auch eine Hoffnung? Die großen Probleme der Welt, das lehrt die Geschichte, werden nie gelöst. Sie trocknen langsam aus. Sie verlieren an Dynamik. Schon am Ende des Dreißigjährigen Krieges, in dem sich Protestanten und Katholiken so mörderisch bekämpft hatten, daß Europa fast ausgestorben war, wußte niemand mehr so recht, worum eigentlich der Krieg geführt wurde. Das Problem war ausgeblutet. Es verlor an Dynamik. Und mit dem Westfälischen Frieden begann dann das große, machtvolle Barockzeitalter. Was war da evangelisch, was katholisch? Ja, Händel und Bach einerseits, dann aber auch Haydn und Mozart später, katholisch. Wie unwichtig ist für Goethe die Konfessionsfrage gewesen. Es sind beide Lager geblieben, aber sie haben gelernt, miteinander auszukommen. Es ist jede Leidenschaft der Konfrontation abgestorben, gottlob. Das Wort Ökumene weist in die Zukunft. Es gibt heute Katholiken, die ernsthaft die Heiligsprechung Martin Luthers in Rom betreiben. Warum nicht? Er war ein Wunder in seiner Zeit.

Nein, ich lasse mich jetzt nicht vom Wind der Geschichte ins offene Meer der Spekulationen treiben. Ich verkleistere auch keine Gegensätze der Systeme heute. Sie sind da. Aber es ist auch denkbar, daß sich die Dynamik des West-Ost-Konflikts, in sehr langen Zeiträumen gerechnet, allmählich abschleifen könnte. Im Zeitalter der Atomstrategien kann keiner mehr den anderen besiegen. Krieg geht nicht mehr. Nichts geht mehr. Es ist also auch möglich, daß es in kommenden Generationen zu einem historischen Kompromiß zwischen beiden Lagern kommt. Keiner siegt, aber jeder durchdringt den anderen ein bißchen. Dann verliert sich die Konfrontation. Dann läßt die Dynamik der Feindbilder nach.

Und eines sehr späten Tages, vielleicht in hundert oder noch mehr Jahren, wird man die Schärfe des Konflikts gar nicht mehr verstehen. Beides ist immer noch da, aber lebt, obwohl getrennt, auch nebeneinander wie Katholiken und Protestanten heute. Ich weiß, der Gedanke ist gewagt. Ich weiß auch, was alles dagegen spricht. Und doch, auf Reisen dieser Art kommen einem solche Gedanken. Luthers Erbe regt dazu an.

Wittenberg III

Ich will noch einmal zurück in seine Stadt. Ich will ihn noch einmal sehen, ganz nah. Ich weiß, meine Annäherungen an ihn sind nur manchmal gelungen, punktuell sozusagen. Im ganzen blieb er mir fremd. Er ist mir, merkwürdig genug, auch durch das viele Lesen, Sinnieren und Schreiben jetzt, nicht wirklich sichtbar geworden. Ist er zu groß, vielleicht auch zu deutsch für mich? Etwas an ihm ist nicht zu fassen. Er war ja ein Mensch ohne System. Etwas Heftiges, Stoßhaftes, Sprunghaftes ist all seinen Schriften eigen. Er besteht aus lauter Ecken und Kanten. Was er schrieb, blieb alles ein großes Fragment. Man kann Luther mit einem Steinbruch vergleichen. Eruptive Kräfte haben da vieles nach oben gestoßen, das nun nebeneinanderliegt, oft unvereinbar. Jeder kann sich nach Belieben bedienen, und das geschah ja auch durch alle Jahrhunderte. Ein Mensch in seinem Widerspruch. Jede Epoche nahm sich das von Luther, was ihr gefiel. Das will ich auch tun zum Schluß. Ich schildere den Luther, der mir nahe ist, der mir persönlich gefällt, ja, für den ich so etwas wie Bewunderung empfinde. Das ist natürlich nicht der ganze Luther, immerhin. Ein Stück aus dem Steinbruch: meines.

Ich bewundere seine unbeirrbare Vernünftigkeit in maßlos verwirrter Zeit. Wahrscheinlich ist das mein eigenes Selbstverständnis – na und? Luthers Leben bietet auch diesen Aspekt. Das war schon ziemlich spät, so im letzten Lebensjahrzehnt, als der Kampf bereits hinter ihm lag. Konstruktive Mäßigung war seine späte Tugend geworden. Nichts da von Resignation und Müdigkeit, keine Spur von abgeklärter Altersweisheit. Im Kern seiner Verkündigung war er immer der alte geblieben: allein durch den Glauben und nur im Gewissen. Ein eigensinniger Umstürzler: knochenhart, oft auch grobianisch. Er lehnte es aber ab, seine Grenzen zu überschreiten. Er hielt sich raus aus den Machtkämpfen, die jetzt um ihn tobten. Er stand zum Wort. Er blieb beim Text. Das Maß seiner Toleranz ist mir hier Vorbild. Sein Bekenntnis zum Geist ist mir nahe. Seine Absage an die Gewalt scheint mir ungemein aktuell. Sie klingt wie eine Rede an die Schwarmgeister unserer Zeit, manchmal auch Lutheraner, die dann so feinsinnig zwischen Gewalt gegen Sachen und Gewalt gegen Personen zu unterscheiden wissen. Hier bin ich eins mit ihm: so nicht.

Ich spreche jetzt von dem Brief, den er damals in Wittenberg an seine Mitstreiter schrieb, weit draußen. Er dachte über die Zukunft der Reformation nach – wie würde es weitergehen? Er sah all das Getümmel um sich, diesen Aufruhr, diese Lust aller plötzlich, aufeinander einzudreschen, sich gegenseitig niederzuknüppeln, sich totzuschlagen, um Gottes willen natürlich. Die Deutschen haben eine tiefe Lust an der Gewalt, aber eigentlich nur, wenn es um Weltanschauungen geht. Furor teutonicus nennt man das. Fürs Grundsätzliche und Ideologische bringt man bei uns Mitmenschen merkwürdig schmerzlos, ja, cool um. Nicht nur unter Hitler. Auch heute noch ist der Mord aus revolutionärer Gesinnung irgendwie eine Untat edlerer Art. Etwas Heldisches liegt über solchen Totschlägern. Sie lösten die Schüsse doch nur wegen ihrer großen Gesinnung. Und ob das nun Ponto oder Karry war.

Luther schreibt: »Nur mit dem Wort darf angegriffen werden, nur mit dem Wort darf niedergeworfen werden, nur mit dem Wort darf vernichtet werden, was die Unsrigen mit Gewalt und Ansturm angegriffen haben. So hat sie der Satan angetrieben. Ich verdamme die Messen, die für Opfer und gute Werke gehalten werden. Aber ich will nicht die Faust dazu nehmen oder die, die nicht wollen, oder ohne Glauben sind, mit Gewalt hindern. Ich verdamme allein mit dem Wort; wer glaubt, der soll glauben und folgen, wer nicht glaubt, der mag nicht glauben und es bleiben lassen. Denn nicht einer darf zum Glauben und zu dem, was des Glaubens ist, gezwungen werden, sondern er muß mit dem Wort gezogen werden, so daß er willig glaubend aus eigenem Antrieb kommt.«

Ich stelle mir vor, wie das war, als er diesen Brief schrieb. Es war Winter. Draußen knirschte der Schnee. Er saß in jenem großen Wohnzimmer, das noch heute im Klosterhaus als Lutherstube ziemlich unverändert zu besichtigen ist. Er saß an dem breiten, viereckigen Holztisch, der in der Mitte steht. Von dem braunen Kachelofen zur Linken kam Wärme. Ein paar fahrende Scholaren hockten da, blätterten in Folianten. Kinder tobten vor ihm im Erker herum, versuchten, zum Fenster zu klettern, wollten Schneeflocken greifen. Ein paar Katzen lagen am Boden, schnurrten vor sich hin.

Er saß auf jenem Holzstuhl, lederbezogen, den es auch noch gibt. Ein starker, jetzt dicker Mann, aber mit Kraft. Er saß tief gebückt. Er tunkte die Feder in das Faß. Ich stelle mir vor, daß er sehr schnell, fast hastig schrieb, die volle Seite aber dann noch einmal genau las, beinah andächtig. Man hörte die Feder kratzen. Dann hörte man nur die Stille, in der er das las, noch einmal: »Nur mit dem Wort darf angegriffen werden, nur mit dem Wort darf niedergeworfen werden, nur mit dem Wort darf vernichtet werden.« Ob sie das endlich begreifen würden, die jungen Gemeinden, die es jetzt überall gab in Europa, beflügelt von seinem Evangelium? Er war besorgt. Vielleicht ging jetzt auch die rote Stubentür auf? Vielleicht kam jetzt seine Käthe herein mit einem Tablett, darauf ein Krug Wein? Ich stelle mir vor, daß sie schimpfte: »Hör endlich auf! Trink deinen Wein!« Und er: »Schließe die Tür! Komm zu mir. Laß uns beten, daß der böse Feind keinen Einlaß finde. Ich sehe ihn draußen. Ich habe Angst. Herr Jesus, ich bitte dich: hilf!«

Vielleicht ist es gut, das vorweg zu sagen: Preußen ist für mich zunächst nicht das große Reizwort, das aus der Geschichte kommt. Ich denke zuerst nicht an den Staat, seine Politik, sein Militär, früher einmal. Es geht mir nicht diese hochkomplizierte, ganz offenbar tragische Rolle durch den Kopf, die dieser Emporkömmling unter den europäischen Fürstenhäusern in Deutschlands Vergangenheit spielte: vertrackte Problemfelder für Fachleute – mein Stoff nicht.

Bei mir muß man persönlicher, sinnlicher, bescheidener ansetzen. Autobiographisches spielt mit. Preußen ist für mich, der ich ziemlich genau seit der Auflösung dieses Staates 1947 in Westdeutschland lebe, etwas ganz anderes: der Raum meiner Jugend, ein Heimatbegriff, ein Gefühl von zu Hause. Da schwingt Kindheit und sehr viel Stallgeruch mit, also tief Emotionales. Schon in den sechziger Jahren, als dies noch höchst unschicklich, beinah peinlich war, schrieb ich: Natürlich, ich bin ein Preuße – was sonst? Heute kann man es ja sagen.

Ich wurde in Deutschlands bravster Kartoffelregion, also in Magdeburg, geboren: 1919, auch ein bedenkliches Jahr unserer Geschichte. In Berlin wuchs ich auf. In Werder lag das Landschulheim unseres Grunewald-Gymnasiums. Dorthin fuhr man zur Baumblüte, zu ersten, noch etwas verschämten Obstweingelagen. In den Sommerferien reisten wir von Berlin aus mit der Familie in die Provinz zu den Großeltern: entweder nach Bukkow in der Märkischen Schweiz oder nach Neuzelle, dem alten, herrlichen Zisterzienserkloster ganz nah an der Oder. Dort bei Grünberg, das heute polnisch ist, also Zielona Góra heißt, besaßen meine Großeltern Weinberge. Europas sauberster Saft wurde hier gekeltert. Preußische Kindheit – in heißen Augustwochen auch in Pommern, in Zinnowitz oder Kolberg am Ostseestrand. Zum erstenmal hörte ich das Meer rauschen. Wir nannten das damals »Sommerfrische«. Es war kurz vor Hitler.

Etwas später, als Halbwüchsiger, dann die ersten Erkundungen auf eigene Faust. Ich fuhr mit meinem Fahrrad von Eichkamp über Pichelsdorf nach Staaken hinaus, hinaus in die Mark Brandenburg: Kiefern, Föhren, verkrüppelte Eichen, Sand, die blasse Havellandschaft mit ihrem meist grauen und irgendwie gottlosen Himmel darüber. Peter Huchel hat diese Landschaft in Verse gefaßt. Ich fuhr über Dorfstraßen mit uraltem Kopfsteinpflaster. Ich sah all die mickrigen Kätnerhäuser mit ihren langgestreckten Gärten, in denen in strammer Reihe Kohlrabi, Salatköpfe und Radieschen standen. Hoch über dem grünen Holzzaun aber leuchteten jene gelben, mannshohen Sonnenblumen, die aus Rußland kommen.

Ich denke weiter an all die spitzen, kalten Kirchen in rotbraunem Klinkerbaustil, die entfernt an Kasernen erinnern, auf jeden Fall aber sehr evangelisch sind: karg und fast immer zugeschlossen, gottlob. Ich denke an lichte Birken, die hellgrün stehen, und an Trauerweiden, die tief hängen in das schlappe Wasser der Havelseen. Ist das nicht der Osten, sehr polnisch schon? Das ist mir jedenfalls Preußen zutiefst: Erde, ein Landschaftserlebnis, ein Naturgefühl – schöne Melancholie, östlich. Etwas zum Fühlen, Schmecken, Sehen, Anfassen. Etwas sehr Frühes ist Preußen für mich.

Das Preußen zum Schmecken zum Beispiel. Vielleicht sind es wirklich nur noch Erinnerungen? Denn natürlich speist man heute in Berlin genauso italienisch, jugoslawisch oder chinesisch wie überall. Die Küche meiner Kindheit aber war preußisch: also Salzkartoffeln mit Wirsingkohl, Buletten mit viel Soße dazu. Hinterher gab es einen Grießpudding, der Flammeri hieß. Ich weiß nicht, warum. Eisbein mit Erbsenpüree war fast ein festliches Essen, so um Weihnachten herum. Am Sonnabend (kein Preuße sagt Samstag) ging es bei uns jedoch eher spartanisch zu. Es gab Eintopf: Graupen mit Speck oder Hirsesuppe mit Hühnerklein. Köstlichkeiten, die niemand mehr kennt auf den Speisenkarten der Welt. Auf einer Reise durch Ostpreußen, also durch das heutige Polen, fand ich noch diese Küche, die man wohl stramm und deftig nennen muß. Kein süßes Geschlecker. Es fehlt jedes Raffinement für Gaumen und Zunge. Aber man hat etwas Solides zum Beißen zwischen den Zähnen. Man spürt, was man schluckt. Dazu gehört Bier, ein Korn hinterher.

Was mir weiter zum Thema Preußen einfällt? Ich hoffe, die Autoritäten zur Sache, all die Historiker, Staatsrechtler und Politologen, werden es mir nicht verübeln, wenn ich als Berliner Kind und Betroffener sage: Aschinger zum Beispiel – das fällt mir jetzt ein. Ach, unvergeßlich. Als Student ging ich immer zu Aschinger, meistens am S-Bahnhof Friedrichstraße, um Löffelerbsen mit Speck zu essen. Das kostete damals 45 Pfennige, eine ganze Terrine voll, und dazu gab es gratis jene winzigen Brötchen, die frisch und knusprig in geflochtenen Körben auf allen Tischen waren: massenhaft, unbegrenzt.

Ich behaupte, ganze Generationen preußischer Studenten haben sich so durchgefuttert. Man sollte einmal eine Sozialgeschichte dieser beliebtesten Restaurationskette von Berlin damals schreiben. Aus diesem Stoff wäre viel rauszuholen über die Lebenswirklichkeit dieses Staates. Der Unternehmer Aschinger soll ein Bayer gewesen sein, der nach Berlin kam. Aschinger war trotzdem Preußen oral original, also zum Schmecken. Und natürlich, es ist nur sinnvoll: Aschinger ist mit Preußen, wenig später, denn auch zugrunde gegangen. Seltsam, daß die DDR nie auf HO-Gaststätte Aschinger kam. Warum nicht? Die reklamieren doch sonst alles für sich, von Luther bis Friedrich.

Weiter: das Preußen zum Sehen. Ich meine jetzt die Häuser, die Straßen, die Stadtplanung früher einmal. Es steht alles so kerzengerade, so sauber und rechtwinklig da. Große Durchbrüche, klare Perspektiven. Keine barocken Schwünge und süddeutsche Verwinkeltheit im Labyrinth der Gassen. Diese helle, aufgeklärte Stadtarchitektur: bürgerlicher Rationalismus, der einmal aus Frankreich kam mit den Hugenotten.

Es liegt eine historische Landkarte vor mir, die ich kürzlich in Potsdam kaufte. Manchmal erwischt man so etwas in der DDR. Ein Glücksfall, sagte die Verkäuferin in dem Potsdamer Laden. Wir haben nur wenige Blätter. Sie hatte sehr recht.

Es ist ein ›Grundriß von Berlin – Gezeichnet von W. von Möllendorf im Jahr 1825 – in Stein graviert von Schwartzkopff und Voss‹. Da kann man die strenge Rationalität vor allem der Friedrichstadt schon damals genau studieren. Und wer Sinn für die Ironie der Geschichte hat, kann sogar auf diesem Dokument des frühen 19. Jahrhunderts den Verlauf der Berliner Mauer heute klar eingezeichnet sehen: warum zum Beispiel die Mauer sich mitten im Herzen der Stadt exakt zwischen der Kochstraße (West) und der damaligen Zimmerstraße (Ost) entlangziehen muß und wie sie sich dann vom alten Leipziger Platz hoch zum Pariser Platz, also zum Brandenburger Tor, zieht. Das sind nämlich exakt die historischen Berliner Bezirksgrenzen. Nur hießen sie nicht »Bezirke«. Sie hießen auf meiner Karte »Policei-Reviere«. Wir sind also wieder in Preußen. Das preußische Berlin von damals, das ja wenig mit dem Groß-Berlin der zwanziger Jahre zu tun hat, bestand aus 22 Revieren. Sie reichten vom »1. Rev. Alt-Cöln« bis zum »22. Rev. Rosenthaler Vorstadt«. Soviel zum Thema preußische Ordnung. Alles zum Sehen und Ablesen auf meiner Karte.

Und heute? Heute noch ist es auf Grund dieser Ordnung für den Autofahrer leicht, sich zu orientieren. Man muß sich in Berlin nicht verirren, auch nicht als Fremder. Man kann von der Heerstraße oben bis zum Brandenburger Tor sozusagen in einem Zug durchfahren. Und drüben, hinter der Mauer, geht es dann so schnurgerade weiter über den Alexanderplatz bis weit nach Treptow hinaus. Wie oft, wenn ich in Stuttgart oder Heidelberg oder bei mir hier in Frankfurt am Main im engen Labyrinth der Straßen steckenbleibe, als Autofahrer, denke ich an das saubere Fahrvergnügen in Berlin. Bitte, sage ich mir, das haben einmal die vielgescholtenen Preußen konzipiert, und zwar zu einer Zeit, als man sich hier noch biedermeierlich brav zu Fuß, hoch zu Roß und mit Pferdekutschen voranbewegte.

Ich müßte jetzt Loblieder auf zwei Straßen beginnen, wie sie so urban und repräsentativ eben nur Preußen hervorgebracht hat. Ich könnte im Westen den Kurfürstendamm erwähnen, den einzigen, wirklich gelungenen Boulevard in Deutschland. Was ist ein Boulevard? Eine schöne, lockende Straße der Geselligkeit. Man läuft da nicht einfach durch, sondern flaniert. Man trifft sich, kehrt irgendwo ein, sieht dann weiter. Es macht einfach Spaß, sich hier aufzuhalten, gesellig.

Nun ja, so ganz stimmt das in letzter Zeit nicht mehr. Es gehört zum Bild der zerbröselnden Weststadt, daß die vornehme Eleganz dieser Straße eigentlich nur noch ein Gerücht ist – für Touristen. Ein Hauch von Balkan liegt darüber, ein Rüchlein von Protest zieht durch die feine Straße. Manchmal klirrt und knallt es hier ganz rabiat. Die Revolution tobt. Das kommt davon, daß es Preußen nicht mehr gibt als Staat, sage ich. Die Preußen hätten das nicht geduldet. Wer weiß eigentlich, daß die Berliner diesen Boulevard Bismarck verdanken? Ursprünglich war der »Kudamm«, wie man heute salopp-respektlos sagt, nämlich nichts als ein Reitweg des Großen Kurfürsten, den der Eiserne Kanzler vom Regierungsviertel in Berlin-Mitte nach Grunewald dann ausbauen ließ. So steigt eine Straße auf. So geht sie darnieder. Preußen ist tot. Ich sehe das – hier.

Natürlich muß ich jetzt auch von Berlins Prachtstraße »Unter den Linden« reden. Sie ist für mich immer noch das eine, vollkommene Denkmal des untergegangenen Staats. Was immer man gegen den Neuaufbau der Städte in der DDR sagen kann – man kann da eigentlich nur Klage führen: schon die Leipziger

Straße nebenan ist eine monströse Katastrophe –, dieses Glanzstück preußischer Macht haben sie gut renoviert. Sie haben, mit vielen Ausnahmen natürlich, die alten »Linden« exakt und sehr stilecht reproduziert. Es sieht fast wie früher aus, jedenfalls wenn die Dunkelheit eingebrochen ist, etwas verschönend. Diese Faustpfänder der Macht haben sie sich viel kosten lassen. Ich meine: sie wissen schon, was sie tun: politisch, historisch. Nur wer die Vergangenheit hat, hat auch die Zukunft in seinem Griff.

Ich stelle mir vor: Da kommt ein Besucher aus Rio oder Zentralafrika, aus China oder auch nur aus Stuttgart-Böblingen und fragt nach Preußen: Geist und Gestalt. Was das denn eigentlich war, von dem jetzt so viel geredet werde? Statt dicker Bücher und langer Vorträge rate ich: Geht mit ihm drüben diese kurze Strecke vom Brandenburger Tor bis zum Dom. Das sind nur eineinhalb Kilometer. Ganz Preußen ist hier zu einem Ensemble zusammengetreten. Zeigt ihm die Staatsbibliothek und das Alte Palais, die Humboldt-Universität und das Zeughaus, die Staatsoper von Knobelsdorff und dahinter die Hedwigs-Kathedrale, Friedrichs Vision vom Pantheon in Rom: Das ist die erste Antwort. Klassizistische Strenge, ein Sinn für Maß und Form, also Harmonie, die man vollendet schön nennen muß.

Die zweite Antwort ist etwas verzwickter. Es ist 14.30 Uhr, also Wachablösung vor diesem kleinen, schönsten Bauwerk von Schinkel, bei dem ich immer nicht weiß, ob es nun »Neue Wache« oder »Alte Wache« heißt. Es diente zu Ehren des Königs, des Kaisers, der Republik. Es diente unter Hindenburg den Gefallenen und unter Hitler den Nazis. Jetzt dient es den Kommunisten als »Mahnmal für die Opfer des Faschismus und Militarismus«. Man kann von einem echten Mehrzweckbau des deutschen Volkes sprechen. Mahnmale sind immer stumm. Was verschweigen sie alles?

Das Wichtigste kommt erst jetzt: das zum Anfassen. Ich meine die Menschen hier, meine Preußen. Sicher fehlt es ihnen an vielem: an französischer Grazie bestimmt. Mit Wiener Charme sind sie auch nicht begabt. Sicher sieht man in Rom edlere, in Lissabon schönere Köpfe. Dies hier ist blonde Mischrasse, viel Wendisches, Polnisches ist eingemischt. Straff und doch etwas teigig möchte ich ihr Äußeres nennen. Nicht sie haben den Staat, der Staat hat immer sie geformt. Ich liebe sie trotzdem, weil sie so fleißig, so zuverlässig sind. Sie können so ungemein direkt, bis zur Unhöflichkeit sein. Ihre Pünktlichkeit ist berühmt.

Mein Vater war Preuße. Er diente im Kulturministerium, Unter den Linden: ein mittlerer Beamter. Ein Leben lang kam er immer mit der S-Bahn vom Dienst nach Hause, nach Eichkamp. Immer kam er mit dem Zug, 16.21 Uhr. Immer saß er im Raucherabteil zweiter Klasse. Immer hatte er eine Aktentasche mit Arbeit bei sich. Immer war er heiteren Gemüts. Er aß mit uns, er trank sein Bier, ging durch den Garten, beugte sich später wieder über seine Akten. Er war die Regelmäßigkeit und Treue in Person. Er tat das verläßlich, bis unser Haus und später dann ganz Berlin in Feuer, Schutt und Asche versanken. Er starb, nur von den amtlichen Lebensmittelkarten vegetierend, den Hungertod – 1945 im November. Er war nie ein Nazi, nur ein Preuße gewesen. Auch an ihn will ich erinnern, denk ich an diesen Staat.

Es soll nicht das letzte Wort sein. Wehleidigkeit und Selbstmitleid passen nicht ins Bild dieser Menschen. Sie sind eher trocken. Ihre Wachheit, ihre Schlagfertigkeit, ihr hellwacher Mutterwitz sind bekannt. Und ich? Ich bin ein Literat. Ich halte es mit dem Wort, also der Sprache. Ich kann also gar nicht schließen, ohne ihrer Sprache zu gedenken. Mager und gallig ist sie anzuhören. Es liegt etwas banal Nüchternes, etwas witzig Direktes in ihrem Tonfall, das mich heimisch anweht. Ich liebe vor allem das Berliner Mundwerk, das ja weit bis nach Pommern rauf und bis Frankfurt/Oder zu hören ist, in leichten, märkischen Abflachungen zum Plattdeutschen hin. Es ist ein Jargon, dem alles Aufgeblasene und Großartige zuwider ist. Sprache, die kritisch herunterholt, platt auf den Teppich bringt. Die Tatsachen, bitte – nun laß doch die Luft raus, komm auf den Boden, der eher dreckig ist –, zugegeben.

Das ist, meine ich, nicht Armut der Gefühle. Es ist – aber kann man das heute überhaupt noch sagen? – eine Art Keuschheit der Seele. Man kann das ganz oben in der Literatur haben, etwa in der Lyrik und Prosa Gottfried Benns. Man kann es in der mittleren Etage in den frechen, witzigen, manchmal müßte man fast sagen: rotzigen Feuilletons von Kurt Tucholsky haben, die einfach sitzen, wie genagelt. Man kann es aber auch an jeder Straßenecke von Groß-Berlin noch hören. Ost und West: im Berlinern blieb die Stadt ungeteilt, fest zusammen. Herrliche Schnoddrigkeit, mit leichten Untertönen von Melancholie. Gieß etwas Spott über deine Rührung. Zeig nicht, was du fühlst. Bleib kalt. Bewahre die Haltung – die Form ist der Inhalt.

Dieser Satz ist für mich Preußen zuletzt. Es ist ein stolzer, großer Satz, aber auch sehr gefährlich. Er ist mir der Schlüsselsatz für den ganzen Staat. Ich wiederhole ihn deshalb: Die Form ist der Inhalt. Damit wurde Preußen groß, nur durch Form, nur durch Zucht. Alles war Haltung. Daran ist es zugrunde gegangen, frühestens mit der Reichsgründung, spätestens unter Hitler. Es war nur noch Form da. Den Inhalt besorgten die Nazis. Es gab nur Pflicht und Gehorsam, selbst dem Bösen gegenüber. Entleertes Stilprinzip: Diese starren, versteinerten, eben entleerten Gesichter der preußischen Generalität, die dann den Zweiten Weltkrieg anführten – sie bezeugten das Ende. Das Ende ist immer das Nichts. Es war nichts mehr da – von Preußen.

Ich sage: schade. Ich sage, wenn auch leiser: Gott sei Dank.

Ich kannte es nicht. Ich sage nicht, daß ich es jetzt kennen würde – wie denn? Ich habe nur Erinnerungen. Es sind viele Erinnerungen: schöne, komische, nachdenkliche. Es sind auch schreckliche dabei, zum Schluß – es sind lauter Bilder vom Frühereinmal, wann? Ich erinnere mich: Es ist Ende August, Anfang September gewesen, als wir nach Ostpreußen fuhren.

Was ist Ostpreußen? Eigentlich ist es nur ein Gefühl unendlicher Weite und Stille. Wie groß der Raum wird und sein Schweigen. Siehst du die Weichsel? Wie breit sie ist, wie stumm sie fließt. Später dann enge, dunkle Baumalleen, die man wie bergende Höhlen durchfährt. Es rauschen die Blätter tief. Danach weites, frisches Land, nicht flach: Hügel begleiten. Wie grüne Wellen wogen sie manchmal durchs Land. Nur da und dort ein Gehöft. Pferde, die fern am Horizont traben. Wie einsam die Welt ist! Steht nicht der Himmel auch höher?

Merkwürdig, auch wenn man hier fremd ist, und wir waren das ja: Man fühlt sich nicht fremd. Heimatgefühl weht einen an. Auf eine sehr merkwürdige Weise ist man zu Hause. So, ungefähr, ist die Welt doch gewesen – in Kindertagen? Der Mensch hat das Verlangen nach Ursprung. Was also ist Ostpreußen? All meine Erinnerungen sagen: ein Traum von der Erde, wie sie einmal war.

Wir spürten das schon, als wir durch Pommern nach Danzig fuhren. Es war spät geworden. Abenddämmerung lag über dem Land. Wir fuhren langsam. Wir hatten das Fenster heruntergekurbelt. Landluft zog uns um die Nasen. Feuchtigkeit stieg empor. Schwarze Äcker, darüber erste Nebelschwaden: grauweiß. Merkst du, wie es jetzt anders wird? Stiller, entspannter, geruhsamer? Ein runder, gelber Mond war am Himmel aufgezogen, die Nacht fiel herab, ein zartes Geisterlicht über den Feldern, von leichten Nebeln verwischt. Ich spürte den Osten. Ich roch diese andere, weichere Welt der Slawen, die wir wohl nie ganz verstehen werden, wir hektischen Leistungstiere aus dem wilden Westen. Wir fahren in glänzenden Autos mit einigen hundert PS dahin. Sie leben anders. Noch spät in der Nacht ziehen in Polen die seltsamsten Gespanne gelassen und unbeleuchtet auf dunklen Landstraßen ihre gemächliche Spur. Auch mit dunklen Radfahrern ist zu rechnen. Auch mit plötzlichen Radarkontrollen am Straßenrand, die unser Tempo mit kräftigen Bußgeldern zu zähmen versuchen.

Nein, ich will jetzt nicht erzählen, was jeder kennt, vertraute Geschichten Ost. Daß es zum Beispiel, in Danzig einfahrend, etwas schwierig für uns wurde, das Hotel zu erfragen. Daß das sozialistische Lager, soweit es sich des Nachts noch auf der Straße und auf den Füßen befindet, überall etwas schwankt, ist bekannt. In Polen schwankt es noch etwas mehr. Es fällt beinah um. Gestalten, die wir zu fragen versuchten, torkelten. Sie waren voll. Es roch nach Wodka und Bier aus den Mündern. Ich will auch nicht erzählen, daß uns im Hotel später im nächtlichen Speiseraum zunächst nicht Speisen, sondern Wechselkurse serviert wurden, diskret natürlich. Die Kellner zogen die großen Schiebetüren zusammen, bis das erledigt war. Nur der rapide Verfall des Zloty wäre zu registrieren. Der klassische Ruhm des Dollar in Polen ist etwas verblaßt. Dafür wurden für DM-West ziemlich phantastische Notierungen gerufen.

Nein, das eben nicht. Das ist bekannt. Wir, die Deutschen, wir Bundesbürger in Danzig – das war das neue für mich. Ich war verblüfft. Das begann allerdings erst am nächsten Morgen und hielt dann die ganze Reise an. Wir waren in eine geschlossene Gesellschaft geraten. Wir lebten in Polen ganz unter uns: lauter Bundesbürger. Wie soll ich sie nennen?

Unsere Heimwehtouristen

Es handelt sich um eine kleine, ganz unbekannte Variante unserer Tourismusindustrie. Ich habe sie erst verspottet. Heute denke ich in Sympathie zurück. Sie fahren in ihrem Urlaub nicht nach Österreich, was sie könnten. Sie fliegen nicht nach Mallorca, obwohl das gelegentlich geschieht. Sie kommen immer wieder hierher, wo eigentlich nichts ist, touristisch. Sie können es nicht vergessen, dieses spröde Land hinter der Weichsel. Ihm gehört ihre Liebe, ihre Neugier, ihre Entdeckerlust. Sie baden in Vergangenheit, privat. Sie sonnen sich im Licht früher Kindertage. Es war einmal alles anders, nicht wahr?

Es war einmal so schön hier im Osten. Die Wiesen waren saftig und grün. Grüner als heute in Hildesheim. Das Korn stand höher. Der Sommer war heißer. Das Heu duftete stärker.

Und wenn es schon regnete, war es ein schwerer, gewaltiger Guß. Dicke Tropfen trommelten auf das Dach nieder. Es goß dann in Strömen. Der Winter war auch nicht wie heute in Osnabrück. Er war noch von krachender Kälte. Es knirschte der Schnee unter den Stiefeln. Es klirrte das Eis, wenn es brach. Früher ist eben alles viel schöner gewesen, nicht wahr? Das, ungefähr, ist ihr Lied.

Ein wunderliches Völkchen, bunt gemischt: Sie melden keine Ansprüche an. Sie klagen kein unveräußerliches Recht ein wie ihre Verbandsfunktionäre. Sie klagen überhaupt nicht. Das sind keine Revanchisten. Es sind empfindsame Seelen, etwas heimwehkrank. Der Mensch sucht seinen Ursprung. Wo war der damals? Sie mieten sich Taxis, sie fahren mit Bussen über Land, private Fuhrunternehmen werden bestellt. Sie haben Ansichtskarten, Fotos von früher, Landkarten aus alter Zeit bei sich und suchen immer ihr Dorf, ihren Hof, das Haus. Heimat ist wohl ein Nasengefühl? Es kommt jedenfalls bei diesen Suchaktionen immer der Augenblick, wo sie zum Fahrer plötzlich sagen: langsam, halt, stopp, bitte! Sie steigen aus, sie atmen tief ein und sagen dann, ausatmend, tief befriedigt: Jetzt riecht es wie zu Hause! Hier muß es irgendwo sein.

Der Kapitalismus, Gott sei es geklagt, macht's möglich: Ein großes, westdeutsches Reisebüro organisiert ihre wunderlichen, zugegeben auch etwas delikaten Wünsche auf das perfekteste. Es hat mit dem staatlichen Reisebüro der Volksrepublik Polen solide, für beide Seiten gewinnreiche Verträge abgeschlossen. Es lohnt. Es sind jährlich ungefähr 300 000 Westdeutsche, die kommen. Sie kommen mit der Bahn, mit dem Schiff, auch mit dem eigenen Wagen. Es gab im Jahr des Kriegsrechts eine Unterbrechung, danach ging es weiter. Es ist keineswegs die alte Generation. Nun kommt schon die zweite, bald die dritte Generation, verrückt, nicht wahr? Manche kennen's schon gar nicht mehr, aber zu Hause des Abends und im Winter immer das Reden: damals in Ostpreußen! Sie konnten das Gejammer der Alten nicht mehr hören. Schluß jetzt! Im nächsten Urlaub fahren wir mit den Kindern dorthin. Mal sehen.

Ich habe zwei Wochen unter ihnen gesessen, mit ihnen gegessen, getrunken, geredet. Dieses merkwürdige Erstaunen, diese leichte Verblüffung ihrerseits: Was, Sie sind gar nicht von hier? Sie stammen nicht aus Ostpreußen? Ja, was suchen Sie hier? Es war fast, als wenn man als Ungläubiger in eine geschlossene Gemeinde geraten wäre, eine sanfte, etwas verschämte Gemeinde der Sehnsucht, der Sucher nach der verlorenen Zeit. Wer hier nichts verloren hat, hat hier auch nichts zu suchen. Sie fanden es gleichwohl achtenswert, wenn ich sagte: Ach, ich will Ostpreußen kennenlernen, nur so. Das gehörte doch einmal zu Deutschland, oder? Ich nehme hier Nachhilfeunterricht in Geographie gestern. Wie weit ging denn das Reich, früher einmal? Sie waren verblüfft: Na, so was? Nur so?

Ich will es jetzt schon sagen, vorweg: Es ging ungeheuer weit, das Reich. Es war sehr groß, es war sehr schön und gut ausbalanciert mit der Hauptstadt Berlin in der Mitte. Ich will nicht verschweigen, daß ich ihm irgendwo in einer entfernten Windung meines Gehirns immer noch etwas nachtrauere, ein bißchen. Es geht niemanden an. Es ging geradezu atemberaubend weit, wenn man bedenkt, daß noch vor vierzig Jahren Orte wie Königsberg, Insterburg, Gumbinnen treudeutsche Städte waren. Namen, die keiner mehr nennt. Von der Maas bis an die Memel – wo fließt die eigentlich genau? Das Reich ging offenbar etwas zu weit – für unseren politischen Verstand.

Jetzt riecht es wie zu Hause – so läuft es ab: Sie suchen, sie gucken, sie schnuppern. Plötzlich stehen sie vor ihrem Haus. Das ist es doch, oder? Was meinst du, Erich? Der nickt. Das Haus sieht wie früher aus, älter natürlich, nicht mehr so gepflegt. Es ist alles so klein geworden, größer war das nicht? Der Zaun ist jetzt anders und der Garten, natürlich. Sie stehen lange andächtig davor, und dann kommt immer diese merkwürdige Irritation. Alle haben mir das berichtet. Ein Phänomen abgründiger Tiefe, wenn man es durchdenken würde. Ich will es nicht. Ich will nur sagen, was sie sagten: Unsere Veranda war doch vorne. Ich weiß es genau. Jetzt ist sie hinter dem Haus – wie das? Oder: Unser Balkon ging doch von der ersten Etage aus. Jetzt sitzt er im zweiten Stockwerk. Es hat etwas Spukhaftes. Kleine, wunderliche Veränderungen, die das Glück, das Verlorene wiedergefunden zu haben, merkwürdig verfremden. Bist du ganz sicher? Zeig doch die Fotografie von damals! Bitte, hier siehst du es: Der Balkon war unten. Jetzt sitzt er oben, wie sonderbar? Zauber der Zeit, würde ich sagen. Leicht verrückt ist eben das Leben, rückblickend.

Etwas wie Ängstlichkeit geht mit, wenn sie dann die Gartentür vorsichtig öffnen. Es blühen die Dahlien und Astern wie früher, Unkraut dazwischen. Und meistens kommt dann auch schon der Besitzer. Auch Heimatvertriebener, auch Flüchtling des Krieges, meist Pole aus Lemberg oder Wilna. Er ist keineswegs abweisend. Kein Hauch von Feindseligkeit ist zu spüren. Im Gegenteil: Der Bauer, der hier in Polen noch wie ein richtiger Ackerbauer aussieht, also mit Kittel, verknautschten Schaftstiefeln und einer Mistgabel angestapft kommt, vielleicht sogar deutlich nach Stall riecht – er entbietet der Dame aus Flensburg oder Malente auf das artigste den polnischen Handkuß: Bonjour Madame? Der Taxifahrer, mitgehend, versieht, etwas gelangweilt, Dolmetscherdienste.

Diese Geschichte, meine ich, ist ja nicht neu. Ich will nicht von einem abgekarteten Spiel sprechen, aber die Polen hier kennen das Stück inzwischen. Es läuft immer in gleichen Formen ab. Jedes Jahr zur Ferienzeit wird es hier einige hunderttausendmal gespielt. Es geht immer gut über die Bühne: ein schönes Rührstück, meistens mit Happy-End. Man geht ins Haus, zeigt, sieht, redet. Es wird später Kaffee und Kuchen serviert. Die Gastfreundschaft der Polen ist ja bekannt.

Entspannter und freundlicher Austausch. Ja, damals: eine schreckliche Zeit! Die Polen fragen dann irgendwann: Sie haben doch unser Kaufgeld bekommen? Die Westdeutschen erfahren nicht ohne Erstaunen, daß die Neusiedler hier nicht gratis einziehen durften. Sie mußten damals dem Staat für das Haus eine Kaufsumme entrichten, die, so wurde ihnen gesagt, an die früheren Besitzer weitergeleitet würde. Wer kann das jetzt noch klären? Verjährte Geschichten, vernarbte Wunden. Vergiß es! Alles steht da im milden Licht der Erinnerung. Ach, Liesbeth, sieh doch nur, sagt der Besucher zu seiner Frau, der große, grüne Ofen von damals, er ist immer noch da. So etwas, wissen Sie, sagt er dann zu dem Polen, gibt es bei uns nicht mehr in Westdeutschland. Schön war das damals!

In summa? Dieser Heimwehtourismus ist eine gute, ja, weise Institution. Entspannungspolitik der Seelen möchte ich ihn nennen. Vielen genügt nämlich dieser eine Besuch. Sie kommen nie wieder. Die Sehnsucht ist gestillt. Ein Mythos der Kindheit, ein Dämon von früher wurde gestürzt. Ein Trauma wurde geheilt. Ach, was unsere Eltern zu Hause doch für Spinner sind! Was für Märchen: Das Korn steht hier nirgends höher. Der Sommer ist hier auch nicht sicherer als in Schleswig. Im Gegenteil: Es ist kühl und regnet schon seit Tagen. Und dann der Kommunismus hier – danke!

Andere kommen sehr wohl, sehr gern und regelmäßig zurück. Es gibt passionierte Alteingeborene, die neue Liebhaber werden. Es entwickeln sich gute Beziehungen, Bindungen von einiger Beständigkeit. Oft kommen sie in den folgenden Jahren als Feriengäste direkt auf den Hof. Ich will nicht von Völkerfreundschaft reden, aber es entstehen doch interessierte Bindungen, beiderseitig. Hier riecht es wie zu Hause. Die Polen riechen auch etwas. Nicht nur die DM, die sie zu schätzen wissen. Sie riechen dahinter den Westen, Europa, das andere, freiere Europa. Sie hören es gern, wenn man sagt: Polen liegt doch mitten in Europa, nicht wahr?

Ostwärts – ostwärts wehte der Wind

Wir hatten Danzig besichtigt, hinreichend. Man kennt den schönen, kunstvollen Wiederaufbau der Altstadt: liebevoll und genau. Polen hat sich das viel Geld und unendlich viel Mühe kosten lassen. Der Lange Markt und die alte Frauengasse, Ul. Mariacka heute genannt: barocke Attiken und bunte Stuckverzierungen und überall die für Danzig so typischen »Beischläge«: Es sind der Haustür breit vorgelagerte kleine Terrassen mit kunstvoll geschwungenen Eisengeländern und behäbigen Bänken. Man wandert durch ein Freilichtmuseum: Renaissance bis Klassizismus, sehr schön. Es hielt mich trotzdem nicht. Unruhe war in mir, Aufbruchstimmung. Weiter, wir müssen weiter nach Osten! Danzig ist doch noch Westpreußen. Es ist eine alte Kraft, ein merkwürdiger Sog, in den man gerät. Ostwärts weht hier der Wind, auch der der eigenen Erwartung. Woher kommt dieser Sog? Was suchen wir immer im Osten – das Morgenrot?

Wir haben zweimal versucht, zur russischen Grenze vorzustoßen. Beidemal ist der Durchbruch gescheitert. Die neue sowjetische Grenze zieht sich vierzig Kilometer südlich von Königsberg wie ein schnurgerader Strich durch das Land. Man kennt solche Striche von Afrikas Landkarte: die Linien des Imperialismus, am Schreibtisch gezogen. Der neue Imperialismus läßt keinen anderen Schriftzug als den alten erkennen: Rasiermesserscharf hat das neue Imperium das alte Land auseinandergeschnitten. Es gibt keine Übergänge. Man kommt nirgends ran. Beide sozialistischen Brudervölker tun hier oben, als gingen sie sich gegenseitig nichts an. Eine weise Begrenzung. Polen hört einfach auf, verödet, versandet, versteppt und endet schließlich in militärischem Sperrgebiet. Weitergehen verboten! Auch den Sowjets ist so viel Diskretion offenbar nicht unlieb.

So ganz genau möchten sie sich hier nicht in die Karten gucken lassen. Kaliningrad ist ein wichtiger militärischer Punkt. Er ist heute ein eisfreier Hafen der Sowjetunion.

Aber was ist schon das Ziel, nicht wahr? Der Weg ist bekanntlich das Wichtige im Leben. Es war ein heller, trockener Spätsommertag, als wir uns das erste Mal auf den Weg machten, ostwärts. Wir nahmen die Nordroute. Man fährt direkt an der Danziger Bucht entlang und gerät dann zwischen Ostsee und Frischem Haff auf jene lange, ganz schmale Landzunge, die Frische Nehrung. Darf ich die alten Namen noch einmal nennen? Es ist nicht revanchistisch gemeint. Dies Land hier ist heute Polen und soll es und wird es auch künftig sein: künftig. Es ist nur so, daß für uns Deutsche die polnischen Namen ziemlich verzwickt sind. Es kommt hinzu, daß für manche Besucher unter dieser Gegenwart noch Vergangenheit lebt. Geschichte ist noch lebendig in Resten. Das war einmal alles deutsch. Man darf es – sehr leise – doch sagen?

Also, das waren einmal Bodenwinkel, Vogelsang, Pröbbernau, Liep und Kahlberg. Schließlich ganz oben Neukrug. Winzige Orte, Fischerdörfer, einsame, etwas vermurkste Kurorte. Für Seebäder sind sie zu klein geraten und ziemlich vergammelt. Naturschutzgebiet: Graureiher und Störche nisten. Fichten und Föhren begleiten. Es weht ein frischer Wind. Salzgeschmack in der Luft. Es riecht nach Heringen und Fischernetzen. Weiß und sehr hell ist das Land.

Als wir dann in Neukrug zum Schlußpunkt kamen, dort, wo die Straße einfach in einer Schleife in sich wieder zurückkehrt, sozusagen am Ende der Welt, polnisch – da schlug uns aus dem Garten einer Datscha Vertrautes entgegen. Es war ein passender, sehr würdiger Empfang, auch noch auf deutsch. Irgendwo hier hinter Büschen drehte sich eine uralte Platte. Lolita röhrte aus einem Lautsprecher ihren herzergreifenden Song: ›Seemann, laß das Träumen! Denk nicht an zu Haus!‹ Ich dachte: O Schönheit des Trivialen! Daß manche Schnulzen doch immer das Tiefste erfassen. Es gibt eine Wahrheit des Kitsches, die umwerfend ist, in gewissen Augenblicken. Was ist denn über das Thema mehr zu sagen als dies: Laß das Träumen, Deutscher! Denk nicht an Neukrug zurück!

Wir träumten nicht. Wir dachten nicht zurück. Wir stapften zuversichtlich nach vorne, dem Osten, der großen Sowjetunion entgegen. Man kann nämlich von Neukrug aus auch einen Fußweg nehmen. Ungefähr zwei Kilometer geht es noch weiter,

Richtung Grenze. Wald beginnt. Föhren, Fichten, viele Birken. Man stolpert über Wurzelwerk, sandig. Die Landschaft erinnert an die Mark Brandenburg. Sie ist nur heller, leichter, lichtdurchfluteter.

Dann hört der Wald plötzlich auf. Man tritt ins volle Licht: Die Ostsee liegt da, blaugrünlich schimmert und glitzert die Bernsteinküste. Es rauschen die Wellen. Möwen im Wind. Ich hatte Lolitas Refrain noch im Ohr. Etwas von Sehnsucht und Meer hatte sie auch geschluchzt? So war es: Ein unendliches Gefühl von Weite und Welt kam auf uns zugebrandet. Wir stapften durch den Sand zum Meer. Der Sand der Ostsee, wage ich zu behaupten, ist der schönste Sand dieser Erde. Er ist ganz fein, ganz weich und wunderbar weiß. Wir gingen barfuß. Ich spürte den schönen, warmen Sand Ostpreußens unter meinen Füßen. Er ist wie eine zarte Liebkosung der Erde.

Wir standen am Meer. Wir blickten gen Osten. Ostwärts wehte wirklich der Wind. Die Volksrepublik hat hier ihren letzten Grenzposten. Es flatterte Polens Fahne Richtung Sowjetunion. Bläulichschimmernde Küste ganz hinten – das also? Mehr war nicht zu sehen, für uns.

Es war am Sonntag darauf, als wir unseren zweiten Durchbruch versuchten. Es war kalt und unfreundlich geworden. Es regnete. Wir hatten in Elbing kurze Rast gemacht. Die Altstadt, 1945 fast ganz zerstört, ist teilweise gut renoviert. Es fiel so viel Wasser vom Himmel, daß wir uns dankbar in den Dom verdrückten. Diese großen, machtvollen Kirchen hier in Ostpreußen: rotbräunliche Backsteingotik, innen hell, sehr weiß. Früher meist evangelisch-leer und protestantisch, sehr kalt. Dank der großen Oktoberrevolution sind sie heute alle voll und gut katholisch geworden. Warme Fluchtburgen der polnischen Volksseele. Hier wurde Sonntag gefeiert. Es war ein Hochamt im Gang. Ich möchte es festlich nennen.

Drei Priester zelebrierten, die Orgel dröhnte im hohen Schiff, das Volk sang, und später gab es dann eine Predigt, von der ich nur strenge Ermahnung mit sanftem Groll vernahm. Ob der fromme Mann nun dem Volk oder der Partei die Leviten verlas? Der polnische Klerus, das muß man sagen, steht wie ein Mann auf dem Fels Petri. Er wurzelt im Volk. Er weiß, was er will. Er hat das Heft fest in der Hand. Er spricht nicht die verklausulierte, unterwürfig-vorsichtige Sprache mancher DDR-Kirchenfürsten. Kirche im Kommunismus? Selbst für einen Ungläubigen wie mich hat sie etwas Tröstliches. Wenigstens ein Ort, wo der einzelne nicht ökonomisch nach Plansoll verrechnet wird. Der Mensch hat etwas wie Seele. Wie, will ich offenlassen. Man spürt nur: Ein seelisches Defizit des Systems wird gefüllt. Eine Verödung wird bunt. Im Osten, glaube ich, hat Kirche noch Zukunft.

Ostwärts wehte diesmal kein Wind. Es goß in Strömen. Es klatschten uns dauernd Wassermassen gegen das Fenster, als wir dann weiterfuhren. Es war die alte Reichsautobahn Elbing–Königsberg, auf der wir rollten. Eine historische Bahn. Hier rasselten einmal die Panzer. Erst die der Deutschen, dann die der Russen. Versackte Geschichten, überwachsene Pfade. Gottlob sind das heute Sackgassen geworden. Ich hatte ja nicht erwartet, daß wir ganz in der Ferne die Türme von Königsberg sehen würden. Ich war nur betroffen zu sehen, wie so etwas versinkt – konkret.

Die Gegenfahrbahn gibt es nicht mehr. Nur da und dort ist sie noch als toter Streifen erkennbar. Dann hört der Standstreifen rechts auf, dann wird es noch enger. Der Asphalt wird brüchig und rissig. Schlaglöcher massenhaft. Schlamm und Lehm darüber. Wenn nicht ab und zu diese alten, merkwürdig kantigen Reichsautobahnbrücken von früher kämen, die jetzt ziemlich sinnlos sind, könnte man an eine verrottete Landstraße denken. Das geht dann noch ein paar Kilometer über Braunsberg hinaus, das heute Brandiewo heißt. Dann, man rutscht nur noch langsam im Lehm, kommt einem das Ende der Welt entgegen. Gestrüpp, Birkenwälder. Ein Wendekreis, eine Verbotstafel, ein verwilderter Trampelpfad, Richtung Osten.

Die Grenze haben wir nicht gesehen.

Nachricht aus Quittainen

Nein, ich bilde mir nicht ein, in dieser Sache jetzt den ersten Brief zu schreiben. Sicher bekommen Sie öfter solche Berichte? Ein Buch wie das Ihre lädt dazu ein: zu Nachworten, Nachrichten, Nachberichtigungen. Hinterher ist man ja immer klüger, nicht wahr? Ich stelle mir vor, daß Sie ganze Stöße, Aktenordner mit solchen Grüßen aus Ihrer alten Heimat haben. Meiner kommt nun dazu: hier, bitte! Sie kennen das ja: Wer schreibt, provoziert. Er muß mit Antworten rechnen.

Liebe Marion Dönhoff! Ich will ehrlich sein: Von Ihrem

Buch kannte ich vor der Reise nur den Titel. Ich fahre immer unbekümmert, ziemlich unbeleckt los. Ich bin ein schlechter Schüler: unpräpariert. Meistens geht es gut. Hier war es falsch: ein großer Fehler. Ich kannte das Land nicht. Ich wußte von nichts. Ach, diese vielen langen Abende, die es offenbar so still und ereignislos nur in Ostpreußen gibt? Sie sind zum Lesen wie geschaffen. Vor allem die Woche in Allenstein: Wenn einmal die Dunkelheit über Olsztyn gesunken ist, ist Feierabend. Nichts geht mehr: zappenduster, sagen die Berliner. Was soll man nur machen? Ich hätte ganze Bibliotheken verschlingen können. Ich hätte sie nötig gehabt: Nachhilfestunden in Geschichte, Geschichte des Deutschherrenordens zum Beispiel. Es ist eine merkwürdige Reise, auf der wir sind. Ich suche ein versunkenes Land. Expeditionen unterirdisch. Wir sind wie Tiefseetaucher. Nur da und dort diese Reste.

Es war jedenfalls ein glücklicher Einfall gewesen. Als wir in West-Berlin eben starteten, trat ich, schon rollend, noch einmal aufs Bremspedal. Es war beim Savignyplatz. Ich ging rasch noch in einen Buchladen. Meistens hat man ja Pech in solchen Augenblicken. Ich diesmal nicht. Das Mädchen suchte eine Weile, fand schließlich eine Taschenbuchausgabe. Die DDR hat sie nicht konfisziert. Ich habe also das schmale Bändchen jeden Abend gelesen – wie oft? Es sind kaum 140 Seiten. Ich darf mich heute als Kenner bezeichnen. Es war mein geistliches Brot, meine Lokalbibel, ostpreußisch. Ich hatte nichts anderes. Es war mir sehr hilfreich, obwohl – darf ich es sagen? – ich es mir eigentlich anders vorgestellt hatte. Die große Abschiedsbilanz, das stille Requiem für eine verlorene Provinz ist es ja nicht. Es ist, nüchtern betrachtet, eine Zusammenstellung von sechs verschiedenen Aufsätzen zur Ostpreußen-Thematik. Verschwiegener Abgrund, verschlossener Mund. Nur in wenigen Bildern, manchmal in Nebensätzen, blitzt die Ungeheuerlichkeit dieser Tragödie auf. Ich respektiere das. Schweigend spricht Ostpreußens Seele am stärksten.

Immerhin, die beiden ersten Kapitel sind mir hilfreich gewesen. Dörfer wie Quittainen, Pergusen, Compturhof, Amalienhof, Schönau, Gr. Thierbach, Kl. Thierbach, Nauten, Canditten und Einhöfen – wie hätte ich je von ihnen erfahren, ohne Ihr Buch? Namen, die keiner mehr nennt. Gottlob hatte ich auch eine Ostpreußenkarte aus alter deutscher Zeit zur Hand. Ich habe Ihre Orte dort gesucht. Es war etwas mühsam. Mit Lupe und Rotstift gelang es. Wir haben sie dann besucht. Ich war der Fremde, Sie die Vertraute. Wir sind Ihren Spuren getreulich gefolgt. Es war eine seltsame Reise in die Vergangenheit.

Wir sind zunächst nach Preußisch-Holland gefahren. Heute heißt das Pastek. Ich will nun nicht wie zuvor sagen: ein abgekartetes Spiel; die Polen kennen das längst. Aber wenn ein westdeutscher Wagen heute zum Beispiel auf dem Marktplatz in Preußisch-Holland parkt, ist es ganz unvermeidlich, daß spätestens nach fünf Minuten der dazugehörige Restdeutsche dort auch steht, sich herumdrückt, wartet, sich zu Hilfsdiensten anbietet, diskret, versteht sich.

Bei uns war es ein alter, rüstiger Mann, der dieses breite, schwerfällige Ostpreußisch noch wunderschön sprach. Ich höre es gern. Es klingt, als wenn beim Sprechen in der Kehle zugleich Gerste und Roggen gemahlen würden. Eine Ackersprache, die Erde knirscht mit. Daß all diese schönen, alten Dialekte bei uns jetzt ziemlich schnell aussterben werden, ist schrecklich. Hier meine ich, hätten die Vertriebenenverbände wirklich eine Aufgabe. Es sollte nicht nur Dialektmuseen, also Tonbandarchive aller Regionalsprachen geben. Sie sollten gelehrt werden. Dialektschulen sollte man in der Bundesrepublik gründen.

Also Quittainen – wir fuhren durch stille Alleen, es rauschten die Bäume, Vergangenheit kehrte zurück. Schon von weitem ist der rote Turm der kleinen Dorfkirche zu sehen. Die winzigen Häuser am Straßenrand, »Insthäuser«. Sie wirken noch immer sauber, fast schmuck. Dahlien blühen in Vorgärten. Gänse schnattern. Am Dorfteich stehen ein paar Kinder, angelnd. Rechts davon dann der große Gutshof, heute eine Kolchose. Poesie und Dreck aller Landwirtschaft. Unser Begleiter deutete an, früher, zu Ihrer Zeit, habe es trotzdem gepflegter gewirkt. Die älteren Leute hier kennen Sie alle noch. Sie erinnern sich Ihrer mit einem Unterton dankbaren Respekts. Ja, die Frau Gräfin, sagen sie manchmal, damals, als die Gräfin das Gut hier führte . . . Sie sind in guter Erinnerung. Vom Klassenfeind müßte man eigentlich anders sprechen, nicht wahr?

Ihr Haus in Quittainen, Ihr Herrenhaus, muß man wohl sagen, es steht noch. Wir haben es lange von außen betrachtet. Es ist ziemlich verkommen, aber jetzt nach dreiunddreißig Jahren wird es renoviert. Baukräne und Betonmischmaschinen davor. Die Polen sind eben dabei, so etwas wie ein Kulturhaus für ihre landwirtschaftliche Genossenschaft daraus zu machen. Verständlich, aber dafür ist es ganz ungeeignet. In den großen Zimmern rechts außen werden jetzt neue Trennwände gezogen, um kleinere Räume für die medizinische Betreuung der Leute zu gewinnen. Immerhin sieht die Vorderfront wieder respektabel aus. Diese Landsitze damals hatten ja nichts von Schlössern oder ausschweifenden Lusthäusern. Klassizistische Strenge und preußische Bescheidenheit bestimmen die klaren Fassaden. Im Grunde sind es nichts als größere Wohnhäuser, allerdings herrschaftlich schon im Entwurf.

Wir gingen um das Haus. Hinten, wo der Park beginnt, wuchert jetzt Wildnis, absurd. Autowracks liegen im grünen Sumpf. Sie liegen offenbar seit Jahrzehnten und wirken wie Grabsteine, die langsam ins Erdreich versinken. Und nur, weil hier jetzt gebaut wurde, und das heißt im Sozialismus ja meist: weil niemand da war an der Arbeitsstelle, kamen wir rückwärtig rein. Eine gewagte Aktion: Unser Führer hatte uns dringend gewarnt und sich dann still in die Büsche verdrückt. Eine schmale Flügeltür rechts war mit sanfter Gewalt zu öffnen. Es knarrte, Staub wirbelte auf: Schon waren wir drinnen.

Ich will nicht verschweigen, liebe Frau Dönhoff, daß mich dieser unerlaubte, einsame Besuch bei Ihnen privat sehr bewegt hat. Nur deswegen schreibe ich diesen Brief. Ich vermute, nicht viele Heimwehtouristen können Ihnen diesen Innenprospekt heute reportieren. Hausbesuch nach dem Weltuntergang – ein reizvolles Thema, ich habe übrigens auch Fotos davon. Für so etwas bin ich schließlich zuständig. Zu so etwas gehört heute allerdings auch Phantasie.

Wie immer bei Umbauten lag massenhaft Dreck herum. Wir mußten über Zementsäcke, Schutthaufen und anderen Kram steigen. Trotzdem: Ein klarer Eindruck vom Ganzen blieb. Wir gingen die dunkle, schwere Holztreppe empor, die breitausladend und schön geschnitzt in den ersten Stock führt. Verschiedene Nebenzimmer dort oben und dann in der Mitte der beherrschende Hauptraum. War das nicht der große Familiensalon? Ich erinnere mich an den schönen Marmorkamin links und an das Familienwappen der Dönhoffs darüber. Das blieb. Ich versuchte, mir vorzustellen, wie hier gelebt wurde damals – wie?

Ich stelle mir vor, daß gute Teppiche hier lagen, daß ein paar Ölgemälde an der Wand hingen, nicht eben Kostbares, nur Gutes. Von Reichtum keine Spur. Der ostpreußische Adel war ja traditionell auf Sparsamkeit und Bescheidung trainiert. Sicher gab es festliche Tafeln, dann und wann. Sicher gab es edle Por-

zellane in alten Truhen. Sicher auch schwere Tischdecken aus
Seidendamast und silbernes Eßbesteck, das seit vielen Generationen das Wappen der Familie eingraviert trug. Sehe ich das
richtig?

Ich stelle mir die langen Abende hier vor. Winterabende,
wenn der Wind draußen pfiff, den Schnee über die Felder wehte. Seit wann gab es elektrisches Licht? Sicher fiel von einigen
Leuchtern Kerzenlicht durch den Raum. Sicher kam auch vom
Kamin her ein warmer, rötlicher Schein, der unruhige Schatten
an die Wände warf. Unendlich still und einsam müssen diese
Abende gewesen sein, damals? Ich vermute ein paar Hunde, die
um den Kamin lagen. Rochen sie nichts? Es muß ein tiefes
Gefühl von Weltende gewesen sein, das in der Stille Ihres Hauses manchmal zu hören war: Sanduhr und Sensenmann: So geht
Geschichte eben zu Ende. Ich meine, solche Katastrophen wie
die von 1945 fallen ja nicht vom Himmel. Da gibt es Vorzei-
chen. War hier nicht eine Uhr abgelaufen? Das Maß war doch
voll. Der Zeitzünder tickte schon in dem großen Schweigen. Ich
stelle mir vor, daß diese langen, einsamen Abende auf Quittainen etwas unheimlich waren, etwa in den Wintern 1942 und '43.
Hörte man nicht ganz in der Ferne die Front grollen? War kein
Geruch von Tod in der Luft?

Und schließlich das Ende: der letzte Abend auf Quittainen in
diesem schönen Salon. Ich sagte schon: Sie beschreiben das alles
so spröde und nüchtern. Bei Ihnen heißt es nur: »Wir aßen also
noch rasch zusammen ... dann standen wir auf, ließen Speisen
und Silber auf dem Tisch zurück und gingen zum letztenmal
durch die Haustür, ohne sie zu verschließen. Es war Mitternacht.«

Liebe Frau Dönhoff, was für ein Stoff! Völkerschicksal und
das eigene darin: fünf Zeilen bei Ihnen. Stichworte für ein
Shakespeare-Stück vielleicht. Aber so seid ihr Ostpreußen: verschwiegen. Sie standen da einfach auf vom gedeckten Tisch.
Abräumen war nicht mehr nötig. Das besorgten die Sowjets,
gründlich. Sie ließen die Tür offen und sind einfach zurückge-
ritten. So endet Ihre Familiengeschichte. Vor 600 Jahren waren
die Dönhoffs aus Westfalen hier ins Land gekommen. Nach
600 Jahren ritten Sie in einer eisigen Januarnacht als letzte wieder zurück. 600 Jahre deutsche Geschichte: ausgestrichen,
rückgängig gemacht, ausgelöscht für immer. Es ist nicht zu
fassen – für mich.

Da kamen Sie also im Frühling '45 bei den Metternichs in

Westfalen wieder an: eine Frau und ein Pferd. Wie, will ich nicht wissen. Adel und Untergang, nicht wahr, muß man wohl sagen?

Bedenken in Masuren

Heute ist es ein Geheimtip. Kenner und Feinschmecker der Erde empfehlen sich diese Adresse. Wenn Sie die andere, ungewöhnliche Reise suchen, das ganz exklusiv Natürliche sozusagen, die unberührte Wildnis, das bukolische Idyll – Masuren ist dann zu buchen. Das Abenteuer des einfachen Lebens wartet, Naturfreunde, Angler, Wasservögel und andere Wandervögel schwärmen von Masurens Flüssen, Wäldern, Sümpfen. Die berühmte masurische Seenplatte hat über 3000 Seen zu bieten, heißt es. Ich war gespannt. Ich war sehr neugierig. Wir hatten vorsorglich eine Woche Olsztyn gebucht. Jedem Ostpreußen muß jetzt das Herz höher schlagen: Allenstein, mein Gott, so tief sind Sie in Ostpreußen gewesen?

Ja, schon, sage ich, so war es. Wir sind eine Woche durchs Land gefahren. Es war ziemlich kühl. Der Himmel bedeckt. Manchmal hat es geregnet. Wartenburg, Bischofsburg, Sensburg war immer unsere Passage, wenn wir nördlich rauf zum Mauersee und nach Lötzen wollten. Südlich runter fuhren wir nach Nikolaiken am Spirdingsee. Wir sind auch in Tannenberg gewesen, wo nichts mehr ist, aber gleich daneben liegt Grunwald, sozusagen das Tannenberg der Polen. Wir fanden hier ein stolzes Mahnmal: »Grunwald 1410 – Berlin 1945« stand zu lesen. Bitte, sagte ich, so wird die Geschichte immer neu von den Siegern geschrieben.

Wir sind dann nach Geierswalde weitergefahren. Das Fatima der Polen ist hier zu Hause. Merkwürdig, ich kann es als Reisender zuverlässig bestätigen: Wo immer sehr gläubige Katholiken zuhauf zusammenleben, ist auf der ganzen Welt irgendwann, irgendwo immer eine Muttergottes persönlich erschienen. Sie ist immer in einem Baum erschienen. Sie ist immer kleinen Kindern erschienen und hat Außerordentliches gesagt, voraus, versteht sich. Und immer fließt seit diesem Ereignis überall eine Quelle, deren Wasser noch heute Wunder bewirken.

So war es auch hier. Hier stand eben die hundertjährige Wiederkehr des Mirakels auf dem Programm. Bischöfe, Äbte, Mönche, Klosterfrauen wogten massenhaft um den heiligen Baum. Massenhaft waren Gläubige versammelt, die überall knieten, beteten und heiliges Wasser schöpften. Des Abends saßen wir wieder im trauten deutschen Verein. Eine andere Region, dasselbe Stück. Neue Gesichter, alte Geschichten. Auch im Bezirk Olsztyn riecht es für viele noch stark nach zu Hause. Laß sein – wie gehabt! Man merkt schon?

Frevelhaftes kündigt sich jetzt an. Jedem richtigen Ostpreußen muß es schaudern. Ich sage es trotzdem: Mich hat das berühmte Masuren ziemlich kalt gelassen. Ich will jetzt nicht mit kleinlichen Beweisstücken kommen. Ich will nicht sagen: die Altstadt von Allenstein mit dem Kopernikus-Museum – gut, ganz schön. Aber die neue Stadt drumrum und dann das große Industriegelände! Abscheulich in seiner monströsen Häßlichkeit. Polens größte Reifenfabrik verödet und verdreckt die Region. Der sozialistische Wohnungsbau ist auch hier von bedrückender Trostlosigkeit: Neurosensilos, nur kleiner. Das vielgepriesene Nikolaiken wirkte auf mich eher fad. Schwierig, hier überhaupt eine Gaststätte zu finden. Das Essen war nur mit entschlossener Willenskraft genießbar. Westdeutsche Pudel wären weggegangen. Von Bootsverleih und anderen Wasservergnügen war nichts zu sehen. Der Spirdingsee ist aus der Ferne sehr schön, nur kommt man kaum ran. Alle Wege verwachsen, verwildert, die Ufer verschilft. In Ortelsburg, das allerdings muß lobend erwähnt werden, hat uns auf einer Bank am Seeufer eine junge Dame, Handtäschchen schwenkend, um Feuer bittend, ziemlich eindeutige Anträge gemacht. Wir rochen offenbar überwältigend nach Westkapital. Ich fand das schön. Als Frankfurter frage ich nur: Muß man deswegen nach Masuren fahren?

Nein, ich sage nicht, daß es so gewesen sei. Ich werde mich hüten. Ich sage nur: Mir ist es so erschienen. Es lag natürlich an mir. Die Wahrheit liegt im Auge des Betrachters. Das ist bekannt. Ich hatte mich verändert. Mit mir war etwas geschehen.

Ich spürte, wie sich die Richtung der Reise zu drehen begann. Sie wich von der Weite ab, sie ging in die Tiefe der Zeit zurück. Blut der Vergangenheit und Sumpf der Geschichte – so langsam rutschte ich rein, immer mehr. Ich spürte so viel Schmerz, ich roch so viel Tod, der hier, gar nicht tief, in der Erde liegt. Was gewesen war, holte mich ein. Des Abends beim Einschlafen, des Morgens im halben Erwachen. Ich lag im Bett, wurde immer von Fragen bedrängt: Wie ist das geschehen? Wie kann eine ganze Provinz einfach untergehen? Wo liegt denn die Wurzel dieser Geschichte, die wir so leichthin, aber mit großem Augenaufschlag »Die Tragödie Ostpreußens« nennen? Was heißt Tragödie? Was war hier schuld? Und was ist Schicksal gewesen? Mußte das alles so kommen? War das verhängt und wenn ja: von wem, bitte? An raunende Nornen und Schicksalsgötter glaube ich nicht. Ja, schon: Fragen, was für Fragen! Törichte Fragen, ich weiß. Gleichwohl: Bedenken in Masuren, die Landschaft lädt dazu ein. Für mich, ich will es schon sagen, ist diese Reise zum Schluß ein Lehrstück in deutscher Geschichte geworden. Alles ist hier doch in Wahrheit politisch gewesen.

Ich denke jetzt an die Marienburg zum Beispiel. Zweimal sind wir dort gewesen. Sie liegt noch in Westpreußen. Sie liegt herrlich an der Nogat, dem rechten Nebenfluß der Weichsel. Es war sonnig, ein sattes, warmes Septemberlicht über der Landschaft. Die Nogat fließt breit und still, sehr flach. Ein Gefühl von Zeitlosigkeit, von unendlicher Ruhe fließt mit. Der Osten strömt stumm. Die Nogat könnte furchtbare Geschichten erzählen, doch sie tut, als sei nie etwas geschehen. An ihrem Ufer, breit hingelagert, die Marienburg. Sie ist das schönste Bauwerk im Osten. Sie ist von überwältigender Einfachheit und eben in dieser schmucklosen Größe schön, ganz anders schön als Burgen und Kathedralen im Westen. Polen hat die Marienburg gut renoviert, etwas ratlos, versteht sich. Ein Bernsteinmuseum und ähnliches füllen jetzt die herrlichen Konventsäle, in denen einmal Geschichte gemacht wurde.

Das war die Zentrale, der Stammsitz der Ordensritter. Hier hat das Ganze begonnen. Von hier aus betrieb der Deutschherrenorden die Kolonisation dieses fremden, wilden Landes. Es ist ja nicht so gewesen, daß die Deutschen als Eroberer gekommen wären. Damals, im 13. Jahrhundert, wurden sie von polnischen Königen gerufen. Sie sollten gegen die heidnischen Pruzzen helfen und taten das auch und sind dann geblieben, obwohl die Burg schon im 15. Jahrhundert wieder an Polens Herrscher fiel. Das ist immer hin und her gegangen. Nationen in unserem neuzeitlichen Sinn gab es noch nicht. Geschichte war immer Familiengeschichte von Dynastien. Immerhin: Diese langsame Erschließung des Landes, Ostkolonisation genannt, war eine große Kulturleistung. Mit Imperialismus hatte sie nichts zu tun. Man braucht sich als Deutscher dieser frühen Kulturleistung nicht zu schämen, heute. Und ›Stets blieb etwas vom Geist des Ordens‹ heißt das letzte Kapitel in meiner Lokalbibel: ostpreußisch. Ich habe dieses Kapitel genau gelesen.

Weiter: Stutthof, das Konzentrationslager oben kurz vor dem Eingang zum Frischen Haff. Wir haben es gründlich besichtigt. Es ist für Deutsche immer noch heilsam, solche Stätten zu besuchen. »Da muß man sich ja schämen!« sagte ein Herr neben mir auf dem Parkplatz. Er ging gerade. Wir kamen. Nicht nur an seinem Wagen, auch an seinem verkniffenen Gesicht erkannte ich den Bruder im Sozialismus. Er hatte trotzdem recht: der stramme Sachse mit SED-Abzeichen am Revers. Ich stimmte zu. Es bleibt die deutsche Scham, was im deutschen Namen hier geschah. Der Bruder Ost hatte dabei nur vergessen, daß es ausgerechnet seine große Sowjetunion gewesen war, die 1939 zusammen mit Hitler über Polen herfiel, das schändliche Spiel der Vernichtung überhaupt erst ermöglichte. Davon und von Katyn und überhaupt von der Tatsache, daß es zunächst Juden waren, die hier verfolgt und vernichtet wurden, ist in Stutthof heute nichts zu sehen. Und nur am Rande sei noch bemerkt: Polen judenfrei – das hat nicht einmal Hitler geschafft. Das hat erst die Volksrepublik erreicht. Man hat niemanden vergast, das ist wahr. Man hat sie nur aus dem Land vertrieben. Ich darf es doch sagen?

Es ist mir aus der Baracke mit zeitgeschichtlichen Dokumenten in Stutthof ein Zeitungsblatt in Erinnerung. Es liegt unter Glas. Es sind die ›Danziger Neuesten Nachrichten‹ vom 1. September 1939. ›Danzigs Heimkehr ins Reich!‹ steht dort in großen, gotischen Lettern geschrieben. Darunter: ›Neues Staatsgrundgesetz hebt die Danziger Verfassung auf und verkündet die Wiedereingliederung Danzigs ins Reich.‹ Dann folgen allerlei Ministerialerlasse, die das legalisieren für die Bahn, die Post zum Beispiel. Ich frage mich: Wie haben die Deutschen damals hier reagiert? Ich vermute, es war gar nicht so leicht, in dieser Zeit als Ostpreuße gegen die Deutschen zu sein. Ich frage mich: Wie hätte ich reagiert? Ich bin nie ein Nazi gewesen. Im Unterschied zu manchen meiner schreibenden Altersgenossen habe ich damals nie mitgemacht. Ich war kein Pimpf, kein Hitlerjunge. Ich bin nie in einer Parteiorganisation gewesen, aber hätte ich damals gesagt: Nein, Danzig gehört nicht zum Deutschen Reich! Ich bestehe auf der Erfüllung der Verträge von Versailles! Ich weiß nicht. Ich frage ja nur: Was war hier Schuld, was Verhängnis?

Ich denke schließlich an die Sozialstruktur dieser Provinz. Was für ein Thema, welch ein Stoff! sage ich wieder. Ja, sicher: All die Schlösser und Güter, die Junker, die Herren Gutsbesitzer hatten das Land in der Hand, feudale Klasse, obwohl sie als so ganz fein nie galten, die ostpreußischen Stände am Hof zu Potsdam, später Berlin. Krautjunker hießen sie. Sie dufteten leicht nach Jauche. Sie besaßen hier riesige Ländereien, aber reich sind sie damit nie geworden. Von richtiger Landwirtschaft haben sie wenig verstanden.

Andererseits kann man sie auch nicht als nackte Ausbeuter bezeichnen. Es herrschten noch patriarchalische Ordnungen. Eine Art Ständestaat war hier, beinah geschichtslos, stehengeblieben. Es war ganz natürlich, daß es Herrenhäuser und Insthäuser, Grafen, Inspektoren und Knechte gab. Kant hatte in Königsberg 1784 gefragt: Was ist Aufklärung? Man hat seine Antwort auf den Gütern in Insterburg und Gumbinnen nicht gehört. Sie hieß: »Aufklärung ist der Ausgang des Menschen aus seiner selbstverschuldeten Unmündigkeit!« Kein Rationalismus, keine Französische Revolution, kein bürgerliches Zeitalter mit seinen freiheitlichen Ideen, keine beginnende Industrialisierung. Daß man Marx oder Engels in den Insthäusern von Quittainen heimlich gelesen hat, ist auch unwahrscheinlich. Konnten die Bauern überhaupt lesen? Ich meine: ein schönes und weites Land, aber sozial erstarrt, politisch total überaltert. Seit der Reformation ist hier im Sinne von Demokratisierung nichts mehr gelaufen. Die Uhren der Geschichte standen still. Vieles war wirklich reif – zum Untergang.

Es muß dann zum Schluß, als Hitler kam, denke ich, über dieser Junkerklasse eine merkwürdige Lähmung gelegen haben. Multiple Sklerose des Adels, könnte man sagen. Sie ließen alles so schleifen. Einerseits waren sie natürlich gegen ihn: Der Mann war ihnen zu ordinär. Andererseits rutschten sie eben so rein in seine neue Militärelite: Des Teufels General kam aus dem Adel. Auf ihren Gütern fühlten sie sich noch als Herren, obwohl sie längst Knechte waren. Das Sagen über Leben und Tod hier hatte längst ein gewisser Herr Koch, den heute keiner mehr kennt: damals Gauleiter von Ostpreußen. Wie sterben Klassen? Ich bin kein Marxist. Ich glaube nicht, daß Geschichte nur Klassengeschichte sei. Aber hier in Ostpreußen war dieses Klassenmotiv noch einmal historisch am Werk. Es ist nicht zu leugnen.

Also: Wie sterben Klassen! Hier, glaube ich, ging es vonstatten wie beim Menschen: Sie werden immer älter, immer starrer, immer steifer. Sie begreifen die Verwandlung der Welt nicht mehr. Sie sind zum Schluß nur noch leere Form. Man muß sie sich vorstellen, den Herrn von Papen und den von Hindenburg,

Generalfeldmarschall: nichts als Hohlformen der Nation, Hohlköpfe kann man auch sagen. Sie hatten Hitler 1933 zur Macht verholfen. So ganz wußten sie nicht, was sie damit eigentlich taten. Sie hätten es spätestens 1938 nach seinem Einmarsch in Prag wissen müssen. Nur sie konnten es. Nur sie hatten die Waffen dazu. Sie haben es nicht getan. Sie haben alles schleifen lassen. Hier liegt ihre historische Schuld, hier ihr moralisches Versagen. So hat sie dieser Mann mit in seinen Abgrund gerissen. Er hat sie zuvor noch an Fleischerhaken erhängen lassen: Berlin-Bendlerstraße. Auch so sterben Klassen.

Die Wolfsschanze

Habe ich vorgegriffen? Bin ich zuweit gegangen? Dies alles natürlich ist mir erst in den letzten masurischen Tagen klargeworden. Ich will unsere alte Landkarte loben. Ich will auch die langen, tristen Abende im Novhotel Olsztyn nicht länger schmähen. Ich suchte des Abends immer auf dieser Karte: Was tun? Wo fahren wir morgen hin? Du, da rechts oben, gar nicht weit von hier, steht »Rastenburg« geschrieben. Irgendwo dort muß doch das Führerhauptquartier gewesen sein? Ob es davon noch etwas zu sehen gibt? Ob wir es damit versuchen, morgen?

Es wurde ein großer Tag. Es war ein wichtiges Erlebnis. Hier fand ich den Schlüssel zum Ganzen. Verlorene Provinzen? Das war kein Schicksal. Das haben wir selbst verspielt. Es war unser Stück, und hier ganz tief in den Wäldern Masurens ist es immer noch zu besichtigen. Es ist noch da. Es gibt die Wolfsschanze noch. Die deutschen Truppen, abziehend, haben sie zu sprengen versucht. Die Sowjets später haben es versucht. Die Polen, noch später, versuchten es wieder. Es ist nicht gelungen. Das Ding war nicht kleinzukriegen. So haben die Polen 1959 eine Art Freilichtmuseum daraus gemacht. Ein Mahnmal des Wahns für die Nachgeborenen. Recht so, sagte ich. Seht euch das an, immer wieder: So, so ist das in Wirklichkeit gewesen. Vergeßt es nie! »Ruiny Hitlera – 10 km« stand im Zentrum von Rastenburg an einer Straßenkreuzung geschrieben: Karthagos Ruinen, die Ruinen von Rom; die Thermen des Caracalla – 10 Kilometer, bitte! Und ist doch damals gewesen. In meiner Jugend war das.

Ich möchte einen Film über die Wolfsschanze drehen. In Worte kann man sie nicht fassen. Sie ist nur in langen, stummen Bildsequenzen zu sehen. Nehmt Schwarzweißmaterial, keine Farbe! Nehmt ein grobes, körniges Material. Die Kamera muß diese gewaltigen Bunkerklötze langsam, ganz ruhig abfahren. Geborstener Fels, zerbrochener Stein: die Reste des Reichs. Sie liegen schief. Sie lasten schwer. Bis zu zehn Meter dick waren die Bunkerdecken. Gras wächst wieder darüber. Birken grünen auf Klötzen. Dazwischen immer noch das Spannmaterial der Tarnnetze. Die Kamera müßte manchmal nach oben schwenken. O schöner deutscher Wald – was hältst du verborgen? Was hast du verschwiegen? Vögel zwitschern in Baumkronen. Nur spärlich fällt Himmelslicht ein. Schatten tanzen auf Mauern. Sie hatten den kleinen Ort, Görlitz mit Namen, gut gewählt. Alles war vollendet getarnt. Niemand hat es entdeckt. Es war nichts zu sehen von außen. So schanzen sich Wölfe tief ein.

Und dazu, ich meine zu meinem Film, dürfte kein Text kommen, nur Wagnermusik. Das Vorspiel zur Götterdämmerung zum Beispiel. Und dann diese dunklen, drohenden Schicksalsklänge, unter denen Gunthers Halle schließlich im Feuerschein versinkt. Weltbrand und Weltuntergang. Die Burg der Nibelungen versinkt. Wie wir so etwas doch können, nicht wahr? Daß die Deutschen doch immer so groß in Untergängen waren! Andere Völker verstehen zu leben. Wir, unbestreitbar, haben Stil und Tradition im Sterben. Ob dies der Grund ist, daß ich heute die Bundesrepublik mit einiger Passion verteidige? Es ist die erste Republik der Deutschen, in der es sich leben läßt, und nicht einmal schlecht. Das ist neu und ungewöhnlich in unserer Geschichte.

Der Bau der Wolfsschanze begann im Herbst 1940. Von hier aus sollte der Angriffskrieg gegen Rußland geführt werden. Die Organisation Todt hat das gebaut, später ging auch Albert Speer noch ans Werk. Das Ganze wurde zunächst als Bau der »Chemischen Werke Askania« getarnt. Im Winter wurde bei 40 Grad Kälte gebaut. Bis zum Januar '45 haben sie – grotesk genug – daran weitergebaut. Die Wolfsschanze bestand zum Schluß aus achtzig gewaltigen Bunkern, umgeben von zahlreichen Verwaltungsgebäuden. In den Jahren 1942 und '43 war hier, mit Ausnahme von Goebbels, zeitweise fast die ganze Führungsspitze des Dritten Reiches versammelt: Hitler, Göring, Bormann, Keitel, Jodl. Jeder saß in seinem Bunker für sich. Das Oberkommando der Wehrmacht befand sich hier. Himmler siedelte sich etwas abseits an. Ribbentrop wohnte in Steinort am Mauer-see. Man kann sagen: Des Reiches Kopf steckte tief im masuri-schen Sand.

Ja, und hier hat dann auch der 20. Juli 1944 stattgefunden. Nicht in einem Bunker, zufällig in einer Baracke hielt man an diesem Tage die Lagebesprechung ab. Dort hat Stauffenberg seine Bombe hingelegt, gezündet und ist dann, als er die Deto-nation hörte, zurück nach Berlin geflogen, um die Operation »Walküre« auszulösen, noch so ein dräuendes Wagnermotiv. Die Baracke, deren Fenster sommerlich offenstanden, ist in die Luft geflogen. Nur so konnte Hitler, der sich eben über einen schweren Eichentisch beugte, mit dem Leben davonkommen. Nichts ist mehr zu sehen von dieser Geschichte. Der 20. Juli bleibt ein moralisches Zeichen, das ehrenhaft ist. Politisch und militärisch aber war dieser Putsch, das muß auch gesagt werden, ziemlich dilettantisch ins Werk gesetzt worden. Es war eine konservative Revolte: zu spät und zu zögernd. Die zitternde Hand alten Adels ist zu erkennen, auch halb gelähmt. Die adlige Hand klebte noch immer mit einem verkommenen preußischen Ehrbegriff an Hitlers Hand.

Wir standen lange vor Bunker 13. Die Unglückszahl haben ihm erst die Polen gegeben. »Kwatera Hitlera« steht vorne ge-schrieben. Hier also hat er gelebt. Hier hat er seinen frühen Wahn spät realisiert. Hitlers Verbrechen gehen auf zwei Wahn-systeme zurück: seinen tödlichen Haß gegen die Juden und die abstruse Idee vom »Lebensraum«, nach der das deutsche Volk verarmen, ja, verhungern müßte, wenn es in seinen historischen Reichsgrenzen verbliebe. Heute kann man darüber lachen. Aber damals? Damals sind für diesen Wahn Millionen gläubig gestorben, und nicht nur Deutsche. Hitler soll sich in der Dü-sternis seines Bunkers sehr wohl gefühlt haben. Täglich ging er hier draußen spazieren, meist allein, manchmal mit seinem Schäferhund, den er, spielerisch, zugleich auf Hochform trai-nierte. Wölfe verstehen einander. Darüber ist erst Rußland, dann Deutschland, schließlich ganz Europa in Schutt und Asche gesunken.

Ich sah auf den Bunker. Eine Seitenwand, die man zu spren-gen versuchte, ragt jetzt, schief überhängend und doch stabil, aus der Erde. Touristen haben zur Stützung der schiefen Wand ganz lächerlich dünne Birkenstämme dagegengestemmt. Keine Tragödie in der Antike ohne Satyrspiel: kein Weltuntergang heute ohne Touristen-Schnickschnack. Durch Späße kleinerer

Art versucht der Mensch, sich des Grauens zu erwehren. Zum Schluß ist alles nur noch zum Lachen – mir nicht. Ich nahm ein Steinchen auf. Ein winziges Bröckchen grauen Betons. Laß es uns mitnehmen, sagte ich. Souvenir aus der Wolfsschanze. Daß wir das niemals vergessen. Ich möchte die Wolfsschanze die zweite Marienburg nennen. Die Burg der Ritter war in die Klauen des Wolfes geraten. Maria und der Wolf oder: wie das Kreuz Christi Haken schlug, Hakenkreuz wurde, das ist eine lange Geschichte. Ich werde sie nicht erzählen. Ich sage nur: Hier, unter anderem, wurde auch Ostpreußen verspielt.

Der Tod in Ostpreußen

Bevor so alte, gewachsene Kulturen sterben, soll es, sagt man, Augenblicke geben, in denen sie noch einmal aufleuchten im alten Licht. Der Tod steht schon in der Tür. Da kehrt das Leben plötzlich rauschhaft zurück, bäumt sich wie rasend auf, glüht noch einmal in süßer Pracht, bevor es versinkt. »Noch einmal, ehe die Kriegswalze darüber hinging, entfaltete sich meine ostpreußische Heimat in ihrer ganzen rätselvollen Pracht«, schreibt Hans Graf von Lehndorff in seinem ›Ostpreußischen Tagebuch‹. Er schreibt weiter: »Wer die letzten Monate mit offenen Sinnen erlebte, dem schien es, als sei noch nie vorher das Licht so stark, der Himmel so hoch, die Ferne so mächtig gewesen. Und all das Ungreifbare, das aus der Landschaft heraus die Seele zum Schwingen bringt, nahm in einer Weise Gestalt an, wie es nur in der Abschiedsstunde Ereignis zu werden vermag.« So muß es gewesen sein, denke ich. Alle, die sich noch erinnern könnten, sagen: Ja, der letzte Sommer, er ist der schönste gewesen.

Danach kam der Tod. Er kam ein halbes Jahr später. Es muß ein qualvolles Sterben gewesen sein. So schnell stürzen alte Bäume nicht. Ostpreußen starb zwischen Januar und April 1945, vier Monate lang. Die Rote Armee brach, vom Baltikum kommend, tief in den Süden vor, eroberte Masuren, stieß bis zum Frischen Haff vor. Schon Anfang Februar war Ostpreußen wieder eine abgeschnittene Provinz. Königsberg hat sich als Festung noch bis zum 10. April gehalten. Doch warum erzähle ich das? Was soll's? Tot, tot, tot! stand über jedem Tag geschrieben. Jetzt brach das Ganze zusammen, und wie! Wie sterben alte Kulturen – in der Geschichte?

Ostpreußen muß damals unzählige Tode gestorben sein, tausend Todesarten: gehängt und gefoltert, zerrissen, erschossen, erfroren, die letzte Kugel durch den eigenen Kopf. Es war eigentlich kein Krieg mehr. Es war eine Naturkatastrophe, ein Sturm, der raste. Mit einer ungeheuren Gewalt brach die Macht aus dem Osten ein, schlug zurück: alles niedergemacht, niedergebrannt, zusammengeschossen. Das Land klirrte vor Eis und stand in Flammen: Totentanz. Überall in Deutschland fanden jetzt letzte Gefechte statt. Nur hier in Ostpreußen nahmen sie die Gewalt eines Weltuntergangs an. Woran liegt das? Woher kommt diese barbarische Kraft des Ostens?

Tausend Todesarten – von einigen möchte ich doch noch sprechen. Am schlimmsten waren natürlich diejenigen dran, die geblieben waren. Sie waren ohne Hoffnung, hilflos, nichts als Opfer. Obwohl hier jetzt auch eine Klasse mit unterging, war dies kein Klassenkampf. Es war die alte Kriegsorgie, atavistisch. So haben sich Völker immer vernichtet, seit es Geschichte gibt. Stalin hatte schon 1941 den vaterländischen Krieg ausgerufen, nicht den proletarischen, und so vollzog er sich auch: vaterländisch, also grausam, nicht marxistisch. Die große Sowjetmacht hat keine Klassenunterschiede gemacht. Der sowjetische Arbeiter hat den deutschen Arbeiter umgebracht, nach der Eroberung, meine ich. Es waren ja nur noch die kleinen Leute, das Dienstpersonal, Reste vom Volk geblieben. Die Rotarmisten vergewaltigten die Töchter der Landarbeiter: Ein Klassenrabatt wurde nicht gegeben. Mir scheint dieser Aspekt wichtig. Ich sagte schon zuvor: Es ist nicht wahr, daß Geschichte nur Klassengeschichte ist, wie der Marxismus sagt. Hier jedenfalls war wieder der alte Volkskrieg entbrannt: entsetzlich.

Am schlimmsten muß damals der Alkohol gewesen sein. Wo immer die Rotarmisten hinkamen, verlangten sie als Sieger nach Alkohol. Sie brachen die letzten Apotheken und Drogerien auf. Sie holten ihn aus den Lazaretten. Betrunkene Soldateska im Siegesrausch. Ich weiß, ich rühre an ein Tabu. Es steht immer noch unter Verdrängungsdruck: laß sein! Außerdem ist es politisch unklug, davon zu sprechen. Ich bin aber kein Politiker. Ich bin ein Chronist der Zeit und kann es nicht weglassen, der Wahrheit wegen.

Ja, es waren vorher Auschwitz und Treblinka gewesen, Maidanek und so viel mehr: Rußlands Verwüstung. Das schlug jetzt zurück. Es traf nur die Falschen. Die, die geblieben waren, diese armseligen Reste hier waren es doch nicht gewesen. Sie waren nicht schuldiger als du und ich. Sie mußten das Ganze ausbaden. Es muß ein furchtbares Blutbad gewesen sein. Es gab keine Greuel des Krieges, die es jetzt nicht gab. Sie haben wehrlose Männer an Pferdegeschirre gespannt, dann zu Tode geschleift, nur so. Sie haben nackte Frauen an Holztore genagelt und lebendig gekreuzigt, nur so. Die, die geblieben sind, waren Sklaven wie zur Römerzeit. Der Tod in Ostpreußen war von antiker Schrecklichkeit. Warum soll man es nicht sagen? Es ist so gewesen.

Eine andere Todesart: Sie ziehen in langen Trecks über vereiste Landstraßen. Sie sitzen auf ihren Leiterwagen, auf Panjewagen, hochbepackt. Sie reiten, sie laufen zu Fuß, sie hinken an Krücken. Sie werden getragen, gestützt, auf Schlitten gezogen. So kehrt die Herrenrasse zurück: geschlagen. Ein endloser, grauer Treck, der nur noch müde ist. Die Straßen verstopft. Es geht nicht mehr weiter. Sie stehen und warten. Der Wind weht eisig, mit Schnee vermischt. Die Nacht bricht ein. Die Menschen erfrieren, werden beiseite geworfen, sind schon erstarrt, von Schnee überweht. Für sie, die sterben, kommen neue hinzu aus den nächsten Dörfern. Manchmal kommen Panzer oder Wehrmachtswagen dazwischen, erzwingen sich mit Gewalt Platz. Westwärts, westwärts heißt jetzt die Hoffnung. Wenn wir nur die Brücke über die Nogat erreichen könnten! Die Marienburg müßte schützen. Wenn wir nur endlich über der Weichsel wären. Irgendwo muß doch Deutschland liegen? Irgendwo muß doch Friede sein – wo? Ein Volk flieht zurück. Ein Volk? Es war eine Völkerwanderung: Franzosen und Spanier, Rumänen und Italiener dazwischen. Europas Ostfront flutete zurück. Es kamen Tiefflieger und schossen darein. Es war eine mörderische Flucht. Sie sind erfroren, gestorben, verdorben. Ich will hier abbrechen. Was soll man denn sagen zu solchen Weltuntergängen als: So, so ist es damals gewesen. Vergeßt es nicht!

Es gab noch eine andere Todesart. Ihrer will ich zum Schluß gedenken. Sie gehört zur Kultur dieser Region, obwohl sie natürlich die Ausnahme war, ein Einzelfall, aber was für ein Fall! Wie sterben Klassen? So zum Beispiel, würde ich sagen. Ich habe es im Buch der Frau Dönhoff gelesen. Es ist eine jener Seiten, von denen ich sagte: In solchen Bildern leuchtet die Ungeheuerlichkeit dieser Tragödie blitzartig auf. Ein Shakespeare könnte es nicht größer in Szene setzen.

Es war eine letzte Etappe der Flucht. Es war schon in Pommern. Es war in Varzin, Kreis Rummelsburg. Es war auf den Gütern des Fürsten Bismarck: letzter Schloßbesuch. Ich habe diese Passage so oft gelesen auf dieser Reise. Man kann sie nicht nacherzählen. Ich will sie noch einmal lesen, jetzt: »Damals lebte noch die Schwiegertochter des Kanzlers, eine kleine, feingliedrige, höchst amüsante, uralte Dame, die in ihrer Jugend oft Anlaß zu mancherlei Stirnrunzeln gewesen war: Sie hatte Jagden geritten, Zigarren geraucht und sich durch Witz und Schlagfertigkeit ausgezeichnet. Und sie war auch jetzt noch ungemein fesselnd, so fesselnd, daß ich mich nicht entschließen konnte – was durchaus geboten schien –, am nächsten Tag weiterzuziehen. Draußen zogen die Flüchtlinge langsam durch das Land, und immer, wenn die letzten vorüber waren, schlossen sich Einheimische an und wurden selbst zu Flüchtlingen. Auch hier war man gerade an diesem Wendepunkt angelangt. Der Trecker, den wir hatten stehen sehen, war bereits ohne die alte Gräfin losgefahren, die nicht dazu zu bewegen war, Varzin zu verlassen. Alle Warnungen und Vorstellungen fruchteten nichts. Sie war sich ganz klar darüber, daß sie den Einmarsch der Russen nicht überleben würde. Sie wollte ihn auch nicht erleben. Und darum hatte sie im Park ein Grab ausheben lassen (weil dazu nachher niemand mehr Zeit haben würde).

Sie wollte in Varzin bleiben und sich bis zum letzten Moment an der Heimat erfreuen. Und das tat sie mit großer Grandezza. In ihrer Umgebung war alles wie immer. Der alte Diener, der auch nicht wegwollte, servierte bei Tisch. Es gab einen herrlichen Rotwein nach dem anderen – Jahrgänge, von denen man sonst nur in Ehrfurcht träumt. Mit keinem Wort wurde das, was draußen geschah und was noch bevorstand, erwähnt. Sie erzählte lebhaft und nuanciert von alten Zeiten, von ihrem Schwiegervater, vom kaiserlichen Hof und von der Zeit, da ihr Mann, Bill Bismarck, Oberpräsident von Ostpreußen gewesen war.

Als ich dann schließlich Abschied nahm und wir weiterritten, sah ich mich auf halbem Weg zum Gartentor noch einmal um. Sie stand gedankenverloren in der Haustür und winkte noch einmal mit einem sehr kleinen Taschentuch. Ich glaube, sie lächelte sogar – genau konnte ich es nicht sehen.«

Ich bin am Ende. Es ist nichts hinzuzufügen: gute Gespräche, erlesene Rotweine, ein Abend in schöner, tiefer Erinnerung. Früher einmal. Das Grab war schon ausgehoben. Der Tod stand schon in der Tür. Er wurde der Beachtung nicht wert befunden.

Ich glaube, man nennt so etwas Haltung? Pflichtgefühl und Treue bis zum Grab. Auch so ist man damals gestorben, in Einzelfällen. Es war ein sehr preußisches Ende. Man sollte auch diesen Fall nicht vergessen.

Friedrich
Eine Reise durch Preußen

Es war ein heller Vorfrühlingstag. Zarte, noch etwas gebrechliche Märzsonne lag über dem Park. Überall trieb frisches Grün, zaghaft. Die Luft war kühl, etwas östlich verwischt das Licht. Solche frühen Märztage sind nicht ohne den Reiz sensibler Vermutungen: Es liegt etwas in der Luft. Man glaubt zu ahnen, was war. Da und dort hockten ein paar Gartenarbeiter im Rasen. Sie gruben feuchte Erde auf. Sie jäteten und hackten. Sie pflanzten Stiefmütterchen, nicht eben üppig, aber exakt. Sonst war es still. Es lag Frieden, schöne Parkeinsamkeit lag über Sanssouci.

Das Schloß – eigentlich ist es ja nur ein Schlößchen, ein schöner, sehr anmutiger Flachbau: elegant, beschwingt, rokokohaft verspielt, hübsch in zwölf Rundbögen gegliedert, mit einem vorspringenden Kuppelteil, der dem Ganzen die beherrschende Mitte gibt. Wie sich hier französische Eleganz mit preußischer Sparsamkeit zu einem Kunstwerk unverkennbarer Art verbindet, ist bewundernswert. Mit Recht ist diese Fassade berühmt. Im Grunde ist es ja nur ein langgestrecktes, einstöckiges Haus, nicht einmal unterkellert. Knobelsdorff, sein Offizier, sein Architekt und Freund, hat es in drei Jahren gebaut. Die Vision, der Vorentwurf kam vom König.

Wenn man das Schloß ganz von unten, also vom Wasserbecken mit seinen Fontänen her sieht, wirkt es mit den sanft ansteigenden Weinbergterrassen und der glänzenden Geometrie seiner Gewächshäuser tatsächlich wie eine königliche Residenz, obwohl es ja eigentlich nichts als das private Tusculum eines etwas wunderlichen Junggesellen war. Die Eremitage eines wohlhabenden Feinschmeckers. Daß sein Besitzer sich in dieser kargen, spröden Sandlandschaft Brandenburgs ausgerechnet Weinberge und Gewächshäuser für Südfrüchte anlegen ließ, spricht nicht nur für seinen Rang, sozial. Ein appetitlicher Mensch, möchte man meinen, der etwas von Essen und Trinken versteht. Ein Feinschmecker mit Geist und beträchtlichem Schönheitssinn muß hier gelebt haben – wie?

Jetzt geschieht etwas Merkwürdiges. Ist es der Genius loci? Ist es Traum, Phantasie? Oder ist es ganz einfach nur die Einbildungskraft, die aus sehr langen Vorstudien kommt? Literarisches ist sicher im Spiel. Ich sitze vor dem Schloß. Ich sehe den

König. Ich sehe keinen lukullischen Geist, strahlend. Ich sehe ein kleines, armseliges Männchen, eine ausgesprochen unappetitliche Figur. Zwei Lakaien haben ihn in einem Sessel auf die Terrasse vor dem Schloß getragen. Er sitzt direkt unter den Karyatiden der Außenfront. Die große Flügeltür ist noch halb geöffnet. Er sitzt im wärmenden Licht der Mittagssonne: ein winziger Greis, ein trauriger, alter Mann, der, etwas schief nach rechts vorn gebückt, wie ein Häuflein Elend im Sessel hockt. Das soll der König sein?

Er trägt seinen Dreispitz; der ist ja bekannt. Er trägt einen Überrock aus hellblauem Atlas. Vorne herunter ist der Stoff von spanischem Tabak gelb und braun verfärbt, alles versabbert. Er legt ein schrecklich geschwollenes Bein auf ein Hockerchen. Das andere hängt schlaff herunter. Er sieht zum Gotterbarmen aus. Die Wangen sind eingefallen. Nur seine großen, blauen Augen sind noch lebendig. Augen altern ja nicht. Trauer, Melancholie, Einsamkeit im Gesicht. Die beiden Diener hinter sich. Zwei Windhunde spielen auf den Terrassen.

Der König stirbt. »Ich tauge zu nichts mehr, als hingeworfen zu werden auf den Schindanger«, hatte er noch wenige Tage zuvor zu dem britischen Leibarzt Johann von Zimmermann gesagt, den man aus Hannover zu dem Todkranken nach Potsdam gerufen hatte. Und dies war bei allem Spott, der ihm blieb bis zum Schluß, nichts als die Wahrheit. Er war vierundsiebzig; sein Körper verbraucht, kaputt. Der alte Klepper zu Tode geritten. Er litt an Gicht, an eiternden Hämorrhoiden, an Ruhr und Koliken. Wassersucht stellte sich ein. Da die Beine bis hoch in die Lenden mit Wasser aufgetrieben waren, konnte er nicht mehr liegen. Seine letzten Wochen verbrachte er sitzend in jenem gelben Sessel, der noch heute im Sterbezimmer von Sanssouci zu besichtigen ist. Das Wasser stieg bis zur Brust. Atembeschwerden, Erstickungsanfälle ließen ihn nicht mehr schlafen. Zu einem späten Besucher hat er nicht ohne Sarkasmus gesagt: »Wenn Sie vielleicht einen Nachtwächter brauchen, Sire, ich würde mich gut dazu eignen.« Ich frage: Stirbt so ein König?

Es ist paradox: Der berühmte König, der gefeiertste, auch verhaßteste Held Europas, stirbt wie ein Einsiedler. Kein Hof, keine Familie, kein Voltaire haben ihn begleitet. Er, der einmal der eiserne Wille dieses Staats gewesen war, wollte nicht mehr. Er wollte auch nicht in der Garnisonkirche in Potsdam beigesetzt werden, wie es dann doch geschah. Er wollte nicht bei seinen Vorfahren und Generälen schlafen, eingebettet in die kriegerische Geschichte seines Staates. Er wollte neben Schloß Sanssouci bei seinen Hunden, die hier eigene Gräber besaßen, zur Ruhe kommen. Ein Einzelfall, ein Sonderling der Geschichte. Was ist der Mensch? Was ist mit diesem Menschen gewesen?

Die Situation ist einigermaßen grotesk: In sechsundvierzig Amtsjahren war er trotz aller Krisen und Niederlagen schließlich doch der Sieger geblieben. Er hatte aus dem ohnmächtigen, zerstückelten Preußen seines Vaters eine europäische Großmacht gemacht. Er hatte den im Heiligen Römischen Reich verachteten Staat Brandenburg hochgerissen zu der gefürchtetsten Militärmacht Europas. Er hatte die Einwohnerzahl und das Territorium Preußens fast verdoppelt. Mit seinen fünf Millionen hatte er gegen hundert Millionen Europäer gekämpft und war schließlich der Sieger geblieben. Sein Ruhm war ohnegleichen. Schon zu Lebzeiten war er eine Legende, die durch Europa lief. In den Gasthäusern Englands hingen zwanzigmal soviel Bilder des preußischen wie des englischen Königs. In den bayrischen Bauernstuben hingen neben dem Bild des heiligen Korbinian die Bilder Friedrichs. Schließlich hatte er zweimal auch für Bayern die Klinge gekreuzt. Es waren ganz andere Zeiten. In Sardinien und Portugal wurde er als der Held gefeiert. Die Schweiz fühlte preußisch. Als Goethe im Jahr 1786 nach Sizilien kam, fragte man ihn nach dem König von Preußen. Goethe notierte: »Ich hütete mich, von seinem Tod zu berichten, da ich mich nicht als Bote eines so unseligen Ereignisses unbeliebt machen wollte.«

Was blieb davon? Ruhm. Er wurde bewundert, aber nicht geliebt. Er wurde vergöttert, aber zugleich auch gefürchtet. Die, die ihm nahestanden, vor allem zum Schluß, haben ihn eher gehaßt. Eine auffallende Kälte ging von seiner Größe aus. Er bezauberte durch Charme und Witz, aber dahinter blieb immer eine Härte, die barbarisch sein konnte. Am Ende dieses Lebens jedenfalls stehen nicht Triumph und Erfüllung. Eine merkwürdige Leere ist um ihn. Niemand ist da. Einsamkeit und Melancholie bleiben als letzte Erfahrung. Dunkle Vorahnungen erfüllen ihn: »Wenn nach meinem Tod mein Herr Neffe in Schlaffheit einschläft«, hatte er düster vorausahnend geschrieben, »so sehe ich voraus, daß heute in dreißig Jahren weder von Preußen noch vom Haus Brandenburg die Rede sein wird.« Das war zu schwarz gesehen. Aber die Gefährdetheit seines Werks hat er gespürt. Erst zweihundert Jahre später ist seine Sorge Wahrheit geworden.

Nur die Staatsgeschäfte gab er nicht aus der Hand – bis zum Tod. Was war der Staat für ihn? Man kann sagen: seine Arbeit, seine Aufgabe, seine Pflicht, lebenslänglich. So war es. Ich vermute, daß aber noch Tieferes im Spiel war. Ich sage es jetzt im voraus, denn darum wird es nun immer wieder gehen in diesem Leben: Der Staat war sein Vater, mit dem er ein Leben lang rang, mit dem er nie fertig werden sollte. Soll man von einer infantilen Fixierung sprechen? Wollte er nicht ein Leben lang beweisen, daß er der sei, den der Vater gewünscht hatte? In der letzten Woche jetzt hier in Sanssouci mußten seine Kabinettssekretäre, seiner Schlaflosigkeit wegen, statt um sechs schon um vier Uhr früh bei ihm zum Rapport erscheinen. »Mein Zustand zwingt mich, Ihnen diese Mühe zu machen, die nicht lange dauern wird«, hat er, sich fast entschuldigend, seinen Sekretären erklärt. »Mein Leben ist auf der Neige. Die Zeit, die ich noch habe, muß ich benutzen. Sie gehört nicht mir, sondern dem Staat.«

Am 15. August arbeitete er noch wie gewohnt mit seinen Sekretären. Am 16. August, als er die Parole ausgeben wollte, versagte ihm plötzlich die Stimme. Er konnte keine Worte mehr artikulieren. In der Nacht zum 17. August 1786, morgens gegen zwei Uhr zwanzig, ist er gestorben – an einem Stickfluß, wie man damals sagte. Also Tod durch Ersticken. Seine letzte Fürsorge galt nicht mehr dem Staat. Sie galt dem Windhund, der neben ihm lag. Ob er auch gut zugedeckt sei, fragte er den Lakaien noch. Sein letztes Wort soll dann wieder ein Stoßseufzer erleichternden Spottes gewesen sein. Aufatmend, ausatmend soll er ganz leise vor sich hingeröchelt haben: »Der Berg ist überschritten – jetzt wird es besser!« Aber dieser Satz ist nicht mehr verbürgt, historisch. Er paßt nur ins Bild: Der König stirbt.

Vermutungen in Wusterhausen

War das Phantasie, also schöner Schein? Was ist? Ich habe auf jeden Fall weit vorgegriffen mit meinem Tagtraum. In Wirklichkeit war für mich alles ganz anders gewesen: mühseliger, viel prosaischer. Ich will nichts verschweigen. Ich will nichts beschönigen. Ich fange erst jetzt an, ganz von vorne.

Es ist so gewesen: Ich wollte auf den Spuren Friedrichs reisen.

Ich wollte sehen, prüfen, was es da noch von ihm gäbe. So unvernünftig war das Projekt nicht. Schließlich hat kein anderer König sein Land so geprägt wie dieser Friedrich seinen Staat. Land und Leute waren seine Knete gewesen, die er formte. Außerdem gibt es Städte, Schlösser, Landschaften, die den Mittelpunkt, manchmal auch nur den Hintergrund seines Lebens bildeten. Das alles war zu besuchen. Das stand auf dem Programm. Was lebt noch? Was hat es uns zu sagen – zur Person und zu seinem Leben?

Also Reise in die Vergangenheit, rückwärtsgewandt ist der Blick. Die erste Erfahrung war dann aber ganz anderer, höchst gegenwärtiger Art. Pure Präsenz empfing. Krude Gegenwart schlug uns entgegen. Wer heute auf den Spuren Friedrichs reist, fährt immer durch die DDR. Ich sage nicht, daß dies eine unhistorische Erfahrung sei. Preußentum und Sozialismus – vielleicht hängt das in der Tiefe wirklich zusammen? Oswald Spengler zum Beispiel vertrat diese These, und einiges spricht in der Tat dafür: Das Land, das er mit eiserner Hand formte, liegt sehr östlich. Es beginnt hinter der Elbe, also DDR-Gegenwart nebenher. Das bringt manche Wunderlichkeiten und auch Beschwernisse mit.

Ich denke jetzt zum Beispiel an Wusterhausen. Ich hatte gesagt: Zunächst sollte man dorthinfahren. Dort hat er doch als Kind gelebt. Dort verbrachte er vor allem in den Sommermonaten mit seinen Eltern seine Jugend. Nicht ohne Grund heißt der Ort heute Königswusterhausen. Ich hatte ein Schloß erwartet, nichts Prächtiges, nichts Glanzvolles, das war mir klar. Immerhin: unser nationales Kulturerbe. Preußen-Renaissance im Sozialismus? Ich kann nur sagen: Keine Spur davon war vor Ort zu sehen. Wir rumpelten über Kopfsteinpflaster. Wir kurvten kunstvoll um lauter Schlaglöcher. Der Ort sieht zerbrochen und ziemlich verrottet aus. Er wirkt sehr verschlafen. Wir fragten die Leute nach dem Jagdschloß. Sie schüttelten den Kopf. Sie wußten von nichts. Nie gehört. Doch, sagte dann später eine Frau, doch, so was gibt's hier. Dahinten der Flachbau. Wir fuhren dorthin. Es war dann aber nur die HO-Gaststätte, die in Königswusterhausen heute immerhin »Jagdschloß« heißt.

Wir haben den ersten Punkt unserer Reise trotzdem gefunden. Das Jagdschloß Wusterhausen ist ein kleiner, gedrungener Renaissancebau, vierstöckig, weißgetüncht. Er wirkt kompakt und massig, dabei doch stilvoll. Ich möchte sagen: überzeugend durch die Kraft seiner Einfachheit und Bescheidung. Sein Vater, also Friedrich Wilhelm I., lebte hier, vor allem als Kronprinz. Aus seinen Jagdtreibern, die ihn durch die Wälder begleiten mußten, zog er sich später jene Garde der »Langen Kerls« heran, die dann ja das wunderliche und kostspielige Spielzeug des Soldatenkönigs wurden. Hier fanden jene berühmten Tabakskollegien statt, bei denen es ziemlich rauhbeinig und plump zuging. Ein Raucherkabinett mit Saufgelagen. Immerhin, ein wichtiger Ort in Preußens Geschichte. Nichts erinnert daran. Im Jagdschloß Wusterhausen ist heute der Rat des Kreises untergebracht. Es ist also eine Art Rathaus.

Ich sagte: Du kannst dir das Leben hier damals gar nicht kleinbürgerlich genug vorstellen. Das waren ganz andere Zeiten. Friedrich Wilhelm und seine Frau Sophie Dorothea waren, obwohl gekrönt, ganz einfache Leute. Das schlimme war: Sie paßten nicht zueinander. Es war eine unglückliche Ehe. Ein Strindbergsches Inferno muß dieses Familienleben gewesen sein, obwohl solche Begriffe viel zu subtil für die Lebensformen des märkischen Adels sind. Die waren grob und ungeschlacht. Ich glaube, hier liegt die Wurzel für all die Schicksale des Sohnes später. Schon vom Erbe her waren da unüberbrückbare Gegensätze zusammengekommen. Der Vater war von derber Natur. Ein protestantischer Hausvater, ungeheuer dick. Über zwei Meter zwanzig soll sein Umfang gewesen sein. Mit Bibel, Flüchen und Prügelstock hoffte er, Familie und Staat in Form zu halten. Er war eine aufbrausende, jähzornige Natur, ein Choleriker. Er prügelte, wenn ihm etwas nicht paßte: seine Diener, seine Soldaten, seine Beamten, seine Familie. Das war preußische Art damals, obwohl er, politisch gesehen, ein durchaus friedfertiger Herrscher war. Der Vater hat auf eigene Faust keine Kriege geführt.

Sophie Dorothea, seine Frau, aber war von anderer Natur. Sie kam aus Hannover, also aus dem Welfengeschlecht. Die waren immer kultiviertere, feinere Leute gewesen, dem brandenburgischen Haudegen hoch überlegen. Sie beschäftigte sich mit Musik und Literatur.

Sogar etwas Sinn für Philosophie brachte sie mit, wenn auch in jenen bescheidenen Grenzen königlicher Freizeitbeschäftigungen. Das war mehr Spielerei. Im übrigen war auch sie eine beschränkte Person, die zu Selbstmitleid und einer gewissen Weinerlichkeit neigte. Auch sie war so dick, daß man für sie Extrasessel anfertigen mußte. Sie wurde ihrer Stattlichkeit wegen am Hof »Olympia« genannt. Immerhin hat sie dem ungeliebten Mann in dreißigjährigem Ehekrieg 14 Kinder geboren. Nur acht überlebten das Kleinkindalter. Sie brachte die französische Sprache und Bildung mit. Merkst du, was da zusammenkommt für den Sohn? Eine ungeheure Kraft vom Vater, ein Sinn für feinere Lebensart, den die Mutter einbrachte. Das hätte sehr gut gehen können, wenn sich die Eltern nicht das Leben so zur Hölle gemacht hätten. Sie haben sich gehaßt. Komisch, daß interessante Menschen so oft aus kaputten Ehen kommen.

Wir standen noch immer vor dem Schloß. Wir sahen die Leute hier rein- und rausgehen: Besorgungen auf dem Rathaus, Amtsgeschäfte. Man merkte, daß sie von gar nichts wußten. Im übrigen, sagte ich später, soll man sich Friedrichs Kindheit, ich meine die ganz frühe, nicht unglücklich vorstellen. Wenigstens die ersten sechs Lebensjahre, auf die es ja ankommt, hat er vorwiegend in mütterlicher, jedenfalls immer in weiblicher Hand ganz ungestört verbracht. Im Urvertrauen zum Leben, wie man heute sagt, war er kerngesund. Erst als sein Vater seine Erziehung in die Hand nahm, begannen die Heimsuchungen. Friedrich Wilhelm setzte Offiziere ein, die das verhaßte Weiberregiment ablösen sollten. Auch sie waren keine Unmenschen, nur herzlich ungebildet. Das schlimme war, daß sie unter der Fuchtel des Vaters standen. Der Vater wollte den Sohn, wie Väter das ja oft wollen, nach seinem Bilde formen. Der Junge sollte ein Kerl werden, ein Mann, primitiv, stark, so ein richtiger Haudegen wie der Soldatenkönig. Er sollte nicht den Künsten, sondern dem Militär leben. Das Merkwürdige ist, daß das später auch geschah. Doch dies steht auf einem ganz anderen Blatt.

Ich setze noch einmal an. Ich sagte: Stell dir den jungen Friedrich hier vor, etwa fünfzehnjährig. Irgend etwas stimmt nicht. Der Junge paßt einfach nicht in diese Familie. Er ist von seiner Natur her etwas Feineres, Edleres. Er ist aus kostbarem Material und sehr kompliziert strukturiert. Äußerlich ist er ein hübscher Junge. Der angenehme Ton seiner Stimme, die weich und volltönend war, fällt schon auf. Seine großen, graublauen Augen bestimmen das Gesicht. Er fühlt sich angewidert von den derben, ordinären Späßen des Vaters, von der ewig klagenden Leidensmiene der Mutter. Er haßt die Uniform, die er jetzt tragen muß: Seinen Sterbekittel nennt er sie.

Ich sage dir: Noch ist es nicht da, aber da braut sich etwas ganz Neues in der Familiengeschichte des Hauses Brandenburg zusammen. Ein anderer Typus entsteht: subtiler, feinnerviger, komplizierter. Dabei raffiniert und sehr schlau. Man hat ihm nicht nur das Flötenspiel, überhaupt die Musik verboten, aber er musiziert doch, heimlich. Er darf kein Latein lernen, er darf keine Poesie lesen, aber er versteht es durchaus, sich hinterrücks eine Bibliothek zu beschaffen. Es fällt eine merkwürdige Kälte in seinem Charakter auf. Schon mit vierzehn hat er mit den Botschaftern Frankreichs und Englands ganz ernsthafte, nüchterne Verhandlungen über die Regentschaft geführt für den Fall, daß sein Vater plötzlich sterben würde. Er führte die Verhandlungen wie ein kleiner Diplomat, schlau.

Es ist zunächst also nur von einer merkwürdigen Frühgeschichte der Abweichung zu berichten. Da fällt einer aus der Rolle. Er ist anders, aber läßt es sich nicht anmerken. Melancholisch, verschlossen und mit einem frühreifen, etwas hochmütigen Ausdruck, der nicht ohne Arroganz ist, soll er so unter seinen Geschwistern an der königlichen Tafel gesessen haben. Er übersah alles. Er tat, als ginge ihn diese Familie nichts an.

Nur seiner Schwester Wilhelmine, die drei Jahre älter war, fühlte er sich innerlich zugetan. Zu ihr hatte er nicht nur Vertrauen. Sie war seine Freundin und Leidensgefährtin. Sie ertrugen gemeinsam die Tyrannei des Vaters. Es wurde eine Art Liebe. Es ist hier eine sehr frühe, leicht inzestuöse Bindung zu vermuten, die Vater und Mutter ersetzen mußte.

Trotzdem: Er war sehr allein.

Erinnerungen an Neuruppin

Wir fuhren weiter: Spurensicherung zwei, könnte man sagen, doch klingt das zu glatt, zu literarisch. Versuch das doch mal, so in der dicksten DDR-Provinz überhaupt voranzukommen mit dem Auto. Ich spreche jetzt von der Route Potsdam, Wustermark, Nauen, Kremmen, Oranienburg, die dann durch den Rinluch hoch zum Ruppiner See führt. Schönste Mark Brandenburg. Schließlich sind Schinkel und Fontane von hier. Aber der Weg dahin. Ich meine die zerbrochenen Straßen, die Auspuffgase, den Staub und überall Rote Armee – Sowjetsoldaten.

Neuruppin muß einmal eine etwas stumpfe Perle Brandenburgs gewesen sein. Eine richtige Musterstadt preußischen Klassizismus, aber für Unteroffiziere. Der Geruch armer, kleiner Leute, die rechtschaffen und fleißig sind. Die Innenstadt ist fast schachbrettartig in ihrem Grundriß. Sie zerbröselt und zerfällt jetzt so langsam. Gottlob steht wenigstens der historische Kern unter Denkmalschutz. Einmal, vielleicht im Jahr 2000, wird man auch hier an den Wiederaufbau gehen. Das ist ja das Schöne am Sozialismus sowjetischer Spielart: Er hat Zeit, endlos. Nichts läuft ihnen weg – wohin denn?

Du fragtest: Was soll's? Was bringt Neuruppin denn in unseren Ermittlungen? Ich sagte: Riechst du es nicht? Spürst du nicht den faden Geschmack einer preußischen Garnisonstadt? Schlimm sieht das heute aus, aber damals war es nicht sehr viel anders. Der junge Friedrich hat hier vier Jahre gelebt, im Bewährungsstand sozusagen. Das war nun schon sehr viel später. Es war zwischen 1732 und 1736. Aus dem Knaben von Wusterhausen ist längst ein junger Mann geworden. Initiationsriten, preußisch – soll ich es so nennen? Er hat jedenfalls Schreckliches hinter sich. Er ist durch eine Hölle gegangen. Siegfried härtet sein Schwert – Mannbarkeitsrituale der Hohenzollern.

Als er im Frühjahr 1732 hier in der Garnisonstadt als Offizier wieder dienen durfte, lag das Schlimmste schon hinter ihm. Es ging wieder aufwärts. Er begann wieder zu leben. Der Bursche war ja nicht kleinzukriegen. Es gibt übrigens bescheidene Reste, kleine Zeugnisse aus dieser Epoche. Es muß hier in der Stadt noch einen sogenannten Tempelgarten geben. Das muß ein kleiner, zierlicher Barockpark sein, mit Statuen, maurischen Häuschen, kleinen Tempelchen und Figuren. Knobelsdorff hat das 1735 für ihn angelegt.

Wir fanden die Reste. Der Tempelgarten war geschlossen. Auch ihn konnten wir nur von außen besichtigen. Nichts stand geschrieben. Niemand hier schien zu wissen, daß dieser Park etwas mit dem Kronprinzen von Preußen zu tun hatte. Alte Frauen saßen auf Bänken, blinzelten in die Sonne, kramten in ihren Tragtaschen herum. Immer laufen die Leute in der DDR mit Taschen herum: die Frauen mit Einkaufstaschen, die Männer mit Aktentaschen – ein Volk unterwegs. Sie blickten etwas müde auf, als wir sie zur Sache befragten. Warum ist denn dieser berühmte Park geschlossen? Die eine Frau sagte im typischen DDR-Ton: Heute ist Ruhetag! Seh'n Se das nicht, Herr? Eine andere aber sah das Problem komplexer. Sie verwies auf die verwilderte Jugend. Die jungen Leute treiben doch nichts als Unsinn. Sie schmeißen alles um, spielen Fußball. Die machen doch alles kaputt, genau wie bei Ihnen. Deshalb ist der Laden dicht.

Was hat sich hier abgespielt? Eigentlich nichts als Bewährungsstand. Das Drama, das vorher gewesen war, ist jetzt zu bedenken. Es war ein Ringen um Leben und Tod gewesen. Der Kampf zwischen Vater und Sohn hatte sich dauernd verschärft. Die beiden waren verschieden wie Feuer und Wasser. Immer tiefer ging die Entfremdung. Immer mehr entwickelte der junge Friedrich seine eigene Art, die, wie schon beschrieben, für die Familie neuartig und befremdlich sein mußte. Er war musisch, sehr intellektuell und literarisch. Immer deutlicher wuchs er zu einem kultivierten, jungen Franzosen heran, was den grobschlächtig-altdeutschen Vater zunehmend in Zorn und Wut trieb.

Man muß sich diesen Kampf des Vaters gegen den Sohn als zügellos, rasend, richtig teutonisch vorstellen. Er prügelte den Siebzehnjährigen. Er prügelte ihn allein und vor den anderen am Hof. Er griff ihn an der Gurgel, warf ihn zu Boden, zwang ihn, seine Stiefel zu küssen. Er verhöhnte ihn dabei. »Wenn mein Vater mich so behandelt hätte, so hätte ich mich längst umgebracht! Aber du hast keinen Mut und bist ein bloßer Schurke!« Dabei soll man sich diese Szenen nicht nur als private Grausamkeit vorstellen. Friedrich Wilhelm war auch von politischer Angst getrieben. Er sah sein Lebenswerk bedroht. Er sah die Macht des jungen Staates gefährdet, wenn dieser weiche Musenjüngling einmal sein Nachfolger werden sollte.

Friedrich ist achtzehn Jahre, als es zur Katastrophe kommt. Was tut man mit achtzehn, wenn man immer nur geschlagen, geprügelt, mißhandelt wird? Heutzutage ist das schwer vorstellbar. Aber damals? Wenn man nicht zurückschlagen kann, reagiert man wie ein Hund. Man ergreift ganz kreatürlich die Flucht. Hals über Kopf will man weg, nur weg, irgendwo anders hin. Nur weg hier aus dieser Hölle – wohin?

Das ist nun die berühmte Geschichte, die sich auf der Reise des Vaters durch Süddeutschland am 5. August 1730 in Steinsfurt bei Heilbronn abspielte. Weit außer Landes bereitete Friedrich mit Katte die Flucht nach England vor. Hier spielt zugleich Politik ein. Die englischen Heiratspläne. Immer hatte ihn ja seine Mutter gegen den Willen des Vaters mit der britischen Königsfamilie verheiraten wollen. Das alles mißlang – die englische Heirat und die Flucht. Es folgte ein fürchterliches Strafgericht. Der Vater setzte ihn nicht nur gefangen. Er verklagte den Kronprinzen in Köpenick auf Desertation und Hochverrat. Eine Weile sieht es tatsächlich so aus, als wolle er ihn vernichten.

Aber dann ist es, man weiß das, doch nur Katte, der Adjutant und Freund, der den Tod leiden muß, stellvertretend.

Die Szene, wie Katte in der Festung Küstrin morgens um sieben direkt vor der Zelle Friedrichs enthauptet wird, ist berühmt. Immer wieder hat sie die Geschichtsschreiber, die Poeten fasziniert. Sie ist hochdramatisch. Sie markiert den entscheidenden Wendepunkt in der Entwicklung des Sohnes. Soldaten zerren den Gefangenen in seiner Zelle zum Fenster. Sie heben ihn etwas an. Sie drücken seinen Kopf gegen das Gitter. Er muß zusehen, wie sich der Freund den Rock auszieht, wie er niederkniet. Friedrich ruft mit einer französischen Kußhand: »Mein lieber Katte, ich bitte Sie tausendmal um Verzeihung!« – Katte erwidert: »Nichts von Verzeihung! Ich sterbe mit tausend Freuden für Sie!« – Mir klingen diese Worte etwas zu steif und pathetisch, aber anderes ist uns nicht überliefert. Dann kommt der Todesstreich vom Scharfrichter. Als der Kopf in den Sand rollt, soll Friedrich in seiner Zelle zusammengebrochen sein. Das scheint mir glaubwürdig. Der Vater hatte außerdem befohlen, daß Kattes Leiche, so ausblutend, noch bis zwei Uhr mittags vor Friedrichs Zellenfenster zu liegen habe.

Die Szene ist deswegen so wichtig, weil sie dem Leben Friedrichs für immer eine neue Richtung gab. Der Kampf ist entschieden, die Würfel sind gefallen. Der Vater hatte gesiegt, der Sohn verloren. Es war wirklich eine Entscheidung auf Leben und Tod, obwohl eine direkte Tötungsabsicht des Vaters am Sohn höchst unwahrscheinlich war. Er hatte nur das Exempel am Freund statuiert. Ein rasender Kampf muß damals in Friedrich getobt haben. Lebenswille und Todesangst. Er sah sich in Katte getötet und war doch von einem wilden, unbeugsamen Willen beherrscht zu überstehen. Es ist falsch, sich den jungen Friedrich als einen zarten, musischen Jüngling vorzustellen, der am Zerbrechen ist. Er sah nur so aus. Ganz in der Tiefe war er schon damals eisern und knochenhart, eben ein Preuße. Er wollte nicht sterben. Er wollte überleben, durchkommen, was immer es koste. Er war bereit, jeden Preis der Welt dafür zu zahlen.

Der Preis war sehr hoch und hat seine Persönlichkeit für immer verändert. Es steht zu vermuten, daß auch Homoerotisches im Spiel war. Katte war jedenfalls mit Sicherheit der einzige Mensch, den Friedrich geliebt hat, auf eine frühe, ganz naive Weise. In jünglinghafter Hingabe war er ihm stürmisch zugetan. Da fiel nun ein Tor zu, das blieb geschlossen, für immer.

Nie wieder hat sich dieser hingabefähige, innerlich so reiche Mensch einem anderen Menschen geöffnet. So etwas wie Partnerschaft, die zweckfrei ist, ist er nie mehr eingegangen. Nie mehr hat er Liebe gekannt. Hier liegt auch die Wurzel jener merkwürdigen Leichtigkeit und Unabhängigkeit, die ihn später bestimmte. Er brauchte niemanden mehr, innerlich. Er war ganz frei, und als König von Preußen war diese Autarkie der Gefühle natürlich mühelos zu kaschieren. Der Souverän ist sich selbst genug. Es ist auch die Wurzel seiner späten Vereinsamung und jener Resignation zum Schluß, von der schon die Rede war. Jeder braucht einen anderen. Doch dies nur am Rande.

Also: Er wollte überleben und sah jetzt, das ging nur durch Verstellung. Er dürfte seine wahre Natur nie mehr zeigen. Er müßte sich nun eine zweite Natur zulegen. Die hieß: mitmachen, sich arrangieren, ein Schauspieler werden, das Leben als Theater einrichten, in dem man die Rolle spielt, die einem am meisten Vorteile bringt. So wird später aus ihm jener elegante, glatte, unendlich beredte Tischherr und Philosoph von Sanssouci. Doch greife ich vor. Ich greife nicht vor, wenn ich zugleich konstatiere: Natürlich lag unter dieser neuen Maske ein ungeheures Potential latenter Aggressivität brach. Das verbrauchte sich dann in dem Krieg, den er anzettelte.

Was sich in Küstrin abspielte, ist hochinteressant. Das Schauspiel der Verstellung beginnt. Es beginnt die Tortur der Verhöre, Befragungen. Er hat seine blaue Uniform gegen einen Sträflingskittel vertauschen müssen. Ein Staatsgefangener, auf Wasser und Brot gesetzt, wird vernommen. Frage des Vaters: Was ein Mensch verdiene, der seine Ehre bricht und Komplotte zur Desertation macht? Die Antwort des Sohns ist ausweichend, hinhaltend, lebensrettend: Er glaube nicht, gegen seine Ehre gehandelt zu haben. Frage: Ob er meritiere, Landesherr zu werden? Antwort: Er könne sein Richter nicht sein. Frage: Ob er sein Leben wolle geschenkt haben oder nicht? Antwort: Er unterwerfe sich des Königs Gnaden und Willen. Frage: Ob er wegen der Brechung der Ehre die Nachfolge abtrete, um sein Leben zu behalten? Antwort: Sein Leben wäre ihm so lieb nicht, aber seine Königliche Majestät werde so sehr ungnädig nicht auf ihn werden. So ging das Tage, Wochen, Monate in Küstrin. Zum Schluß diktierte Friedrich ein Zusatzprotokoll in eigener Sache: Er erkenne wohl, im Unrecht zu sein, und beklage, Seiner Majestät Kummer gemacht zu haben. Aber kriminell seien seine Absichten nie gewesen.

Was kündigt sich hier an? Ich meine: die Verwandlung der Künstlernatur zum Politiker. Er taktiert diplomatisch. In dieser tiefsten Erniedrigung reagiert er eiskalt und geht mit seinem Vater wie mit einem feindlichen Staat um, mit dem man Friedensverhandlungen sucht. Endlos geht dieses Verhandlungsritual. Die politische Kälte und Taktik des Sohns bleibt auf den Vater nicht ohne Wirkung. Irgendwas imponiert diesem dicken Soldatenkönig und Haudegen da plötzlich an seinem Sohn. Dieser feingliedrige und effeminierte Musensohn ist offenbar doch härter, als er glaubte?

Der Jähzorn und Haß des Vaters ebben langsam ab. Es beginnen Friedensverhandlungen, privat. Der Sieger diktiert einen harten Unterwerfungsfrieden. Der Sohn, der Verlierer, müsse alles hergeben. Er müsse bereuen und noch einmal ganz von unten anfangen. Am besten gleich hier in Küstrin, wo er in der Kriegs- und Domänenkammer als Referendar antreten solle. Er solle zunächst einmal die Verwaltung eines Gutshofs erlernen. Er solle erfahren, wie gepflügt, gesät, gemistet und geerntet wird, wie man Pachtverträge abschließt, Zölle erhebt. Auch das Bierbrauen solle er lernen.

Es ist weiter interessant, Friedrichs Reaktionsweise zu beobachten. Keineswegs spielt er den Leidenden, den Zerbrochenen. Er ist weder melancholisch noch renitent. Er fügt sich in die Rolle des Erniedrigten mit einem Geschick, das alle staunen macht. Er erfüllt das Unterwerfungsdiktat mit einer leicht ironischen Gebärde, die verblüfft. Auch seine Heiterkeit stellt sich wieder ein. Schon beginnt er in seiner Zelle heimlich mit dem Flötenspiel. Der Küstriner Kammerdirektor Hille meldet erstaunt nach Berlin: »Seine Kgl. Hoheit sind lustig wie ein Buchfink!«

Nach einem Jahr kommt der Vater zu einem ersten Besuch. Er fragt, ob er die Uniform noch immer als Sterbekittel empfinde? Wie ihm Küstrin gefalle und ob er noch immer so französisch gesinnt sei? Dreimal sei ihm der Sohn, jetzt immerhin zwanzigjährig, ohne eine Antwort zu geben, einfach zu Füßen gefallen, so wird von Augenzeugen berichtet. Er soll ihm die Schuhe geküßt haben, zuletzt draußen an der Kutsche vor versammeltem Volk. Da habe ihn schließlich, so wird weiter berichtet, der König in die Arme geschlossen. Er habe ihm alles feierlich vergeben und sei abgereist nach Berlin. Happy-End? Man kann auf jeden Fall sagen: ein gut inszenierter Aktschluß. Welch ein perfekter Schauspieler ist aus dem Jüngling geworden. Nichts ist mehr elementar und natürlich an ihm, alles Kunst. Was ging dabei auch kaputt?

Der letzte Akt dieses Stücks ist dann Friedrichs Eheschließung. Welch eine Komödie und Perfektion der Verstellung! Friedrich interessierte sich überhaupt nicht für Frauen, und diese da, die ihm der Vater ausgesucht hatte, Elisabeth Christine, Prinzessin von Braunschweig-Bevern, schien ihm geradezu ein Alptraum. Aber er spielte den gehorsamen Sohn. Er war zu allem bereit, um aus der Galeere Küstrin befreit zu werden. Die Heirat war für ihn einfach ein Staatsvertrag, um wieder ordentlich in die Erbfolge eingesetzt zu werden als Kronprinz von Preußen. So hat er auch in diesen sauren Apfel gebissen. Aber nun ist sein feinnerviger Charakter schon so gehärtet, man muß wirklich sagen: gestählt, daß er eine neue Waffe des Überlebens entwickelt hat, den Spott. Er hat nichts als Zynismus und kalten Hohn für diese Komödie, aber er spielt sie gehorsam und sehr perfekt.

»Mein lieber Sohn Fritz«, schreibt der wunderliche Papa im Februar 1732 in einem Handschreiben aus Potsdam an den Sohn in Küstrin. »Ihr wißt, daß, wenn meine Kinder gehorsam sind, ich sie sehr lieb habe ... Ihr könnt wohlpersuadiert sein, daß ich habe die Prinzessinnen des Landes durch andere, soviel als möglich ist, examinieren lassen, was sie für Conduite und Education; daß ich denn die Prinzessin, die älteste von Bevern, gefunden. Die Prinzessin ist nicht häßlich, auch nicht schön.« Es war natürlich eine Zumutung für Friedrich, diese einfältige, ungebildete, zudem auch noch bettelarme Prinzessin heiraten zu müssen, von der er nur als »Gans« spricht. Später, aber das war Jahrzehnte später, nannte er sie in aller Öffentlichkeit plump »meine Kuh!«. Wütend schreibt er aus Küstrin an einen Diplomaten in Berlin, die größte Hure in Berlin sei ihm lieber als diese stumpfsinnige Gans. Einem anderen schreibt er: »Ich wünsche ihr das höchste Glück und bete im tiefsten Herzen, daß der Kaiser von Marokko sich auf den Ruf von ihren Reizen hin in sie verliebt, sie entführt und heiratet. Kaiserin von Marokko ist schließlich zweimal so viel wert, wie Kronprinzessin von Preußen.«

Solche despektierlichen Worte entsprachen wohl seinen wahren Gefühlen. Kulissenmonologe – wieviel verdrängte Aggression kam da hoch? Dem Vater gegenüber aber klingt die Sache ganz anders. Er spielt seine Unterwerfungsrolle perfekt weiter. Er ist bereit, auch sein privates Glück zu opfern, nur um freizukommen. »Ich habe die Gnade gehabt, meines allergnädigsten Vaters Brief zu empfangen«, antwortet er aus Küstrin, »und ist mir lieb, daß mein allergnädigster Vater von der Prinzessin zufrieden sei. Sie mag sein, wie sie will, so werde ich jederzeit meines allergnädigsten Vaters Befehle nachleben; und mir nichts Lieberes geschehen kann, als wenn ich Gelegenheit habe, meinem allergnädigsten Vater meinen blinden Gehorsam zu bezeigen, und erwarte in alleruntertänigster Submission meines allergnädigsten Vaters weitere Ordre.«

Da sind nun schon in wenigen Zeilen alle Untugenden zusammen, die später einmal preußische Merkmale werden: Unterwerfung, blinder Gehorsam, Untertanengeist. Für Friedrichs Kampf ums Überleben aber war es der richtige Schachzug gewesen. Die Belohnung für die Unterwerfung bleibt nicht aus. Schon eine Woche nach diesem Brief darf Friedrich die Festung verlassen. Er ist frei. Der König ernennt ihn zum Oberst eines Regiments in Ruppin. Am 12. Juni 1733 wird die Ehe auf Schloß Salzdahlum bei Wolfenbüttel geschlossen.

Ist es überhaupt eine Ehe geworden? Man darf daran zweifeln. Sie war einfach ein weiteres Stück in jenem großen Prozeß gesellschaftlichen Arrangements, den er jetzt durchlief. Die Triebfeder dieses Prozesses hieß: Ich will durch, ich will hoch. Ich existiere für euch nicht mehr – privat. Ich will nur eins: an die Macht. Und es liest sich in diesem Zusammenhang nicht ganz ohne Komik, was der Gesandte Österreichs, Feldmarschall von Seckendorff, in dieser Sache an Prinz Eugen berichtet: »Es schweben allerlei Gerüchte, daß der König mit viel Überredung und Drohung den Kronprinzen ins Brautbett habe bringen müssen, darin er nicht länger als eine Stunde geblieben.« Es beweist die besondere Beziehung, die Friedrich immer noch zu seiner Lieblingsschwester Wilhelmine unterhielt, daß er ausgerechnet in der Hochzeitsnacht an sie dieses lakonische Billett schickt: »Salzdahlum um 12 Uhr nachts, 12. Juni 1733. Meine teuerste Schwester, jetzt in diesem Augenblick ist die ganze Zeremonie beendet. Und Gott sei gelobt, daß alles vorbei ist.«

War alles vorbei? Man kann auch sagen: Jetzt fing alles erst an. Immerhin, so ist er nach Ruppin gekommen. Er hat hier vier Jahre gelebt, als Junggeselle, versteht sich. Es war die Freiheit im Bewährungsstand. Ein preußischer Oberst, Regimentskommandeur, lebt mit seinen Herren Offizieren hier ziemlich spartanisch. Die waren sehr einfältig, ungebildet, konnten meist weder lesen noch schreiben, nur Karten spielen und exerzieren. Seine Welt war das nicht. Der Gewinn von Ruppin hieß nur: Du bist frei. Tatsächlich ließ sich der Vater hier nicht sehen.

Schloß Rheinsberg

Das Wort hat einen hellen, schönen Klang. Es klingt freundlich. Es erinnert an Tucholsky, an seinen nicht eben genialen, aber berühmten Roman ›Rheinsberg, ein Bilderbuch für Verliebte‹. Tatsächlich liegt die kleine Stadt zwischen der mecklenburgischen Seenplatte und der Ruppiner Schweiz in einer landschaftlich reizvollen Gegend, nicht gerade zum Verlieben, aber sympathisch. Sie liegt zwischen Wäldern, Seen, Sümpfen. Rheinsberg nennt man immer idyllisch, doch der Schein trügt. Seit 1966 ist hier das erste Atomkraftwerk der DDR in Betrieb, und man weiß, ein solcher Fetisch des Fortschritts im Sozialismus bedeutet: Die ganze Region ist gesperrt. Alles geheim, Staatsgeheimnis. In den Wäldern steht nur ein Schild: Eintritt verboten!

Wir kamen vom Norden aus Neubrandenburg. Da ist schon etwas von Küste und Ostsee zu riechen, entfernt. Wind, frische Luft mit leichtem Salzgeschmack. Überall Straßenschilder nach Stralsund. Und als wir dann hinter Neustrelitz waren, empfing uns Ostpreußen, beinah: schnurgerade Straßen, Waldeinsamkeit. Doch auch hier täuschte der Schein. In den Wäldern und unter den Kiefern war die Rote Armee. Die Soldaten standen unter den Bäumen, gut getarnt. Jeeps und Lastkraftwagen rollten im märkischen Sand. Einheiten von Funkern, die quer über Büsche Kabel verlegten. Infanteriesoldaten, die in Mulden biwakierten. Leichte Panzer standen in Lichtungen in langen Reihen. Sowjetsoldaten trabten an uns vorbei. Die Ruppiner Schweiz war wie ein einziger Bereitstellungsraum der Roten Armee. Es sah aus, als wenn hier in Kürze eine Schlacht begänne. »Frieden schaffen ohne Waffen«, sagte ich. Hier kann man es sehen, konkret.

Trotzdem, die Reise hatte sich gelohnt. Hier gab es nun endlich Deutlicheres in unserer Spurensuche. Schloß Rheinsberg steht noch und sieht, wenigstens von außen, ungefähr so aus, wie man es erwartet. Ein hellgelbes, hohes Wasserschloß mit etwas Renaissance, etwas Barock, auch etwas Rokoko dazwischen. Trotzdem schlicht. Gleich nach Friedrichs Verlobung hatte der Vater das altertümliche Anwesen von einem Privatmann gekauft, übrigens heimlich, um es dem Sohn als Geschenk zu machen. Man sieht, dieser Berserker hatte auch seine guten Seiten. Außerdem brauchte der Kronprinz als junger Ehemann nun eine angemessene Hofhaltung. Er hat sich das Geschenk dann von Knobelsdorff umbauen lassen: schön.

Und doch war es hier wieder, wie schon zuvor. Von der historischen Rolle des Schlosses in der Geschichte Preußens war vor Ort nichts zu sehen. Kein Wort der Information stand geschrieben. Das Schloß ist ordentlich hergerichtet, sieht sauber aus. Vor den Eingängen überall große Warnschilder: Halt, Stopp, Eintritt verboten! »Diabetiker-Sanatorium Helmut Lehmann« ist zu lesen. Das steht so drohend auf mächtigen Warnschildern, als sei Zuckerkrankheit in der DDR etwas Ansteckendes, fast wie Syphilis. Wer ist übrigens Helmut Lehmann gewesen? Offenbar doch ein Mann von größerer Bedeutung als Friedrich? Wie sonst hätte er ihn abgelöst, historisch?

Es ist erlaubt, durch den Park am See zu gehen. Von dieser Wasserfront her bekommt man erst den vollen Eindruck. Zwei äußere, klassizistische Flügel sind durch eine halbrunde Kolonnade verbunden. An der Stirnseite beider Flügel je ein Rundturm, der den Bauwerken etwas romantisch Versponnenes gibt. In einem der Türme hatte der junge Friedrich seine Bibliothek. Dort saß er, dort hat er studiert? Er hatte sich in die neue Doppelrolle gut eingefunden. Einerseits diente er weiter als Regimentskommandant in Ruppin, das nur eine gute Reitstunde von Rheinsberg entfernt liegt. Andererseits besaß er nun hier im Schloß schon eine reguläre Hofhaltung. Sein Aufstieg war unverkennbar. Jedermann wußte, daß er bald der König sein würde.

Der Vater war plötzlich erkrankt. Er litt an Gicht und Wassersucht. Fast sah es so aus, als wenn er stürbe. Schon werden Friedrich von Berlin aus erste Regierungsgeschäfte übertragen. Da erholt sich der Kranke nach einer geglückten Operation ganz überraschend. Seine Bärennatur setzt sich noch einmal durch. Alle sind glücklich – nur Friedrich schmollt. Er hat sich inzwischen in Zynismus und Ironie so perfektioniert, daß er den verdrängten Vaterhaß nur noch in witzig-eleganten Aperçus hochkommen läßt. »Die Krankheit des Königs«, schreibt er an seine Schwester, »ist eine politische. Er wird kränker, wenn es ihm paßt. Der König und seine ganze Familie genießen durch Gottes Gnade eine athletische Gesundheit, so daß die Besitzer von Trauer-Magazinen Hungers sterben müssen.« Natürlich hungerte er selber nach der Stunde der Macht.

Hier in Rheinsberg laufen jetzt zwei weitere Reifungsprozesse ab, die seine Persönlichkeit zu dem Bilde runden, das er dann später der Welt bot, lebenslänglich. Zunächst kehrt er noch einmal in die Wunschwelt seiner frühen Jugend zurück. Endlich ist er frei, sich im Geist so zu bilden, wie er es schon immer wollte als Knabe. Es setzt nun ein Rausch des Lernens, Lesens, Musizierens, Dichtens bei ihm ein. Alle seine künstlerischen und intellektuellen Begabungen können jetzt ausgelebt werden. Das macht ihn glücklich. Jeden Morgen spielt er seine geliebte Flöte. Er komponiert, gibt des Abends Konzerte. Er liest vor allem. Er liest wie besessen die schöne Literatur des Altertums und die französischen Schriftsteller der Zeit jetzt. Er beschäftigt sich mit Geschichte, Philosophie und den Naturwissenschaften.

Das alles hat etwas deutlich Autodidaktisches an sich, fast etwas Dilettantisches, wenn man das Wort in seinem Ursinn versteht: ein Liebhaber der Künste, kein Fachmann. Friedrich hat nie, weder als Kind noch als Kronprinz, erfahrene Lehrer von Rang gehabt. Er suchte sich alles selber zusammen. Es fehlte ihm an solider Bildung. Erst jetzt lernt er Lateinisch. Bekannt ist, daß er mit seiner eigenen Sprache nie ganz ins reine kam. Er konnte kein richtiges Deutsch, wie man es damals schon sprach, hierzulande. Er sprach ein ziemlich diffuses, verwildertes Französisch. Im Grunde sprach er ein französisch-deutsches Privatkauderwelsch, das er selber seine »Kutschersprache« nannte. Bei allen Texten, die hier zitiert werden, handelt es sich um Übersetzungen, nachträglich.

Gleichwohl, mit einem geistigen Eros ohnegleichen saugt er jetzt alles auf. Er will den Geist der Epoche begreifen. Es ist der Geist der französischen Aufklärung. Es ist der Geist Montaignes und der französischen Enzyklopädisten. Es ist Voltaire, an den er jetzt erste Briefe schreibt. Damals, 1735, war dies eine hochmoderne, für die europäischen Fürstenhäuser sogar gefährlich revolutionäre Philosophie. Nichts war den Aufklärern heilig. Alles zersetzten sie mit ihrer Kritik. Keine Autorität wollten sie gelten lassen, als die der Vernunft. Der Kronprinz ist hingerissen von soviel Intellekt. Die ganze Welt muß rational geordnet und beherrschbar werden. Nichts als die Vernunft soll an die Macht.

So entsteht das in der Epoche wohl einmalige Phänomen, daß mitten in Deutschland ein kultivierter, kritischer Franzose zum

Thron heranreift. Ein waschechter Intellektueller, der an nichts glaubt, was den allerchristlichsten Majestäten überall in Europa, seinen ehrenwerten Kollegen, hehr und heilig war. Friedrich war zwar kein Atheist, aber für die Kirchen hatte er nur Spott. Am meisten aber verachtete er das feiste, fette Wohlleben seiner Kollegen rundum von Dresden bis Paris. Man kann sich die banale, ganz oberflächliche Lebensart an den europäischen Fürstenhöfen damals kaum schlimm genug vorstellen. Gekrönte Hohlköpfe, kann man sagen. Es ging meistens um Jagdvergnügen, Trinkgelage, Festessen, sexuelle Geschichten, Ausbeutung der Untertanen. Friedrich war da von anderer, edlerer Art. Es sind die geistigen Freuden, denen er jetzt ausschweifend huldigt. Die ganze Welt will er verstehen.

Der Bildungsvorgang in Rheinsberg muß zeitweise etwas geradezu Ekstatisches gehabt haben. Früh um sechs Uhr beginnt er schon mit den Studien. Sie enden erst nach Mitternacht. Eine Weile gibt er sich der absurden Hoffnung hin, sich den Schlaf überhaupt abgewöhnen zu können. Immer nur lernen, lesen, alles erfassen. Vier Tage, vier Nächte hält er das Experiment durch. Dann bricht er mit Magenkrämpfen und Koliken zusammen. Er erkrankt. Man spürt: Ganz in der Tiefe ist bei ihm eine unkontrollierte, nicht ganz geheuere Dynamik am Werk, die ihn vorantreibt, dämonisch, wohin? Ein rasender Ehrgeiz wird manchmal spürbar. Mit dem wird die Welt noch Ärger kriegen. Das ist jetzt sicher.

Trotzdem muß man sich die Rheinsberger Jahre als Friedrichs glücklichste Zeit vorstellen. Die Atmosphäre war meist heiter, entspannt, lebensfroh; noch lastete kein Amt auf ihm. Ein anderes Element seiner Persönlichkeit beginnt sich jetzt herauszubilden, das für ihn lebensbestimmend wird: die Form seiner Geselligkeit. Es ist die Kommunikationsform eines hochkultivierten Narziß. Er kennt keine Partnerschaft, keine Liebesbeziehungen. Zu tiefen Freundschaften mit Gleichwertigen war er auch unfähig, obwohl er von Freundschaft ein Leben lang geschwärmt hat, literarisch.

Eben deshalb aber wurde er zum großen, ja, man kann sagen: genialen Gastgeber seiner Epoche, der Mittelpunkt einer Tafelrunde, wo er residierte, glänzte, vor Geist und Liebenswürdigkeit sprühte. Er lädt ein, er empfängt, er entläßt auch wieder. Es sind alles Besuchskontakte, die im Grunde zu nichts verpflichten. Man plaudert, man ißt und trinkt, lacht, spottet, geht dann wieder auseinander. Vier bis sechs Stunden haben später in

Sanssouci die berühmten Mittagessen des Königs gedauert. Und es bildete sich hier in Rheinsberg schon die besondere Typik seiner Geselligkeit heraus. Immer kristallisiert sie sich um den Mittagstisch, immer sind es ausschließlich Männer, die er um sich versammelt. Und immer sind diese Männer – mit einer einzigen Ausnahme, über die noch zu sprechen ist – deutlich unter seinem Niveau. Jedenfalls ist er in der Wahl der Gäste, die er an seinen Tisch lädt, merkwürdig anspruchslos. Es sind nicht die Großen der Zeit, die es ja auch gab, für ihn erreichbar. Es sind mittlere Ränge aus der preußischen Gesellschaft, deren Namen heute kaum einer kennt. Es ist deshalb auch unergiebig, sie hier aufzuführen.

Der Hamburger Kaufmannssohn Jakob Bielfeld, auch ein Mann mittlerer Güte, der 1739 in Rheinsberg Gast des Kronprinzen war, hat das Leben in Rheinsberg so geschildert: »Alle, die auf dem Schloß wohnen, genießen die ungezwungenste Freiheit. Sie sehen den Kronprinzen und dessen Gemahlin nur bei der Tafel, beim Spiel, auf dem Ball, im Konzert oder bei anderen Festen, an denen sie teilnehmen können. Jeder denkt, liest, zeichnet, schreibt, spielt ein Instrument, ergötzt oder beschäftigt sich in seinem Zimmer bis zur Tafel. Dann kleidet man sich sauber, doch ohne Pracht und Verschwendung an und begibt sich in den Speisesaal. Alle Beschäftigungen und Vergnügen des Kronprinzen verraten den Mann von Geist. Sein Gespräch bei der Tafel ist unvergleichlich. Er duldet den Widerspruch und versteht die Kunst, die guten Einfälle anderer zutage zu fördern.« So ungefähr muß es gewesen sein: intelligent und mit Charme. Vier Jahre lang war das ein Musenhof. Friedrich hat in dieser Zeit tatsächlich Elisabeth Christine, seine junge Frau, bei sich geduldet, wenn auch räumlich klar distanziert. Ob der Kronprinz hier mit ihr wirklich eine Ehe führte, darf bezweifelt werden. Als der preußische Kriegsminister von Grumbkow den Kronprinzen bald nach seiner Eheschließung animierte, dem Staat nun auch bald den Kindersegen, also einen Thronfolger zuteil werden zu lassen, antwortete Friedrich in dem nun schon klassischen Stil seines Zynismus: »Ich bin Ihnen sehr verbunden für die Wünsche, die Sie mir für meine Fortpflanzung aussprechen. Und wenn ich dieselbe Bestimmung habe, wie die Hirsche, die gegenwärtig in der Brunstzeit sind, so könnte jetzt in neun Monaten geschehen, was Sie wünschen. Ich weiß nicht, ob es ein Glück oder Unglück für unsere Neffen und Großneffen sein würde. Die

Königreiche finden immer Nachfolger, und es gibt kein Beispiel, daß ein Thron verwaist geblieben ist.«

Man verrät kein Geheimnis, wenn man feststellt, daß Friedrich dem weiblichen Geschlecht gegenüber erotisch nichts empfand. Etwas merkwürdig Gefühlsrohes, Primitives herrscht da vor, das zu seiner sonst so eleganten und komplizierten Form überhaupt nicht paßt. Es klingt einigermaßen barbarisch, was der Kronprinz auf einer Reise nach Ostpreußen einem Freund meldet. Aus Litauen schreibt er: »Wenn Sie hier wären, würde ich Ihnen zwischen dem schönsten litauischen Mädchen und der schönsten Stute des königlichen Gestüts die Wahl geben. Denn zwischen einer Tochter dieses Landes und einer Stute besteht nur der Unterschied wie zwischen Vieh und Vieh.« Also in summa – was lag vor, was war geschehen? Die schwierige Jugend hat ihn sehr viel gekostet. Die einfache, gütige Menschlichkeit, könnte man sagen. Ihr Fehlen zeigt sich in diesem Brief aus Litauen. Irgend etwas naiv Humanes war kaputtgegangen, für immer. Er war ein Mensch ohne Güte geworden. Statt dessen ist eine hochkomplizierte Persönlichkeit entstanden, die durch Charme und Beredsamkeit, durch Witz und Kultur fasziniert. Als Geist, als Intellektueller war er progressiv, aber nur in seiner immer beredten Privatphilosophie. In seiner politischen Praxis war er, genau wie seine anderen fürstlichen Kollegen, ein absoluter Monarch, stockkonservativ. Ein aufgeklärter Herrscher, der trotzdem nur sich, sich allein gelten ließ. Er war eben ein Schauspieler der Macht geworden, ein junger Politiker also, der die Epoche mit seinen Auftritten in Erstaunen und Erschrecken, in Bewunderung und auch Erbitterung versetzen wird. Bis jetzt war nichts als dieser eiserne Wille zu erkennen, durchzukommen. Unter der glatten und eleganten Rokokogebärde seiner bezaubernden Auftritte lag ein mächtiges Potential von Aggressivität, noch ungenützt. Es war da, unbewußt, aber noch nicht gerufen. Noch war seine Stunde nicht gekommen.

Am 31. Mai 1740 stirbt sein Vater, gut einundfünfzigjährig. Es war ein Dienstag, nachmittags zwischen eins und zwei. Er hinterließ seinem Sohn einen wohlgeordneten Staat, wenn auch geographisch total zerstückelt. Er hinterließ eine solide Verwaltung, ein tüchtiges Heer und einen Staatsschatz, den man beträchtlich nennen muß. Friedrich schrieb noch am selben Nachmittag ein paar Verse, die er sogleich an Voltaire schickte:

Ich seh' im Todeskampf und nahe schon
Den Vater an dem Tor der Unterwelt,
Bestürmt von wilder Qual und Atropos
Bereit, daß den Lauf ihm kürzen will.
Die schmerzenvolle Szene trifft mein Herz
Weit stärker, als es meine Weisheit trägt.

Das war nun so seine Art geworden, sich darzustellen. Blitzschnell konnte er zu allem, was geschah, Literatur produzieren,
die nur von bescheidener Begabung spricht. Er verstand, Worte
zu produzieren, die nichts bewegten, nichts Eigenes wirklich
zum Ausdruck brachten, wohl aber das Erlebte im konventio-
nellen Stil der Epoche artig stilisierten. Er war ja sehr produktiv. Er hat ein Leben lang dauernd geschrieben. Über 31 Bände
umfassen seine gesammelten Werke. Sie sind heute kaum lesens-
wert. Aber er benutzte diese Begabung, um sich selbst zu stili-
sieren. Da war eine ganz raffinierte Persönlichkeit entstanden.
Es wird nicht leicht sein, ihr auf die Schliche zu kommen.

Wie es damals beim Tod des Vaters in ihm wirklich ausgesehen haben mag, ließ er nicht erkennen. Aber sehr viel später, es
war schon mitten im Siebenjährigen Krieg, ließ er einmal seine
Maske fallen. Da erinnert er sich plötzlich nach zwanzig Jahren
an diesen Augenblick. Er denkt an den Tod des Vaters. Er
träumt, der Vater sei ganz plötzlich in sein Zimmer getreten. Er
habe ihn, den Sohn, fesseln lassen und auf die Festung nach
Magdeburg geschafft. Warum? »Weil er nicht genug Liebe zu
ihm gehabt habe«, notierte der König, jetzt Friedrich II. genannt.

Hier irgendwo muß die Wahrheit liegen. Der Sohn war ganz
tief an den Vater gefesselt. Tief im Unbewußten war er dazu
verurteilt, den Vater zu wiederholen – natürlich anders, ganz
anders. Nichts wiederholt sich in der Geschichte. Die Geschichte ist offen – auch diese.

Die Machtergreifung

Potsdam ist eine merkwürdige Stadt. Etwas stimmt nicht. Es ist
wohl alles zu schnell gekommen: das Erbe und die Machtergreifung der Kommunisten? Der Geist von Potsdam, preußisch –
der erste Arbeiter- und Bauernstaat, eher sächsisch – einstwei-

len klaffen da riesige Lücken. Nichts gegen Ernst Thälmann, dessen Name hier allerorts prangt. Immerhin ist er auch einmal Kandidat für den Posten des Reichspräsidenten gewesen. Ich fürchte, gegen Schloß Sanssouci und seine erlesene Kultur wird er, auch hier in der Stadt, noch lange einen schweren Stand haben. Der Geist der Geschichte ist mächtig. Soll ich ihn mit einem Uranstab vergleichen? Du kannst ihn zerbrechen, vergraben, so tief du willst. Er strahlt weiter – radioaktiv.

Es gehen in Potsdam immer noch ältere, adrette Damen durch die Straßen, denen man ansieht, daß sie aus besseren Zeiten stammen. Offizierswitwen, etwas verwittert und unbestreitbar geknickt. Die Führerin durch Schloß Sanssouci, strenges Kostüm und Dutt, die uns wegen eigenmächtigen Fotografierens barsch angeherrscht hatte: »Sie, das gibt einen steifen Ärger für mich! Lassen Sie das!«, sie war mit ihrem knappen Kommandoton so unverkennbar Potsdamerin, daß ich einfach lachen mußte. Die Verkäuferinnen in jener Bäckerei, wo wir den vorzüglichen Baumkuchen kauften – als sie merkten, daß wir aus dem Westen kamen, fingen sie sofort von früher zu schwärmen an. Ach, war das eine Stadt und so vornehm! Wissen Sie eigentlich, wie die Garnisonkirche aussah, von innen? Wir verneinten, und alle Damen hinter dem Verkaufstresen sagten kollektiv: Kommen Sie morgen wieder! Wir bringen Ihnen Fotografien! Mein Gott, Potsdam war schön!

Äußerlich ist die Stadt einigermaßen renoviert. Das Brandenburger Tor, das von Potsdam, die Hauptwache, das Holländische Viertel, der Marstall, die große Nikolaikirche am Alten Markt: schön und gut. Aber sie haben auch schreckliche Fehler gemacht. Daß man an die Stelle der Garnisonkirche, die immerhin das Wahrzeichen Potsdams war, einfach ein ödes Rechenzentrum gesetzt hat, ist barbarisch. Daß man auf der Anhöhe im Zentrum, wo das berühmte Stadtschloß stand, Friedrichs Residenz und die seines Vaters, das superlangweilige Interhotel Potsdam hinklotzte, ist geschmacklos. Auf dem Parkplatz hinter dem Interhotel, dort, wo die Müllkästen und Versorgungskästen für die Küche stehen, gleich daneben ragen noch ein paar Säulen, korinthisch. Reste von Schloßarkaden spiegeln sich melancholisch im Havelwasser, das gluckert. Zwischen ein paar Trabbis und Motorrädern des Personals dämmern zerbrochene Skulpturen am Boden. Ich dachte: wie in Karthago! So vergeht der Ruhm der Welt. Hier auf dem Parkplatz, auf geweihtem Boden, wie man wohl sagen darf, war es denn auch, wo du die Frage stelltest: Wie war Friedrich – als junger König?

Wir saßen im Auto. Wir wollten nach Sanssouci fahren. Ich drehte den Anlasserschlüssel zurück. Ich kurbelte das Schiebedach auf, so daß man auch Reste der korinthischen Säulenpracht über uns sah, ich steckte mir etwas zu rauchen an. Ich sagte: Du meinst, ganz am Anfang, Sommer 1740? Ich will nicht sagen, daß Friedrich noch unsicher war. Er tastete sich heran an die Macht. Es fing nicht mit rauschenden Festen an. Er begann seine Herrschaft maßvoll und mit Bedacht. Eigentlich begann alles mit einer Enttäuschung – für die anderen. Nicht nur die Freunde seiner Jugend, alle in Europa, vor allem seine fürstlichen Kollegen rundum, gingen davon aus, daß nun eine schöne Zeit käme: Preußen ein Musenhof. Jetzt kommt der charmante König, der Flötenspieler und Literat auf den Thron. Die Phantasie an die Macht – dachten sie damals. Am Hof von Versailles rechnete man ernstlich damit, der junge König würde Voltaire, sein Idol, zum Premierminister berufen. Das wäre politisch sehr vorteilhaft gewesen für den französischen Hof. Man erwartete, daß er das Heer des Vaters halbieren und die Zahl der Ballerinen verdoppeln würde. Vor allem seine Rheinsberger Freunde sahen schon reiche Pfründe. Knobelsdorff, sein Baumeister, soll, als im Freundeskreis vom Spieltisch versehentlich ein paar Geldstücke zu Boden rollten, ausgerufen haben: Meine Herren, jetzt Groschen aufklauben? Wo es Dukaten regnen wird!

Da hatten sie sich nun gründlich getäuscht. Als erstes fällt auf, daß der junge König seine neue Machtfülle sehr maßvoll, beinah sparsam ausübt. Die meisten Schöngeister aus früheren Jahren, die sich jetzt schmeichelnd um ihn drängen, fegt er wie einen Mückenschwarm lässig weg mit dem Satz: »Die Possen haben ein Ende!« Die, in deren Schuld er tatsächlich stand, werden mit bescheidenen Zuwendungen honoriert. Peter von Keith, sein alter Fluchthelfer von Steinsfurt 1730, der sich vor der Wut des Vaters nach England gerettet hatte, wurde zum Oberstleutnant befördert. Kattes Vater bekam den Grafentitel und das Patent als Feldmarschall, was ehrenvoll war, aber den Staat nichts kostete. Friedrichs Mutter und seine Schwester Wilhelmine, die jetzt liebevoll mitregieren wollen, werden höflich, aber entschieden gebeten, den Saal zu verlassen. Der Markgraf von Schwedt, mit dem der Kronprinz eng befreundet war, bekommt die klarste Lagebeschreibung: »Monsieur, à présent je suis le roi.« – »Mein Herr, ich bin jetzt der König!«

Psychologisch gesehen, ist also zunächst nur ein gesundes Selbstbewußtsein im Rollenverständnis zu erkennen. Im übrigen sieht es in den ersten Wochen seiner Regentschaft tatsächlich so aus, als sei nun die Epoche einer neuen Liberalität angebrochen. Der junge König hebt die Folter auf, mit Ausnahme bei Hochverrat. Er verbietet das Fuchteln, also das Schlagen der Kadetten. Die brutalen Praktiken bei der Soldatenwerbung werden gemildert. Er leitet eine Reform des mittelalterlichen Strafrechts ein. Er hebt sogar kurzfristig die Pressezensur auf, allerdings nur fürs Feuilleton. Er prägt dabei in seiner Order den klassischen Satz, der noch heute gültig ist: »Gazetten, wenn sie interessant sein sollen, dürfen nicht geniret werden.«

Er beruft Gelehrte, holt den Philosophen Christian Wolff aus der Verbannung Friedrich Wilhelms zurück nach Halle. Er ernennt den französischen Geographen Maupertuis in einem artigen Handschreiben zum Präsidenten der Berliner Akademie der Wissenschaften. Daß dieser kein Wort Deutsch versteht, stört ihn nicht. Er schickt Knobelsdorff auf eine Reise in die Niederlande, damit er Anregungen suche zum Bau der Berliner Staatsoper. Er erläßt schließlich seine berühmten Toleranzgebote. Auf die Frage, ob die katholischen Schulen in Berlin weiterbestehen sollen, gibt er seine berühmte Order: »Die Religionen müssen alle toleriert werden, denn hier muß ein jeder nach seiner Façon selig werden!«

Man hat diese seine Toleranz immer wieder in Frage gestellt. Man hat gesagt, sie sei nur Ausdruck seiner grenzenlosen Verachtung aller Religionen gewesen. Man hat gesagt, hinter der Zulassung aller Religionen hätten nur ökonomische Interessen gesteckt. Er hätte Soldaten und Arbeitskräfte gebraucht, wie wir die Gastarbeiter heute. Daran ist einiges wahr. Unverkennbar bleibt jedoch, daß jetzt, gegenüber dem engen, provinziellorthodoxen Herrschaftsstil des Vaters, eine neue Epoche geistiger Freiheit und Weite beginnt. Ein skeptischer Aufklärer ist an der Macht, der auch die Heiligkeit seines eigenen Throns eher komisch findet.

Zu einer richtigen Krönungszeremonie, die damals noch in Königsberg stattfinden mußte, ist es nie gekommen. Nicht ohne Spott hat er die Krone als einen Hut der Könige bezeichnet, in den es hineinregnet. »Jetzt reise ich nach Preußen«, schrieb er im Juli 1740 an Voltaire, »um mir da ohne das heilige Ölfläschchen und ohne die unnützen und nichtigen Förmlichkeiten huldigen zu lassen.« Man sieht: Er hat Sinn für Macht. Er verwaltet sie nüchtern und aufgeklärt. Friedrich muß in diesem ersten Sommer seiner Regentschaft sehr glücklich gewesen sein. Alle Leiden von früher hatten sich gelohnt. Er ist nun der König. Mit jener fiebernden Energie, mit der er sich in Rheinsberg auf die Bücher gestürzt hatte, stürzt er sich jetzt auf die Verwaltung der Staatsgeschäfte. Wieder versucht er, sich den Schlaf abzugewöhnen. Er arbeitet Tag und Nacht. Etwas hektisch, ein klein wenig überzogen in der Dynamik wirkt sein Eifer. Die Macht des Staates zu mehren, wird jetzt sein Ziel. Und er hat dazu auch schon ein Wort. An Worten hat es ihm nie gefehlt. Das neue Zauberwort heißt: die Pflicht. Auch aus ihm macht er sogleich wieder Verse. In einem Brief, den er am 12. Tag seiner Regentschaft an Voltaire schreibt, dichtet er:

> Lebt wohl, ihr Verse und ihr Melodien,
> Leb wohl, Genuß, selbst Voltaire, lebe wohl!
> Die höchste Göttin ist die Pflicht, fortan.

Da geschieht etwas Überraschendes. Etwas rein Zufälliges. Welche Rolle spielt der Zufall im Leben und in der Geschichte? Du trittst morgens auf die Straße, und ein Auto fährt dich tot. Du kommst des Abends nach Hause und dein Vater liegt sterbend im Bett. So ungefähr: Karl VI., Kaiser in Wien, das ziemlich lahme Oberhaupt des Heiligen Römischen Reiches Deutscher Nation, war am 20. Oktober 1740 gestorben, sechsundfünfzigjährig.

Männliche Thronfolger hatte er nicht. Er hatte eine Tochter von dreiundzwanzig. War sie eigentlich zur Thronfolge berechtigt? Das ist nun das politisch hochkomplizierte Problem der sogenannten Pragmatischen Sanktion, das ich hier nicht ausbreiten möchte. Entscheidend ist nur, daß der Kaiserthron in Wien für ein paar Wochen leer stand. Vakant war da eine ganz angesehene Position. Durfte sie oder durfte sie nicht? Darüber grübelte man und verhandelte an den Höfen. Das junge Mädchen hieß übrigens Maria Theresia.

Jetzt beginnt ein gewaltiges Thema. Ein Drama der Völker beginnt, unbeschreiblich. Jetzt kommt der junge Friedrich erst richtig ins Spiel. Plötzlich ist er in Fahrt. Das heißt, genau in diesem Augenblick war er krank. Immer hat es in seinem scheinbar strahlenden Herrscherleben diese merkwürdigen Einbrüche, ja, Zusammenbrüche gegeben, kurzfristig. Hatte er sich überarbeitet? Litt er an zu wenig Schlaf? Der junge König liegt in Rheinsberg mit Fieber zu Bett. Da kommt der Eilkurier aus Wien, steigt vor dem Schloß Rheinsberg vom Pferd. Alle Historiker schreiben an dieser Stelle, schweißbedeckt sei er vom Pferd gestiegen! Woher wissen sie das? Der Kurier überreicht die schriftliche Botschaft vom Tod des Kaisers. Friedrich liest das und ist sofort elektrisiert. Wenn es so etwas wie einen Instinkt für historische Konstellationen geben sollte – in diesem Augenblick hat er ihn. Er riecht den Braten. Er erkennt die Lage. Er fühlt das Vakuum. Machtlosigkeit ist immer verlockend. Er spürt: jetzt oder nie! Jetzt wacht das Stück Raubtier in ihm auf, das meine Freunde aus Österreich noch heute an ihm beklagen. Man kann auch sagen: Ein junger Panther erhebt sich zum Sprung. Er wittert eine leckere Beute in Österreich, Schlesien genannt.

Ich weiß, daß man als Historiker nun alle Einzelfaktoren genau analysieren müßte. Aber bin ich ein Historiker? Ich erzähle ein Leben und was von ihm blieb für uns Nachgeborene. Man kann sagen, es gab tatsächlich uralte Rechtstitel, ziemlich verstaubte Besitzansprüche der Hohenzollern auf Teile von Schlesien. Man kann sagen, Friedrich mußte einmal, früher oder später, dieses zerstückelte Erbe seines Vaters vergrößern, um es lebensfähig zu machen. Das entscheidende ist: Er wollte jetzt zubeißen. Er hatte ja aus früheren Jahren diese enorme Kraft der Aggression in sich, ungenützt. Friedrich ist jedenfalls sofort gesund. Sein Fieber, das angeblich Malaria war, ist wie weggeblasen. Er steht auf, ruft seinen Geheimen Rat zusammen. Der Musenhof Rheinsberg verwandelt sich über Nacht zu einem Kriegskommando. Für ihn steht fest: Schlesien wird genommen, und zwar sofort und im Handstreich.

Das ist die Triebtiefe der Situation. Die besondere Struktur seiner Herrschaft wird erst sichtbar, wenn man zugleich beobachtet, wie er die Tat intellektuell rechtfertigt. Heute würden wir sagen, wie er sie ideologisch verarbeitet. Er hat sofort ein Stück Philosophie zum Thema zur Hand, und wie er sie verbalisiert! »Ich gebe Ihnen ein Problem zu lösen«, erklärt er seinen verdutzten Ministern und etwas mißtrauischen Generälen. »Wenn man im Vorteil ist, soll man ihn nützen oder nicht? Ich bin bereit, mit meinen Truppen und überhaupt. Lasse ich ihn aus, so halte ich einen Trumpf in der Hand, den ich nicht auszuspielen verstehe.« Und Voltaire gegenüber bietet er es noch eine Reflexionsstufe höher. Dem Mann kann man Philosophie der Geschichte zumuten. »Lieber Voltaire!« schreibt er wenige Tage später in einem Brief, »für diesmal verhindert mich der unvermutetste Vorfall von der Welt, Ihnen mein Herz wie gewöhnlich zu öffnen und so zu plaudern, wie ich gern möchte. Der Kaiser ist tot. Dieser Todesfall zerstört alle meine friedlichen Gedanken. Die augenblickliche Frage hat vielleicht für ganz Europa sehr wichtige Folgen. Jetzt ist die Zeit da, wo das alte politische System eine gänzliche Änderung erleiden muß; der Stein ist losgerissen, der auf Nebukadnezars Bild aus vier Metallen rollte und sie sämtlich zermalmte.« Er greift also tief in die Harfe. Der Weltgeist wird persönlich bemüht. Dann folgt noch ein entwaffnender Nachsatz: »Mit meinem Fieber habe ich aufgeräumt, da ich meinen Körper nötig habe und allen nur denkbaren Gebrauch davon machen muß.«

Was hat man nicht alles über diesen Überfall auf Schlesien geschrieben. Ganze Bibliotheken stehen dem interessierten Leser zur Verfügung. Man hat ihn verdammt und gelobt. Man hat ihn als Schachzug weiser politischer Machtmehrung gerechtfertigt und als »sensationellstes Verbrechen der Geschichte der Neuzeit« verurteilt. Ich vermute, von allem ist etwas wahr. Ich meine darüber hinaus: Da Schlesien ohnehin für uns Deutsche längst wieder verloren ist, sollte uns das Faktum selber nicht übermäßig erhitzen. Die Sache ist ja bereinigt. Wiedergutgemacht ist der Fall. Wenige Völker der Erde haben in der Geschichte so brav versucht, ihre Sünden wiedergutzumachen wie die Deutschen. Nie konnte so etwas gelingen – immerhin. Wichtig für unser Thema ist einzig die Frage: Wo kam bei dem jungen König eigentlich die Schubkraft für diesen plötzlichen Angriff her? Was trieb ihn, zutiefst? Es gibt auch hier wieder ganz überraschende Selbstzeugnisse Friedrichs, die seine persönlichen Motive auf geradezu entwaffnende Weise offenlegen. Er wäre kein Preuße gewesen, wenn er das nicht auch gekonnt hätte: sich selbst gegenüber rücksichtslos ehrlich sein. Sie zeigen den jungen, noch naiven Politiker. Später hätte er so etwas Unfrisiertes nie mehr bekannt. Ich will nicht sagen, daß er in diesem ersten Regierungsjahr seinen königlichen Kollegen gegenüber, die da überall in Europa auf ihren bequemen Thronen saßen, sich als junger Gott, also als Mars fühlte. Aber ein bißchen hochmütig blickte er schon auf die allergnädigste Sippschaft herab, die da in Versailles und in London, in St. Petersburg oder Wien saß. Von den deutschen Fürsten will ich erst gar nicht reden. Sie waren ja alle untereinander irgendwie immer verwandt. Politik war Familiengeschichte. Er fühlte sich, sagen wir, als Cäsar, den Rubikon überschreitend. Er kam ja von unten. Noch immer brannte die Erniedrigung von Küstrin in ihm. Was wußten die anderen von solcher Qual? Auch sein Staat Preußen war ein Emporkömmling, noch immer nicht ganz vollgenommen an den Höfen Europas. Der Marquis von Brandenburg – was wollte der eigentlich mit seinen zerstückelten Provinzen aus Sand? Er wollte es ihnen jetzt zeigen, das zunächst.

Es gibt daneben noch eine andere Motivkette, die komisch wirkt, aber höchst glaubwürdig ist. Er war schließlich ein Literat. Er ist es lebenslänglich geblieben. Er war der einzige waschechte Intellektuelle unserer Geschichte, der einen Staat führen konnte. So klingt es durchaus glaubwürdig, wenn er dann, wenige Monate später, aus dem schlesischen Feldlager an seinen alten Freund Jordan schreibt: »Meine Jugend, die Glut der Leidenschaft, der Ruhmesdurst, ja selbst die Neugier, um Dir nichts zu verhehlen, kurz ein geheimer Instinkt hat mich den Freuden der Ruhe entrissen. Die Genugtuung, meinen Namen in den Zeitungen und später in der Geschichte zu sehen, hat mich verführt.«

So wird es gewesen sein, ganz tief in ihm, und dies hat er ja auch erreicht. Sonst sprächen wir nicht von ihm, heute. Die Genugtuung, seinen Namen in der Zeitung zu lesen, hat junge Menschen immer wieder zu den verwegensten Dreistigkeiten verführt: zu Verbrechen, zu Abenteuern, zum Verfassen von Literatur. Ich kann ein Lied davon singen. Die Eitelkeit ist eine mächtige Triebkraft in der Geschichte. So klingt denn auch die berühmte Ansprache, die Friedrich zur Eröffnung des Ersten Schlesischen Krieges an seine versammelten Offiziere hält, ein bißchen vollmundig verbal. Wenn man genau zuhört, hört man Literatur rauschen, im Hintergrund. Es ist eine richtige Bühnenansprache unseres Schauspielertalents aus Küstrin. Dramatiker wissen solche Reden zu schätzen. »Meine Herren! Ich unternehme einen Krieg, für welchen ich keinen anderen Bundesgenossen habe, als Ihre Tapferkeit und keine Hilfsquelle, als mein Glück. Erinnern Sie sich stets des unsterblichen Ruhms, den Ihre Vorfahren auf den Gefilden von Warschau und Fehrbellin erworben haben. Leben Sie wohl! Brechen Sie auf zum Rendezvous des Ruhms, wohin ich Ihnen ungesäumt folgen werde.«

Na, ist das nicht schön, als Beitrag zur deutschen Rhetorik? Nur hatte er sich gründlich getäuscht, als Soldat. Aus diesem

Rendezvous wurden drei blutige Kriege, die, alles in allem gerechnet, elf Jahre tobten. Ganz Europa hat er hineingerissen. Er war noch sehr jung damals, der Cäsar aus Potsdam. Er wußte noch nicht, was auf ihn zukommen würde.

Ein Ort wie Hochkirch

Es regnete. Es war kalt. Wir hatten in Bautzen Mittagsrast eingelegt. Wieder einmal sage ich: Versuch das doch mal im real existierenden Sozialismus, als Tourist in einer fremden Stadt einfach so essen zu gehen. Bautzen ist keineswegs nur ein Zuchthaus. Es könnte eine Perle des sächsischen Tourismus sein. Alt und stolz, romantisch und sehr verwinkelt liegt die hochgebaute Stadt fast wie Coburg, wenn auch nicht so gepflegt, und unten fließt doch tatsächlich die Spree. Mir war das neu als Berliner. Was hat unsere Spree in Sachsen zu suchen?

Über unsere Schwierigkeiten, in Bautzen einen Mittagstisch zu finden, will ich mich kurz fassen. Kenner und Liebhaber der DDR wissen Bescheid. Es gibt nur sehr wenige Lokale am Ort. Von diesen haben immer einige »Ruhetag heute«. Andere sind wegen Renovierung geschlossen. Noch andere wegen spezieller sanitärer Maßnahmen. Je älter ich werde, desto mehr komme ich zu der Einsicht: Der Sozialismus ist fabelhaft. Er ist die erfolgreichste Einladung des Hegelschen Weltgeistes zur öffentlichen Faulheit. Warum denn arbeiten? Der Staat bezahlt doch trotzdem. Wie weit sind wir noch von solchen errungenen Zielen der DDR entfernt!

Als wir dann, pitschnaß und etwas verschmutzt, schließlich doch eine mickrige Bruchbude fanden und eingeklemmt zwischen unzähligen Werktätigen saßen, die auch Hunger hatten, ebenfalls unser Kaninchenklein aßen, wir waren in einen hochspezialisierten HO-Kaninchenstall geraten, sozusagen, da sagte ich, auf die Landkarte blickend: Ganz nahe von hier liegt Hochkirch, kaum zwanzig Kilometer, Richtung Görlitz. Das ist doch wieder eine Spur, friderizianisch, für uns? Da war doch mal was? Hat er da nicht im Siebenjährigen Krieg einmal richtig Prügel bezogen? Oder war das in Kunersdorf gewesen? Ach, all diese Schlachten von Friedrich! Schon als Schüler haben sie mich gequält, weil ich sie nie auseinanderhalten konnte: die von Kolin und Roßbach, von Zorndorf und Liegnitz, von

Hohenfriedberg und die von Kesseldorf. Die Schlacht von Leuthen war ja ein großer Erfolg, oder? Ich meine, das einmal im Kino gesehen zu haben, in der Nazizeit, als Junge. Haben sie da nicht am Ende des großen Schlachtfestes das Niederländische Dankgebet gesungen? War nicht Otto Gebühr der stolze Held?

Für Menschen wie mich, in Kriegsgeschichte so unbewandert, sind Lokaltermine solcher Art purer Gewinn. Man sieht alles konkret, kann sich was vorstellen: Das blutige Knäuel entwirrt sich. Man kann einen Faden herausziehen: rot. Das will ich jetzt tun. Mitte Oktober 1758 ist das gewesen. Friedrich ist sechsundvierzig, wirkt aber älter, gehärtet, gegerbt in so vielen Schlachten. Er ist schon berühmt in ganz Europa, schon bilden sich erste Legenden. Manche Gassenjungen in Berlin sprechen schon plump vertraulich vom Alten Fritz.

Dieses Wort war es dann auch, das uns in Hochkirch zunächst empfing. Ein Dorfgasthaus, geschlossen natürlich, da stand mit frischer roter Farbe gepinselt, direkt über dem Eingang: »Zum Alten Fritz«. Ist das also vor Ort hier der Beitrag der DDR zur Preußen-Renaissance? Bemerkenswert fand ich es schon. Hochkirch ist ein Dorf in der Oberlausitz, friedlich und still, fast verträumt. Es wirkt alles wie früher. O schöner Schlaf der Provinz im Sozialismus – was hältst du noch alles verborgen für uns aus versunkener Zeit?

Eine stattliche Kirche steht in der Dorfmitte. An den Außenwänden sind noch immer die Einschläge und Kugeln der Schlacht von damals zu sehen. Auf dem Friedhof schlummern noch immer Helden, die fielen. Es gibt ein Sträßchen neben der Kirche, das heute noch Blutgasse heißt: So ist das Blut damals geflossen, bitte, in Strömen. Man blickt von der Kirche, die wirklich hoch liegt, weit ins Land runter. Grüne Kornfelder, noch etwas regennaß. Dort tobte die Schlacht. Und das erste, was man begreift, ist seine Niederlage hier. Es war purer Wahnsinn, auf dieser ungedeckten, ganz offenen Höhe ein Feldlager zu beziehen, sich den feindlichen österreichischen Heeren zu stellen. Alle, der Marschall von Keith, Prinz Moritz, der Sohn des alten Dessauer, auch Seydlitz, hatten den König gewarnt. »Lassen die Österreicher uns hier in Ruhe«, hatte der Marschall von Keith zum König gesagt, »so verdienen sie, gehängt zu werden.« Aber Friedrich war unbelehrbar. Er wußte es besser.

Hochkirch war so ein Fehler. Friedrich verlor ein Viertel seiner Truppen und über hundert Kanonen. Es fielen hier der

Marschall von Keith und zwei Prinzen. Aber an Prinzen war ja damals kein Mangel. Friedrich hatte überhaupt düstere Tage. Seine Mutter, sein Bruder waren gestorben und seine Schwester Wilhelmine, jene Markgräfin von Bayreuth, die die Lieblingsschwester seiner Jugend gewesen war.

Es gibt ein hochinteressantes Dokument dieser traurigen Tage. Der Schweizer Henri de Catt, der Friedrich gut zwei Jahre lang hier im Feldzug begleiten mußte – er war als Vorleser und Gesellschafter des Königs bestellt worden, wurde dann aber sein Eckermann, haargenau hat er alles aufgeschrieben, was ihm jeden Abend der König mitten in diesem Feldzug erzählte –, nämlicher de Catt also, der nichts mit dem Freund seiner Jugend Katte zu tun hat, er notierte unter dem Datum »14. Oktober 1758. Am Tag der Schlacht bei Hochkirchen« höchst merkwürdige Bekenntnisse von Friedrich. Die Passage ist so lebendig und originell, daß ich sie zitieren möchte. Ich bitte, zugleich wieder den großen Schauspieler Friedrich zu beachten! Der wußte schon, was er tat und sagte, auch an jenem Abend, als er den Herrn de Catt in Hochkirch zu sich ins Königszelt bestellte.

»›Mein lieber Marschall Keith ist tot‹, sagte der König. ›Wie viele brave Leute verliere ich, mein Freund, und wie verabscheue ich dieses Handwerk, zu dem der blinde Zufall mich von Geburt an verdammt hat! Aber ich habe etwas bei mir, um das Stück zu beenden, wenn es mir unerträglich werden sollte.‹ Offenbar änderte sich bei diesen Worten mein Gesichtsausdruck so«, fährt de Catt fort, »daß es dem König auffiel. Er sagte zu mir: ›Gnädiger Herr, Sie werden blaß?‹ Er öffnete seinen Kragen und zog unter seinem Hemd ein Band hervor, an welchem eine kleine, ovale, goldene Dose befestigt war, die auf seiner Brust ruhte. ›Hier, mein Freund, ist alles, was man braucht, um dem Trauerspiel ein Ende zu machen.‹ Er öffnete die kleine Dose, in welcher achtzehn Pillen waren, die wir zählten. ›Diese Pillen‹, sagte er, ›sind Opium. Diese Menge reicht völlig hin, um einen zu jenem düsteren Gestade zu befördern, woher man nicht mehr zurückkehrt.‹ – Nachdem er mir die Dose gezeigt hatte, hängte er sie wieder um den Hals und ließ sie auf seine Brust gleiten. ›Jetzt, mein Lieber, helfen Sie mir wohl, meinen Kragen zu schließen; denn ich bin so ungeschickt, daß ich es nicht kann, und ich will nicht, daß jemand anders von meinem kleinen Hilfsmittel etwas weiß.‹ Ich schloß ihm den Kragen.«

Bei dieser Szene und an diesem Ort und in diesem Augenblick weiß man nicht so recht, ob man vor Rührung und Ergriffenheit hinschmelzen soll im preußischen Geist oder lachen. Welch ein Fuchs und Vogel, welch ein raffinierter Schauspieler der Politik war er doch inzwischen geworden. Er wußte natürlich, daß dieser schweizer Schreiber jedes Wort verbreiten würde an die Gazetten und Diplomaten. Dafür war er ja engagiert. Dafür wurde er ja bezahlt. Das war doch für die Kabinette Europas gedacht. Tatsächlich hat Friedrich immer wieder auch seinen Selbstmord noch als Waffe und Drohung benützt, um seine Interessen durchzusetzen. Er war ein unglaublich durchtriebener Handwerker der Macht geworden, genau das, was man einen Vollblutpolitiker nennt. Er beherrschte die Orgel seiner Interessen-Inszenierung meisterhaft, und eigentlich war schon jetzt klar: Obwohl noch furchtbare Niederlagen folgen würden, er war der Mann der Weltstunde. Er würde sich durchsetzen, schlußendlich. Dieser eleganten, flötenspielenden Raubkatze war keiner gewachsen im ziemlich verknöcherten Heiligen Römischen Reich. Er kämpfte gegen »Die rasenden Weiber Europas« oder »Die drei großen Huren«, wie er sie liebenswürdigerweise nannte: Elisabeth von Rußland, Maria Theresia und die Pompadour, die ja nicht nur im Bett Ludwigs XV. etwas zu sagen hatte. Komisch, immer hat Friedrich gegen Frauen Kriege geführt. Warum eigentlich?

Dieses merkwürdige Gefühl von Vergangenheit, das ich in Hochkirch hatte. Ich spürte: Die DDR gibt es noch nicht. Es schien mir, als sei frühe Nazizeit, sagen wir 1934. Es riecht irgendwie national in Hochkirch, deutschnational. Schläft hier die Ortsgruppe der SED? Der Geruch verstärkte sich deutlich in der Kirche, die wir nun besichtigten. Eine ältere Frau mit Kopftuch und großem Schlüssel kam. Obwohl von Geburt Sorbin, wirkte auch sie national. Sie führte uns herum. Obwohl sie sich nicht nachteilig über den Sieg des Sozialismus in der Oberlausitz äußerte, spürte man doch, wie sie an der alten Zeit hing. Es hingen auch viele Traditionsfahnen herum.

Dann kam die Überraschung. Die Frau führte uns hinter den Hochaltar. Rückseiten sind immer wichtig. Da war auf der Rückwand des Altarbildes auf einer schmalen Kommode eine winzige Friedrich-Gedenkstätte arrangiert. Sah ich Blumen, hörte ich Lorbeer rascheln? Ich kann mich täuschen. Ich weiß aber mit Sicherheit, daß auf der Mitte dieses diskreten Örtchens ein großes Bild stand, eingerahmt. Es ist der berühmte Kupferstich von Menzel: ›Friedrich der Große in der Schlacht von Hochkirch‹. Man sieht den König mit Dreispitz und Degen und in Uniform. Er sitzt auf einem Pferd. Er reitet durch eine Gasse, die seine Soldaten gebildet haben. Der Retter kommt jetzt! Er prescht wie ein Abgott, wie Mars persönlich. Die deutschnationale Geschichtsschreibung des 19. Jahrhunderts hat ihn uns ja so verklärt: ein Dämon, der Alte Fritz, der gleichwohl gemütlich ist, beinah hausbacken. Diese Bilder hingen noch bis in Hitlers Zeit zu Hause, meist über dem Vertiko. Ich nahm das Bild in die Hand, betrachtete es ganz nah, drehte es dann um. Da stand auf der Rückseite in großem, wirklich imperialem Schriftzug und original zu lesen: »Wilhelm II – Imperator et Rex – gewidmet der Gemeinde Hochkirch«. Auch die Unterzeile war kaiserlich original: »Berlin 1905« stand in imponierenden Bögen geschrieben. Irgendwie schien unserer Führerin so viel Hohenzollernglanz doch peinlich. Wieso? sagte ich. Das ist doch ein Dokument, ein beachtliches Stück Dorfgeschichte. Nennen Sie es – »Unser nationales Kulturerbe Hochkirch«. Nur nicht zimperlich sein auf dem platten Land! Die Partei hat doch schon ganz andere vereinnahmt: von Luther bis Goethe, von Schiller bis Scharnhorst – alle sind unser, irgendwie.

Der König persönlich

Es war dann Tage später, wir waren wieder in Potsdam, da fragte ich: So, siehst du ihn jetzt? Ist er zu erkennen?

Du sagtest: so allgemein schon, als Typus und Charakter. Ich sehe ihn aber nicht wirklich, nicht konkret und als Mensch. Es fehlt mir sozusagen noch das Fleisch am Skelett.

Ach, sagte ich, ich warne dich: die Großen der Geschichte als Menschen. Napoleon im Schlafrock. Die Kammerdienerperspektive – was bringt's? Aber zugegeben: Hier ist es etwas verzwickter. Komm in den Park mit mir! Wir versuchen ein Stück, das heißt: Einladung ins Schloß; sein Untertitel: Der Preußenkönig persönlich. Aber ich sage dir gleich: Es ist nicht leicht an ihn heranzukommen. Vielleicht, daß wir nur einen etwas zu dick gepuderten Hofschauspieler vorfinden?

So kam es, daß wir Schloß Sanssouci noch einmal besuchten, heiterer im Gemüt, heller im Blick als zu Beginn unserer Reise. Das Schloß ist auch innen ein Meisterstück sehr eleganten Rokokos. Überall herrscht der Geist verspielter Leichtigkeit und sublimierter Sinnlichkeit, der durchaus zu ihm paßte. Er war ja eine höchst paradoxe Figur geworden. Er setzte sich jetzt in der Zeit der Reife eigentlich aus zwei ganz verschiedenen Charakteren zusammen, die sich immer abwechselten. Einerseits konnte er dem Staat, der Verwaltung, vor allem seinen Soldaten gegenüber ein eiserner Zuchtmeister sein, knochenhart und barbarisch. Auch er pflegte noch, genau wie sein Vater, mit dem Krückstock zu prügeln. Er verdrosch einen Lakaien, weil dieser die Frechheit gehabt hatte, eine Weibsperson, irgend so eine Beschließerin, durch Schloß Sanssouci laufen zu lassen. Frauen war der Zutritt grundsätzlich verboten.

Nie hat seine bedauernswerte Gemahlin Elisabeth Christine Schloß Sanssouci von innen gesehen. Er hatte ihr in Berlin im Stadtschloß und auch in Schönhausen draußen eine bescheidene Hofhaltung zugebilligt. Er hat von ihr so gut wie nie Notiz genommen. Aber als er als Held und doch ziemlich verprügelt am Ende aller Kriege nach Berlin zurückkehrte, um die Huldigung seines Volkes entgegenzunehmen, soll er sie kurz besucht haben. Er sei sehr höflich und artig auf Distanz geblieben und soll dann, die Gattin betrachtend, als einzigen Satz gesagt haben: »Madame sind korpulenter geworden.« Die arme Elisabeth – was blieb ihr schließlich, als Kuchen zu essen?

Ein sonderlicher Hagestolz war er geworden. Hier in seinem weinseligen Lusthaus Sanssouci, zu deutsch »Sorgenfrei«, aber war er anders: immer noch der Musensohn und geistvolle Gastgeber. Künstlerisch eine bemerkenswert produktive Natur, nicht nur als Literat, auch als Musiker. Neben all seinen Schlachten hat er allein 121 Sonaten, vier Konzerte für Flöte, auch eine Oper komponiert. Was sind sie wert?

Als produktiver Künstler blieb er immer ein Kind seiner Zeit, also stockkonservativ. Er schwärmte für Quantz, seinen Flötenmeister, der über 500 Kammermusiken für Friedrich schrieb. Er hielt die Gebrüder Graun, die heute vergessen sind, für die größten Komponisten der Epoche. Er engagierte beide – den einen als Konzertmeister, den anderen als Kapellmeister. Schon Gluck und Haydn, seine Zeitgenossen, waren ihm zu gewagt und modern. Mozart hat er gar nicht wahrgenommen. Mit Bach aber verbrachte er hier im Musikzimmer eine gute Stunde. Der Thomaskantor aus Leipzig hatte ihn besucht. Friedrich spielte ihm am Pianoforte ein Thema vor, das Bach als »ausbündig schön« bewertete. Daraus ist dann ja Bachs berühmte Suite ›Das musikalische Opfer‹ entstanden.

Wir betraten den Marmorsaal. Ein kreisrunder Raum, etwas elliptisch. Eine schöne Kuppel, die von paarweise geordneten Säulen getragen wird. Carrarischer Marmor, ein festlicher Kronleuchter. Hier, sagte ich, fanden also die berühmten Tafelrunden von Sanssouci statt, die ja endlos dauerten, manchmal bis fünf Uhr nachmittags. Der König hatte einfach so viel zu sagen. An diesem Tisch hat er Europa empfangen. Du kennst das berühmte Bild von Menzel ›Die Tafelrunde‹? Es gibt nur noch Kopien davon. Das Original verbrannte im Krieg. Zehn Herren in eleganten Roben und mit Perücken. Sie plaudern, sie scherzen, sie trinken und speisen. Hat der König einen bösen Witz erzählt über die »Königin von Ungarn«, wie er seine Wiener Feindin liebenswürdigerweise zu titulieren pflegte? Alle sind jedenfalls ungemein amüsiert auf dem Bild. Die Weingläser klirren, vom bösen Spott.

Friedrich sieht auf diesem Gemälde sehr edel, beinahe elegant aus. So ganz traue ich diesem Menzel nicht. Das war doch ein Hofmaler, der diese Bilder aus dem Leben des Preußenkönigs fast hundert Jahre später malte. Alles verklärend und deutlich verschönend, damit es nicht nur den Leuten, sondern auch dem Haus Hohenzollern gefalle. Was ich von den Augenzeugen damals las, klingt nicht so hochkultiviert. In Wirklichkeit soll Friedrich bei Tisch recht unmanierliche Gewohnheiten gehabt haben. Beim Essen bediente er sich nicht der Messer und Gabeln, die da lagen. Er aß meist mit den Fingern, trank die Suppe gierig mit dem Mund. Das Fleisch für seine Lieblingshunde, die mit zum Diner geladen waren, legte er mit den Fingern vom Teller direkt auf das Tischtuch zum Abkühlen. Dadurch wurde natürlich der ganze Tisch fleckig, und weil er in seiner Erregtheit auch Wein und Wasser verschüttete, dazwischen tief in die Schnupftabaksdose griff, sich also auch schneuzen mußte, sollte man sich nach solchen Sitzungen seinen Platz eher wie ein unaufgeräumtes Schlachtfeld der Speiselust vorstellen.

Er aß übrigens viel, unmäßig viel, und sehr hastig, ohne deswegen dick zu werden. Er aß vorwiegend Mehl- und Käsespeisen, Schinken, Sauerkohl, Pasteten, Polenta und ließ dies alles ganz unmäßig würzen, was ihm die Magenbeschwerden einbrachte. Wenn er Kaffee trank, pflegte er sich einen Teelöffel voll weißen Senf in den Kaffee zu schlagen. Er meinte, der Senf sei gut gegen Schlaganfall. Daß er dauernd spanischen

Schnupftabak nicht nur zu sich nahm, sondern auch um sich herum verstreute, ist bekannt. Der König privat, Junggesellen-marotten. Bitte, da hast du den Menschen. Ist es der Rede wert?

Bemerkenswerter ist seine Lebensform. Ich möchte sie origi-nell, weil beweglich und starr zugleich in der Struktur, nennen. So etwas wie einen Hof hat Friedrich ja nie geführt. Er haßte diese Institution, die aus Menschen erst Könige macht. Ein Kö-nig ohne Hof ist wie ein Schriftsteller ohne Leser – nicht vor-handen. Er führte statt dessen das Leben eines Reisekönigs. Immer war er unterwegs, eine ruhelose Natur. Immer wieder war er woanders, aber nur in seinem Preußen und hier nach bemerkenswert pünktlichem Fahrplan. Sein Jahreszyklus sah so aus:

Kurz vor Weihnachten, wenn die Karnevalszeit begann, die man auch damals schon in Preußen feierte, begab er sich von Potsdam nach Berlin. Der Aufzug, in dem das geschah, muß nicht ganz ohne Exotik gewesen sein. Zu den Marotten dieses sparsamen Preußen gehörte unter anderem seine ausschweifen-de Liebe zu kostbaren, brillantengeschmückten Tabaksdosen. Hunderte dieser glänzenden Golddosen ließ er sich richten und spielte mit ihnen, sie abtastend, sie streichelnd, wenn er allein war. Wer will, mag darin, genau wie in seiner Passion für Flö-ten, Sexualsymbolik sehen. Irgendwohin mußte ja seine Trieb-dynamik sich sublimieren. Das komische ist nicht dies, sondern der Fetischcharakter seiner Dosen.

Überall in die Schlacht nahm er sie mit. Und wenn er jetzt nach Berlin zum Karneval aufbrach, konnte es geschehen, daß eine beträchtliche Kollektion dieser Dosen, in zwei Kästen lie-bevoll verstaut, von einem arabischen Kamel oder Dromedar von Potsdam langsam zum Stadtschloß Berlin geschaukelt wur-de. Dieser Anblick belebt unser hochmoralisches Bild vom spartanischen Preußenkönig.

Hier in Berlin absolvierte er dann in gut vier Wochen alle gesellschaftlichen Pflichten, die ein König erfüllen muß. Er ver-weigerte sich nicht der Gesellschaft, er drückte die albernen Veranstaltungen nur auf wenige Wochen zusammen. Er gab Redouten, Bälle, Gastmähler, Empfänge. Ich stelle ihn mir da-bei etwas steif, sehr förmlich, aber von ausgesuchter Artigkeit vor. Den Zug von Zynismus um seine Mundwinkel bemerkten nur wenige. Längst war er ein stummer Menschenverächter ge-worden. Vormittags besuchte er die Wachparade, abends ging er gern in die Oper, die Knobelsdorff gebaut hatte. Berlin, Unter den Linden: Beide Gebäude liegen sich gegenüber. Gleich nach seinem Geburtstag, am 24. Januar, verließ er Berlin, fluchtartig. Er liebte die Stadt nicht. Seine Heimat war Potsdam, wo er im Winter im Stadtschloß wohnte, dort, wo jetzt unser fortschrittliches Interhotel steht.

Mit Frühlingsbeginn, also Ende März, siedelte er regelmäßig nach Sanssouci über, wo er sich neben der Freude an seinen Windspielen auch etwas gärtnerisch interessiert zeigte: Ob denn die Kirschen schon in saftigem Rot stünden in den Gewächshäusern? Mitte Mai begann dann seine Lieblingsbeschäftigung. Jetzt brach der Reisekönig auf zu seinen berühmten »Revuen«. Er fuhr kreuz und quer durch Preußen, um seine Regimenter, Garnisonen, aber auch Staatsdomänen zu besichtigen. Große Inspektion sozusagen. Er fuhr in seiner langen Regierungszeit immer die eine alte Kutsche, die, wenn sie Defekte zeigte, nachts repariert werden mußte. Hier war er nun wieder extrem sparsam. Im Unterschied zu uns Konsumbürgern war er der Meinung, ein Fahrzeug reiche fürs Leben. Sein Wagen war mit zwölf Bauernpferden bespannt. Damit legte er täglich zwanzig bis fünfundzwanzig deutsche Meilen zurück. Ihm folgten zwei Pagen zu Pferd. Er übernachtete meist in Privatquartieren, oft bei Dorfpastoren. Er zahlte den geistlichen Herren fürs Zimmer mit Bett hundert Taler, was ich bei seiner Verachtung der Klerisei als ausgesprochen großzügig empfinde.

Auch diese Revuen hatten ihre festen Termine. Mitte Mai begann die erste in Potsdam, am 20. Mai die in Berlin, Ende Mai die in Magdeburg, Anfang Juni inspizierte er seine Truppen in Küstrin, in Stargard, danach die in Ostpreußen. Den Juli verbrachte er wieder in Potsdam, jetzt aber vorwiegend im Neuen Palais, das er sich nach dem Zweiten Schlesischen Krieg hatte bauen lassen, um der Welt zu zeigen: Der König von Preußen ist nicht bankrott. Der kann noch weitere Kriege durchhalten. Ich vermute aber auch noch ein privates Motiv. Hier im weitläufigen Park von Sanssouci, eineinhalb Kilometer entfernt von seinem Privatrefugium, konnte er die vielen Besucher empfangen und sich vom Leib halten, die unvermeidlich waren. Selbst königliche Junggesellen hatten Familienpflichten. Irgendeine Tante oder Schwester, ein Großneffe, eine ältere Base, die vielleicht in Braunschweig Prinzessin war, mußten abgespeist werden. Das geschah im Neuen Palais – per Distanz.

Mitte August ging er dann wieder auf Reisen. Jetzt begannen die Revuen in Schlesien, das ihm ja nun seit dem Frieden von Hubertusburg 1763 mit Brief und Siegel gehörte. Am 20. August inspizierte er immer in Neiße, am 25. in Breslau. Anfang September kehrte er wieder nach Sanssouci zurück. Jetzt war das Spalierobst reif. Anfang Oktober begannen die großen Herbstmanöver in Potsdam. Im November kehrte er ins Stadtschloß zurück, um dann, vier Wochen später, wieder die Runde im Berliner Karneval zu beginnen. Ich frage noch einmal: Was bringt's? Ein fleißiger, beweglicher, etwas pedantischer Landesvater war er geworden. Anders als sein Vater, aber doch so ganz unähnlich ihm nicht.

Das zeigte vor allem sein Regierungsstil. Der war ganz unverändert despotisch. Er regierte streng autokratisch. Er kümmerte sich um alles. Seine Beamten mußten ihm auch den geringsten Vorgang vorlegen. Er regierte souverän aus dem Kabinett. Mit seinen Ministern pflegte er wie mit Lakaien umzugehen. Hierin war er ganz der Vater. Er nannte sie Esel, Windbeutel, Erzspitzbuben, Betrüger und behandelte sie auch so: miserabel. Ich bin äußerst skeptisch in Schuldzuweisungen, aber wenn nach den historischen Wurzeln antidemokratischer Traditionen in Deutschland gefragt wird: Hier unter anderen liegen sie. Der Gesandte Englands, der Friedrichs Kabinettstil beobachtete, prägte den schönen Satz: »Lieber Affe in Borneo sein, als Minister in Preußen!« Die Berichte der Minister mußten deutlich und kurz abgefaßt sein und so eng geschrieben, daß immer die eine Hälfte des Aktenbogens frei blieb für die königliche Entscheidung.

Auf diese Weise sind uns Friedrichs Randnotizen und Aktenvermerke überkommen. Ihr Sarkasmus, ihre Grobheit, aber auch ihr gelegentlicher Witz sind berühmt. So war er nun geworden, der alternde König: ein strenger Landesvater, geizig und gallig, manchmal schon komisch in seinem drastischen Spott. Die Witwe eines Feldproviant-Kommissars hatte um Unterstützung gebeten. Friedrichs Randbemerkung: »Ich habe den Esel an die Krippe gebunden gehabt – warum hat er nicht gefressen?« Ein Pastor bat um Gehaltszulage. Friedrich: »Die Apostel haben gar kein Gehalt gehabt. Der Priester ihr Reich ist nicht von dieser Welt!« Ein Buchhändler aus Königsberg, der um den Kommerzienratstitel ersuchte, bekam die gescheite Absage des Königs: »Buchhändler – das ist ein honetter Titel!« Auf den Rand eines Beförderungsgesuchs wegen langjähriger

Dienstzeit eines Beamten schrieb er: »Ich habe einen Haufen alter Maulesel im Stall, die lang den Dienst machen, aber nicht, daß sie deswegen Stallmeister werden!«

Marginalien, Anekdoten, Aperçus – so ganz froh macht mich ihr Witz nicht. Sie verschieben mir das Bild zu sehr zum gemütlichen Landesvater, wie es dann im 19. Jahrhundert von der deutschnationalen Geschichtsschreibung verharmlost wurde. Franz Kuglers ›Geschichte Friedrichs des Großen‹ ist so ein vaterländischer Schmarren. Ein Bestsellererfolg ohnegleichen. Bedenkenswert, daß der gedruckte Schwachsinn die Lesermassen fasziniert. Ich erspare mir Beispiele aus unseren Tagen. Es ist nur so nach meiner Erfahrung: Je dümmer der Schriftsteller, um so größer sein Massenerfolg.

Der König persönlich? Ich meine, die komplizierte Struktur seiner Menschlichkeit kann man eigentlich nur an einem Fall vorführen, an seiner Beziehung zu Voltaire. Sie hat uns seit seinen frühen Tagen in Rheinsberg begleitet. Mit ihr soll diese Nahaufnahme auch enden. Um es vorweg auf eine Formel zu bringen: Eine wirkliche Freundschaft ist diese Beziehung beider Männer nie gewesen. Ich möchte sie die komödiantische Beziehungsgeschichte zweier Superstars nennen, die nicht müde wurden, sich gegenseitig zu preisen und dann wieder zu beschimpfen. Einer nützte immer den anderen aus. Und der, der sich gerade mißbraucht fühlte, empörte sich dann, um den anderen kräftig zu schröpfen.

Friedrich wollte von Voltaire nichts als Kultur. Er bewunderte ihn, er verehrte ihn abgöttisch als den Gipfel des französischen Geistes, den er immer zu erklimmen versuchte, aber nicht schaffte. Voltaire war ja auch als eine Art Sprachlehrer und Poesie-Aufmöbler von Friedrich für Friedrich engagiert worden. Voltaire seinerseits war da viel ungeistiger. Er suchte Ansehen, Ruhm, Geld, Macht in Potsdam. Daß er daneben auch ein bißchen spionierte für Frankreich, komplettiert nur sein Interessenbild. Welch eine Überkreuzung im Beziehungssystem: Friedrich war als Musensohn unten und wollte immer zu den Gipfeln Voltaires. Voltaire war auf dem Planquadrat der politischen Macht ganz unten und wollte nun hoch zum König. Das konnte nur böse enden, aber hübsch liest es sich doch, wie beide ihre Komödie spielten, die hieß: Ich liebe dich, ich hasse dich! Ein großer Opernstoff – wer wird ihn texten?

Zwölf Jahre lang hatten sie zuvor korrespondiert, bis sich dann Voltaire endlich auf Drängen des Königs 1750 in Potsdam niederließ. Das erste Jahr muß reines Honigschlecken gewesen sein. Der sparsame Preußenkönig überschüttete den Philosophen mit Gunstbeweisen. Er gibt ihm den Titel eines Kammerherrn und den Orden Pour le mérite; er gewährt ihm einen Ehrensold von 5000 Talern jährlich, zudem Kost und Logis frei in Sanssouci. Eine Equipage dazu. Daß Voltaire zugleich dem König eine phantastische Spesenrechnung für seine Anreise nach Potsdam unterbreitet, schluckt Friedrich: Der feine Mann schweigt und zahlt. Natürlich ist Voltaire zunächst begeistert. Er schreibt nach Paris: »Ich komme in Potsdam an, die großen blauen Augen des Königs, sein holdseliges Lächeln, seine Sirenenstimme, seine fünf Schlachten, sein ausgesprochenes Gefallen an Zurückgezogenheit und der Arbeit an Versen und Prosa. Freundlichkeiten, um den Kopf schwindeln zu machen. Eine erlesene Unterhaltungsgabe. Im Verkehr volles Vergessen der Majestät: tausend Aufmerksamkeiten, die schon von seiten eines Privatmannes bestricken würden!«

Natürlich konnte so viel Hochstimmung nicht dauern. Beide waren sich auch zu ähnlich. In Spott und Selbstbezogenheit, in Ehrgeiz und Zynismus – wer übertraf da wen? Es gab erste Spannungen. Voltaire beginnt, sich in schnöder Gewinnsucht in dunkle Geldgeschichten zu verwickeln. Auch intrigiert er schon an der Berliner Akademie der Wissenschaften gegen königliche Entscheidungen. Im zweiten Jahr sieht Voltaire seine Lage am Potsdamer Hof bereits wesentlich ernüchtert. »Ich werde mir zu meiner Belehrung ein kleines Wörterbuch für Könige zusammenstellen«, schreibt er an seine Nichte. »Mein Freund« heißt: »Mein Sklave.« – »Mein lieber Freund« heißt: »Du bist mir mehr als gleichgültig!« – »Ich werde Sie glücklich machen« bedeutet: »Ich werde Sie dulden, solange ich Sie brauche.« – »Speisen Sie heute abend mit mir?« heißt: »Ich werde Sie heute abend zum besten halten.«

Noch ein Jahr später war der große Krach da. Es war in Berlin eine anonyme Schmähschrift über das Privatleben des Preußenkönigs erschienen. Das waren diese Anekdoten mit dem Kavalierstaschentuch. Friedrich habe es nach der Mittagsrunde öfter seinen jungen Offizieren und Pagen zugeworfen. Wer es zuerst ergriff, habe dann mit dem König ein Stündchen privat verbringen dürfen. Wie immer dem auch gewesen sein mag – es war auf jeden Fall ein infamer Vertrauensbruch des Gastes. Voltaire hat die Urheberschaft lange abgestritten. Sie gilt aber heute, durch Linguisten erforscht, als sicher. Wie immer in solchen kritischen Fällen, reagiert Friedrich mit überraschender Ruhe, sehr kühl, beinah kalt, als könne ihn ein solches Pamphlet kaum betreffen. Er hat auch seinen Verkauf im Berliner Buchhandel nicht unterbunden. Nur als Voltaire dann, schon abgereist aus Potsdam, auch noch ein Poesiebüchlein mitgenommen hatte, das Friedrichs Privatlyrik für Voltaire persönlich zum Inhalt hatte, reagierte der König gereizt. Er ließ Voltaire in Frankfurt am Main festsetzen, bis dieser den Privatdruck herausrückte.

Das merkwürdige ist: Beide kamen trotzdem nie voneinander los. Noch vierundzwanzig Jahre hält der Briefwechsel an. Nie hat Friedrich aufgehört, in Voltaire das Genie des Jahrhunderts zu bewundern. Nach Voltaires Tod hält Friedrich eine Gedenkrede in geradezu ekstatischem Ton. »Göttlicher Voltaire – bitte für uns!« betet er.

Also, was bringt's? Der König hatte ein unbestechliches Qualitätsgefühl für Ränge, für oben und unten. Nie hat er in Zweifel gezogen, daß »der Große« nicht er, sondern Voltaire war. Das muß man auch sehen: Der Eroberer von Schlesien und Westpreußen hatte einen Traum, lebenslänglich. Er wäre gern ein Voltaire gewesen.

Ein Denkmal von unten betrachtet

Zum Schluß unserer Reise sind wir ihm dann begegnet: riesengroß, majestätisch. Unter den Linden in Ost-Berlin, dort steht er nun wieder und reitet – für wen eigentlich? Früher ist er für die Hohenzollern geritten, für Kaiser und Reich, das versteht sich. Dann, in der Weimarer Republik, für Hindenburg und sein Preußen und unter Hitler für Deutschlands Untergang. Auch dies ist gesichert. Jetzt reitet er also für Honecker und Genossen, für den Aufbau des Sozialismus und den der DDR – darf man es so sehen? Denkmäler, jedenfalls unsere in Deutschland, sind ungemein praktisch. Man kann sie als Mehrzweckbauten zur deutschen Geschichte einstufen. Merkwürdig, der König von Preußen ist so unbeliebt überall. Aber als Vorspann und Ackergaul für die eigenen Interessen, da wollen sie ihn alle haben: Kommunisten genau wie Faschisten. Mindestens das spricht für seinen Rang.

Irgend etwas stimmt nicht, hatte ich in Potsdam gesagt. Hier in Berlin, Berlin-Ost, meine ich, kann man das so nicht sagen. Die Machtergreifung des Kommunismus wirkt überzeugender, fortgeschrittener. Schwer zu erklären warum. Ob es daran liegt, daß in Berlin-Mitte schon immer die Zentrale der Macht war? Die Schaltstelle deutscher Politik war rund um die Wilhelmstraße angesiedelt. Alle Faustpfänder des früheren Reichs sind hier fest in kommunistischer Hand. Sicher ist auch Ästhetisches im Spiel. Diese eineinhalb Kilometer Unter den Linden, zwischen dem Brandenburger Tor und der Museumsinsel, sind schönstes Preußen. Reiner Klassizismus empfängt. Die Staatsbibliothek und das Alte Palais, die Humboldt-Universität, die Staatsoper von Knobelsdorff, dahinter die Hedwigs-Kathedrale, Friedrichs Vision vom Pantheon in Rom: Ein Ensemble ist zusammengetreten von historischem Stil. Das war einmal bestes Preußen, original und sehr schön.

Am zweiten Tag unseres Aufenthalts in der Hauptstadt der DDR sind wir dann zu ihm gegangen. Es war kühl, ziemlich zugig. Ein unfreundlicher Wind fegte durch die Dorotheenstraße, als wir auf ihn zustrebten. Da steht er nun wieder, wie wenn nie etwas gewesen wäre. Ich kenne den Platz noch aus meiner Jugend, als ich hier studierte. Damals vor vierzig Jahren habe ich ihn nie betrachtet. Er interessierte mich nicht. Ich ging einfach vorbei. Er gehörte den Nazis, nicht mir.

Erst jetzt, jetzt nach dieser langen, merkwürdigen Reise auf den Spuren des Königs durch die DDR, sehe ich ihn zum erstenmal wirklich genau und mit den Augen neugieriger Kennerschaft. Das hat also nun Christian Rauch aus ihm gemacht? Hoch zu Roß sitzt der König im Hermelinmantel und mit seinem Dreispitz. Sein rechter Arm, an dem sein gefürchteter Krückstock hängt, ist in die Hüfte gestemmt. Und deutlich unter ihm tummeln sich all die Prinzen und Generäle, die wir inzwischen kennen, flüchtig. Der König reitet übrigens, wie früher, gen Osten. Will er nach Schlesien? Soll er in Polen, diesem Lande der »glücklichen Anarchie«, wie er es schon damals bezeichnete, endlich Ordnung schaffen?

Wenn man längere Zeit vor dem Monument bleibt, macht man wieder eine andere Erfahrung. Der König wirkt doch fremd, ziemlich exotisch in diesem neuen Staat. Er paßt nicht so recht in diese öde Gleichmacherei, Kommunismus genannt. Er ragt deutlich heraus, souverän. Wenn man genau hinsieht, merkt man auch, wie lieblos sie diesen schweren Block hier hingeklotzt haben. Ungepflegt sieht das Monument aus. Man sieht so viel Schmutz und Staub und Rost in den Ritzen. Niemand hat ihn auf Hochglanz gebracht. Der wird wohl noch kommen? Im Sozialismus ist alles Geheimnis. Man kann es nicht wissen.

Es stehen Fremde herum und staunen nach oben. Touristengruppen kommen mit Führung. Alle blicken etwas ratlos zu ihm hoch. Der amtliche Führer der einen Gruppe, neben der ich stand, schien mir auch sprachlos. Was er sagte, war banal. Daß er nun hier wieder stehe, daß er früher schon immer hier stand, dann aber in Potsdam war, bis man ihn jetzt wieder zurückgeholt habe. Warum und wieso und unter welchem ideologischen Aspekt im Rahmen des Marxismus-Leninismus wurde den fragenden Fremden nicht beschieden. Auch bei der Aussprache seines Namens schien der Führer Mühe zu haben. Die strenge Art, wie er immer »Friedrich II.« sagte, fiel auf. Eine Frau aus der Gruppe sagte einmal: Friedrich der Große. Der Führer überhörte das. Er stellte sich taub. Ich hatte den Eindruck, daß er ideologisch noch nicht ganz auf der Höhe der maßgeblichen Sprachregelung war. Wie leicht kann man sich in der DDR versprechen?

Mir aber ging etwas ganz anderes durch den Kopf. Wenn einer so hoch und stolz situiert ist, wie hier jetzt der König, dann sieht er doch ziemlich viel. Sein Blick geht weit bis zum Dom. Und wenn er sich umdrehen würde, könnte er sehr deutlich und goldglänzend die Siegessäule sehen im Westen. Was würde er sagen zu diesen zwei Deutschlands? Ich will das nicht lange ausspinnen. Es war nur so eine Idee von mir, ganz unhistorisch, reines Literatenlatein, nicht wirklich ernst zu nehmen. Das meiste würde er nicht mehr begreifen, da bin ich sicher.

Wenn er zum Beispiel in West-Berlin die Hausbesetzerszene jetzt sähe, die fliegenden Pflastersteine, die zertrümmerten Schaufenster am Kurfürstendamm – ich glaube, er würde einfach eine Schwadron Gardes du Corps anrücken lassen und alles zusammenkartätschen. Ein Staat, der die Anarchie duldet, würde er sagen, geht kaputt. Ihr seid ja schon mitten im Untergang, ihr im Westen, würde er wettern. Merkt ihr das nicht? Er war tatsächlich stockreaktionär geworden in seinem Alter. Ach, sein geliebtes Frankreich! Als sich dort statt Poesie die Französische Revolution zusammenbraute, hat er das Land einfach nicht mehr zur Kenntnis genommen. Er zog sich nach Sanssouci in sein Idyll zurück. In seinem Alter war er schon eine überlebte Figur. Er paßte nicht mehr in die neue Epoche, die eben heraufzog. Demokratie war ihm ein Greuel. Auch deswegen ist er zum Schluß so einsam gewesen. Es war niemand mehr da aus seiner Jugend im Rokoko.

Und wenn er nach vorne blickte? Er würde dann genau auf die Königliche Wache sehen, Schinkels schönstes Haus, heute »Die neue Wache« genannt. Was sehe ich? Was geschieht? Dies ist kein Traum, kein Spiel meiner Phantasie wie jenes, als ich den König sterben sah in Sanssouci. Es ist zwölf Uhr mittags, helle Gegenwart. Wir stehen Unter den Linden unter dem König – was geschieht? Das alte Preußenspiel, Wachablösung genannt, beginnt. Mit klingendem Spiel und eisernem Stechschritt kommt die Nationale Volksarmee, ich meine: ein Zug von ihr. Ei, wie sie das können, die roten Preußen, die doch wohl eher verkappte Sachsen sind? Es knallen die Hakken. Das Knie steif durchgedrückt, fliegen die langen Beine wie Eisenstangen zur Schulterhöhe. Der Stahlhelm, das Gewehr über, der graue Rock, den man hier immer noch Ehrenkleid der Nation nennt, nicht Sterbekittel, dazu Militärmusik, zackig und straff ein Marsch, ein Paradeakt, der in die Knochen fährt. Sagt man nicht so?

Ich bin ziemlich sicher: Ihm würde das gefallen. Nicht nur die Nationale Volksarmee, überhaupt die Zucht und Ordnung in der DDR, das würde er gut finden. Macht nur so weiter, würde er sagen. So macht man Staaten: mit viel Soldaten, viel Polizei, einem braven Beamtenheer und soliden Militärallianzen. Eure mit Rußland ist so übel nicht. Schade, daß mir nie so eine Allianz mit dem Zaren gelang. Das eiserne Regiment der Sowjets wäre ihm nicht fremd. Nach Spandau auf Festung schicken, nach Bautzen ins Zuchthaus, wegen Republikflucht zum Beispiel, ihm wäre das vertraut. Das war sein Stil, seine Art. Auch die Mauer würde er hinnehmen. Staatsräson würde er sagen. Der Staat und die Pflicht – die machen Geschichte.

Aber das wär's dann wohl auch? Wenn er genauer hinsähe, wenn er zum Beispiel die Lage der Schriftsteller hier überblickte – er war doch ein Literat und die Literatur immer sein Traum –, ich vermute, so würde er abwinken. Wo kommen wir hin, wenn irgendwelche Federfuchser, Kanaillen in den Ministerien, über Literatur und Poesie entscheiden? Esel würde er die Kulturbürokraten hier nennen. Heil'ger Voltaire, bitte für uns! Tu etwas für die Freiheit des Geistes in der DDR! würde er beten. Tatsächlich war ja sein Preußen, wenigstens was Bücher anlangt, ein Hort der Freiheit und Toleranz. Es sollte jeder nach seiner eigenen Fasson selig werden. Versuch das doch mal unter Kommunisten!

Von der deutschen Literatur seiner Zeit verstand er so gut wie nichts. Aber er schrieb auch den klassischen Satz: »Was hätte ich Besseres tun können für die deutschen Schriftsteller, als sie ungestört ihre eigenen Wege gehen zu lassen?« Warum tut ihr das nicht? würde er wettern. Ihr wollt meine Nachfahren sein? Ihr seid ja schlimmer als die verfluchte Klerisei, dieses Priestergesindel! Ihr führt ja die heilige Inquisition wieder ein. Nein, nein, nein! würde er ausrufen. Damit hat der König von Preußen nichts gemein!

Nun ja, nun gut. Nun sollte man auch wieder runterkommen vom hohen Sockel. Wir räumen das Denkmal jetzt ab. Wir werden ganz klein. Wir saßen dann später beim Abendessen. Es war im Hotel »Metropol« am S-Bahnhof Friedrichstraße. Ein vorzügliches Haus, muß ich sagen, auf DM-Basis. »Valuta-Hotel« wird dieser jüngste Trick der DDR genannt.

Da fragtest du plötzlich: Was bleibt? Was ist denn deine eigene Erkenntnis aus dieser langen Friedrich-Reise? Ich sagte: nichts Neues! Ich wußte das schon. Ich habe es hier nur wieder einmal bestätigt gefunden. Je älter ich werde, desto mehr interessiere ich mich für die Frage, was Politik eigentlich sei. In seinem Leben habe ich es wieder gesehen: Politik ist ein hartes, ein kaltes, ein einsames Geschäft. Unglaublich zäh muß man sein. Klug und willensstark, wie er. Ich glaube, es ist der Wille zuletzt, der die Schicksale der Völker bewegt. Von Küstrin bis Kunersdorf – lauter Niederlagen! Und doch, und doch: Sein Wille war immer noch etwas stärker gewesen.

Goethe in Weimar
Bilder aus Thüringen

Das Glück zunächst

Das Haus ist schön. Noch heute steht es wie ein deutscher Dichtertraum damals: einsam, idyllisch, tief im Grünen verborgen. Obwohl nur zweistöckig, wirkt es mit den hochkletternden Holzspalieren, mit seinem spitzen Steildach merkwürdig hochgereckt, fast gotisch. Ein schmaler, freundlicher Garten drumrum: Büsche, Kräuter, Blumen. Sah hier ein Knab' ein Röslein stehn?

Nach vorn öffnet sich eine Tallandschaft. Wiesen, die dann in einen weitläufigen, nur mäßig gepflegten Park übergehen. Das Idyll wäre nicht vollkommen, wenn man nicht auch, etwas entfernt, einen Bach rauschen hörte. Das ist die Ilm. Und jedermann weiß jetzt, wovon ich spreche. Ich spreche von seinem Gartenhaus draußen im Park. Hier schließlich hat das begonnen, wovon ich erzählen will.

Natürlich. Weimar hat Wichtigeres, Repräsentativeres zu bieten. Mir ist trotzdem dieses einsame Gartenhaus im Grünen die schönste Erinnerung geblieben. Noch ist alles intim und privat. Es ist, als wäre hier das Glück des Anfangs stehengeblieben. Das Glück hieß: Natur, du große Urmutter Natur, ich bin jetzt bei dir. Ich fühle dich und bringe dich zur Sprache. Ich habe den neuen Ton im Gemüt und auf den Lippen: »Füllest wieder's liebe Tal / Still im Nebelglanz, / Lösest endlich auch einmal / Meine Seele ganz.«

Drinnen eine andere Erfahrung. Alles ist klein, eng, unglaublich karg. Das Mobiliar fast ärmlich. Wenn man bedenkt, aus welchem wohlhabenden Großbürgerhaus in Frankfurt am Main er kam, so stellt sich sofort die Frage: Warum? Warum ist er eigentlich in diese kleinen Verhältnisse gegangen? Im Erdgeschoß ein bescheidenes Eßzimmer, eine Küche. Oben ist sein Arbeitszimmer auch nicht viel mehr. Eine Bank, ein Stuhl, ein kahler Holztisch, ein Eisenofen, zylindrisch. Vorn am Fenster ein dunkelbraunes Stehpult mit einem wunderlichen Hocker davor. Es ist ein sattelartiger Reitsitz, lederbezogen. Er diente offenbar zum Hocken, wenn man ermüdet war. Damals schrieb man ja meist im Stehen: Die Kultur der Kontore und Kanzleien war eine Stehkultur. Im Schlafzimmer nebenan ist das schmale, graue Feldbett zu erwähnen, das er auf Reisen gern mitnahm. Hier also schlief der Liebende, der große Erotiker und Frauenfreund unserer Literatur? Ich komme darauf noch zurück. Einstweilen registriere ich nur: Auf solcher Schlafstatt waren nur bescheidene Bettfreuden möglich, rein technisch.

Und doch: Er muß unendlich glücklich gewesen sein, als er das damals noch halbverfallene Haus bezog, übrigens als Junggeselle. Das ist im April 1776 gewesen. Etwas selig Verzaubertes klingt aus seinen Aufzeichnungen aus diesen Tagen. »Es geht gegen elf«, schreibt er an die Gräfin Stolberg. »Ich habe noch gegessen und einen englischen Garten gezeichnet. Es ist eine herrliche Empfindung, draußen im Felde allein zu sitzen. Alles ist so still. Ich höre nur meine Uhr ticken und den Wind und das Wehr von ferne, ade, gute Nacht!« Des Nachts steht er manchmal auf, tritt an das Fenster, sieht die Wiesen vor sich, hört die Ilm rauschen, von weitem. Mühelos formen sich Verse, im Mondlicht geschrieben: »Breitest über mein Gefild / Lindernd deinen Blick, / Wie der Liebsten Auge mild / Über mein Geschick.«

Trotzdem wäre es falsch, diesen jungen Poeten, der da aus dem großen Frankfurt ins stille Thüringen kam, sich als romantischen Schwärmer vorzustellen. Keine Spur von Weltflucht – eine erstaunliche Angepaßtheit an die Gesellschaft fällt zunächst auf. Am Morgen geht er zu Fuß in die Stadt, macht eine Visite beim jungen Herzog, der ihn ja eingeladen hatte, geht dann zur Herzoginmutter, speist mittags bei einer älteren Hofdame, die gleich nebenan wohnt und in ihrer kultivierten Damenhaftigkeit auf den jungen Stürmer und Dränger merkwürdig anziehend wirkt. Zur Kaffeezeit sitzt er bei Wieland im Garten: Literatenlatein. Des Abends trifft er sich wieder mit dem Herzog, plaudert mit dem Achtzehnjährigen, trinkt mit ihm, erzählt Kollegenschicksale – wie Dichter meist schrecklich enden in Deutschland. Er nicht, das ist schon jetzt sicher. Er kennt das Tragische, aber weiß es auf Distanz zu halten. Erst um Mitternacht kehrt er zu Fuß allein in sein Haus zurück. Wieder fallen ihm Verse ein, Poesie, ein anderes Gedicht: »Ach, was soll der Mensch verlangen? / Ist es besser, ruhig bleiben? / Klammernd fest sich anzuhangen? / Ist es besser, sich zu treiben?«

Das, das genau war jetzt sein Problem und der Grund seines Glücks. Es war ihm endlich der Absprung gelungen. Man kann auch sagen: Ein Vogel kämpft sich aus dem Ei. Elternhaus,

Vaterstadt, Mutterbindung – lauter frühe Geborgenheiten, die ihm längst zur Fessel geworden waren. Dabei muß man bedenken, daß er kein Anfänger mehr war. Seine erste Genieperiode lag schon hinter ihm. Der ›Werther‹ und der ›Götz‹ hatten ihn längst berühmt gemacht. Schon gab es zwei Ausgaben seiner Gesammelten Werke, illegal. Ansätze zum ›Tasso‹, zur ›Iphigenie‹, sogar der ›Urfaust‹ lag schon in der Schublade, aber gedieh nicht weiter. Nichts kam mehr richtig voran. In den literarischen Salons war er schon der Held, das Genie der Epoche, und doch spürte er in der Tiefe: So geht es nicht weiter. Nichts wird mehr kommen, literarisch. Dein Leben wird dir mißraten, wenn du zu Hause in Frankfurt bleibst. »Was liegt nicht alles in mir«, hat Tasso später bewegt geklagt, »was könnte sich nicht alles entwickeln! Ich muß fort, in die freie Welt.« So war es. Das war jetzt sein Problem. 1775 ist das gewesen. Immer kann man seine Dichtungen in einer Schicht auch autobiographisch lesen. Sein Leben floß immer ein.

Später, aber das war erst im August 1781, als er in Weimar längst fest im Sattel saß, hat er es seiner Mutter in einem Brief nach Frankfurt so erklärt: »Sie erinnern sich der letzten Zeiten, die ich bei Ihnen, eh' ich hierher ging, zubrachte? Unter solchen fortwährenden Umständen würde ich gewiß zugrunde gegangen sein. Das Unverhältnis des engen und langsam bewegten bürgerlichen Kreises zu der Weite und Geschwindigkeit meines Wesens hätte mich rasend gemacht. Bei der lebhaften Einbildung und Ahnung menschlicher Dinge wäre ich doch immer unbekannt mit der Welt und in einer ewigen Kindheit geblieben.«

Deshalb also ist er aus Frankfurt nach Weimar gekommen. Es war ein Abnabelungsprozeß; ein Reifungsschritt war zu leisten. Er mußte langsam erwachsen werden. Das war nur anderswo, draußen in der Welt möglich. Immerhin war er schon siebenundzwanzig. Er ist ja zeitlebens ein Spätentwickler geblieben.

Ankunft

Gestern abend gegen sechs sind wir hier eingetroffen. Es war schon dunkel. Vom Grenzübergang Herleshausen-Wartha ist mir nur noch der Satz des Zollbeamten in Erinnerung, der bei der Einreise unser Gepäck und Auto kontrollierte. Solche Sätze sind unvergeßlich für mich. So haargenau auf der Grenzlinie zwischen Hessen und Thüringen gesprochen, kommt ihnen sozusagen nationaler Rang zu. Hat nicht schon Heinrich Heine ähnliches in seinen Reisebildern beschrieben? Ich zitiere jetzt wörtlich. Der Grenzer fragte uns leicht sächselnd: »Führen Sie Waffen, Funkgeräte, Literatur mit sich?«

Ich war etwas verdutzt, der Zusammenstellung wegen, aber im Grunde hatte er ja recht: Wer in diesen Staat Literatur einführt, führt Waffen mit sich, Waffen im Klassenkampf, versteht sich, Explosionsgefahr vom Papier. Bücher können wie Bomben wirken. Warum sonst hätte man hier so viele Schriftsteller in die Emigration getrieben? Daß Schreiben ein ernstes Geschäft ist, ist eine beglückende Berufserfahrung, die man hier an dieser Grenze macht. Was sind wir schon im Westen? Lauter Literaten, die die Toleranz und Liberalität des Westens eher vergrämt, manche sogar mit Wut, ja, Haß erfüllt. Freiheit, wahrlich, ist ein mühselig Ding für Poeten.

Wir sind hier in Weimar im Hotel »Elephant« untergebracht. Schon immer wurde der historische Gasthof von Reisenden kultivierter Art bevorzugt. Grillparzer, der österreichische Dichter, soll das Hotel als das Vorzimmer zu Weimars lebender »Walhalla« bezeichnet haben. Im Prospekt dieses vorzüglichen Dreisternehauses ist nachzulesen, daß so ruhmvolle Geister wie Lucas Cranach, Bach, Franz Liszt, Richard Wagner, Tolstoi, Thomas Mann, Erwin Strittmatter, ja sogar Lilli Palmer abstiegen. Daß auch Adolf Hitler und seine braunen Gesellen hier wohnten, sich sehr zu Hause fühlten, hat der Prospekt vergessen. Ich füge es nur der Ordnung halber hinzu. Weimar war gerade unter Hitler ein Wallfahrtsort ersten Ranges. Festspiele der deutschen Innerlichkeit wogten hier. Die völkische Seele, gebläht im Sturm arischer Erweckung: Deutschland erwache! Mein Gott, ist das lange her!

Ja, Lilli Palmer, der Hotel-Prospekt hat schon recht. Nicht Thomas Manns berühmter Roman ›Lotte in Weimar‹ – erst dessen Verfilmung in einer ganz passablen DDR-Produktion mit Lilli Palmer hat dieses Haus unter den Deutschen wirklich populär gemacht. Sein Inhalt ist historisch. Im Jahre 1816 hat sich das tatsächlich ereignet. Das Lottchen Buff aus Wetzlar, jenes anmutig schöne Kind, in das sich der junge Werther so verliebte, daß er sich, unerfüllt in der Leidenschaft, schließlich erschießen mußte, kommt als ältere Dame, als verheiratete Kestner, sechzigjährig nach Weimar, um den glühenden Freund der Jugend zu besuchen, der immerhin jetzt siebenundsechzig ist, außerdem weltberühmt und schon ziemlich erstarrt. Welch eine Konstellation für Erzähler!

Aber was ist der Inhalt? Die Form ist das wichtigste. Wie das einsetzt bei Thomas Mann: in großer epischer Form, schön maniert, in der Sprache ironisch-historisierend: »Mit der ordinären Post von Gotha trafen an diesem Tage, morgens kurz nach acht, drei Frauenzimmer vor dem renommierten Hause am Markte ein, denen auf den ersten Blick – und auch auf den zweiten Blick noch – nichts Sonderliches anzumerken war.« Und es wird dann auf das amüsanteste von jenem Faktotum des Hauses, halb Kellner, halb Empfangschef, erzählt, der Mager heißt, aber förmlich platzt vor Diensteifer und literarischer Beflissenheit. Das Bild einer waschechten Provinzseele aus dem Weimar von damals ist Thomas Mann hier gelungen. Er gerät langsam in strahlendes Staunen, als er den Meldezettel überfliegt, den die ältere Dame an der Rezeption eben ausgefüllt hat. Er liest: »Hofräthin Witwe Charlotte Kestner, geb. Buff, von Hannover, letzter Aufenthalt Goslar, geboren am 11. Januar 1753 zu Wetzlar, nebst Tochter und Bedienung.«

Und man weiß schließlich, auch aus dem Roman und auch aus dem Film, daß nämlich Kellner Mager, der sich, leicht sächselnd, als »Mahcher« vorstellt, nun wie vom Schlag gerührt, nur noch auf dem Bauch liegt, kratzfüßelnd nur noch stammeln kann: »Du liebe Zeit, Frau Hofräthin! Frau Hofräthin mögen verzeihen ... Das Haus hat also die Ehre und die unschätzbare Auszeichnung, die wahre und wirkliche, das Urbild, wenn ich mich so ausdrücken darf ... mit einem Wort: Es ist mir beschieden, vor Werthers Lotte ...«

Ich erwähne die Szene aus zwei Gründen. Erstens: Den Mager, den gibt's noch. Der steht immer noch an der Rezeption. Mit schwarzem Anzug, mager, etwas schütter nahm er uns auf das artigste in Empfang. Immer wieder kleine Bücklinge machend, bemühte er sich um unsere Zimmer, ließ bei meiner Anmeldeformel »Schriftsteller aus Frankfurt/Main« mit einem leisen, wissenden Lächeln mich spüren, daß er Gäste solcher Profession besonders zu schätzen wisse. »Literärisch gebildet« nannte das Thomas Mann. Ich aber dachte: Hat das sozialistische Kellnerkollektiv hier einen Schauspieler von der Defa aus Babelsberg gemietet? Ist der von dem Stasi? Fast möchte man es hoffen, wenn man an die vielen Fremden denkt, vor allem die aus dem Westen, die hier ein und aus gehen, unkontrolliert. Vertrauen ist gut, Kontrolle ist besser, hat Lenin entschieden.

Mein zweiter Grund ist als Warnung zu verstehen. Das historische Hotel »Elephant«, das wir alle zu kennen meinen, aus dem Roman, aus dem Film, das schöne alte Haus aus Goethes Zeit – das gibt's gar nicht mehr. Es sieht schon als Fassade so banal und durchschnittlich aus, daß wir am Marktplatz zweimal mit dem Auto vorbeifahren, ohne es überhaupt zu bemerken. Als wir beim drittenmal, direkt davorstehend, die Leute fragend, erfuhren: dies sei es, fiel mir der Glaube schwer. Das kann's doch nicht sein? So zerrinnen immer wieder Träume vor Ort.

Es handelt sich um ein glattes, mäßig modernes Haus, dreistöckig, mit einem Dachgeschoß darüber. Ich vermute, das haben die Nazis damals so hergerichtet. Es ist diese nüchtern-rechtwinklige Architektur der dreißiger Jahre zu erkennen, klassisch und deutsch zugleich. Albert-Speer-Stil: So baute man damals Postämter, Ministerien, Kasernen in »großer Zeit«. Niemand stört das hier. Es fällt nicht aus dem Rahmen. Es wirkt nur etwas langweilig, auch drinnen dann: die Flure, die Treppen, die Zimmer, nicht der Rede wert.

Das Haus am Frauenplan

Ich gehe jetzt einem anderen Problem nach. Ich frage: Warum ist er denn hiergeblieben, zeitlebens? Man muß sich das konkret vorstellen: Sechsundfünfzig Jahre hat er, von ein paar Reisejahren abgesehen, in diesem Provinznest ausgehalten. Das Weimar von heute ist auch nicht gerade die Welt, aber damals? Damals war es für einen freien Reichsstädter eigentlich das Letzte, ein armseliges Duodezfürstentum, das Sachsen-Weimar-Eisenach hieß, bettelarm, allerdings schon immer mit Musenhof. Man kann sich die Verhältnisse hier nicht kleinkariert genug vorstellen. Sechstausend Einwohner hatte die Residenz. Soviel Einwohner hatte damals schon Sachsenhausen bei Frankfurt am Main.

Mit Recht hatte ihn der Vater gewarnt. Da kam noch Politisches hinzu. Ein Bürger der Freien Reichsstadt ging nicht in Fürstendienste. Das war eine Frage des Ehrgefühls. Dann die Verhältnisse hier. Das bescheidene Schloß war im Jahr zuvor abgebrannt. Die herzogliche Familie logierte kümmerlich in ein paar besseren Bürgerhäusern. Im übrigen: Vieh, Gänse, Hühner, Schweine auf den Gassen, die nichts als Sand- und Lehmwege waren. Das Städtchen ein einziges Klatschnest, wo jeder jeden kannte, beobachtete. Ich frage noch einmal: Wie konnte ein so freiheitssüchtiger, immer auf Welterfahrung angelegter Geist es hier aushalten?

Die Antwort ist ebenso verblüffend wie einfach. Sie heißt: ebendrum. Gerade weil hier alles so klein war, konnte er sich hier entfalten. Es gab keine Konkurrenz für ihn. Ganz tief muß er hier sehr bald gespürt haben, daß diese Miniaturgesellschaft genau der richtige Rahmen für das Stück war, das er nun spielen würde. Das Stück hieß immer nur: ich, ich, ich – höchstpersönlich. Ich sage das ganz ohne Häme. Kein Wort des Tadels. Es war seine historische Situation. Er stand doch am Anfang jener schönen bürgerlichen Epoche, deren trauriges Ende wir Zeitgenossen des neuen Massenzeitalters eben erleben. Heute geht etwas zu Ende, damals fing etwas an.

Das Ideal der bürgerlichen Kultur hieß immer: Individuum, Persönlichkeit, Ausformung eines autonomen Ichs. Das hat er gelebt. Ein Leben lang war er immer nur an der Entfaltung und Erziehung seines Ichs interessiert. Die ganzen sechsundfünfzig Jahre: alles nur Reifungsphasen seiner Persönlichkeit. Nur –? Ich behaupte: Die bürgerliche Persönlichkeit, die er so exemplarisch lebte, ist immer noch die schönste Blüte der Weltkultur, die die Geschichte hervorbrachte. Was wäre danach denn noch nennenswert? Der Mensch im technischen Zeitalter? Der neue Sowjetmensch? Die Consumer-Personality der Amerikaner? In Wirklichkeit zehren wir doch alle, um das Menschliche bemüht, von diesem einen Augenblick der Geschichte. Was der Mensch aus sich selber heraus alles sein kann, hat er vorgelebt. Warum sonst würden wir uns immer wieder mit ihm, Goethe, beschäftigen?

Damals, als er hier das Haus am Frauenplan bezog, 1782 ist das gewesen, und der Herzog hatte es ihm geschenkt, begann er eine Seite seiner Persönlichkeit zu entdecken, von der er noch wenig wußte. Man kann sagen: Aus Lyrik wird Prosa. Man kann noch überspitzter formulieren: raus aus der Literatur, rein in die Erfahrung des wirklichen Lebens! Was wußten seine Eltern, seine Freunde und Bewunderer in Frankfurt von ihm? Nichts. Wenn es nach den literarischen Salons in Deutschland gegangen wäre, so hätte er nach dem ›Götz‹ lauter Ritterdramen, nach dem Welterfolg von ›Werthers Leiden‹ immer wieder schöne, traurige Liebesromane schreiben sollen. Er aber dachte gar nicht daran. Er war wie ein Schläfer, der sich nachts umdreht auf die andere Seite. Literatur interessierte ihn wenig, jetzt. Mehr als zehn Jahre lang wird er als Dichter nun schweigen. Vor allem die Verleger gaben ihn schon auf. Goethe? Da kommt doch nichts mehr. Der ist doch ein Höfling geworden! Dachten sie damals.

In Wirklichkeit ging es jetzt um das Konkrete. Lust der Erfahrung. Er ist als Geheimer Legationsrath längst Beamter im Weimarer Staatsdienst. In diesem Zusammenhang befaßt er sich mit dem Bergwerk in Ilmenau. Er will es wieder in Gang bringen. Er übernimmt die Leitung der Kriegs- und Wegebau-Kommission. Ihn interessieren Steine. Er beugt sich über die Erde, analysiert jetzt die Natur, die er früher nur lyrisch-poetisch gefühlt hatte. Jetzt will er es wissen, genau wie Faust. Also steigt er in die Naturwissenschaften ein. Schon hält er in Jena Vorlesungen über Anatomie. Später gelingt ihm die Entdeckung des Zwischenkieferknochens beim Menschen. Und so ging das ja immer weiter: Botanik, die Urpflanze, später die Farbenlehre, noch später, ganz zum Schluß der Orient, der Islam. Lauter Erinnerungen an Schulstunden in meiner Jugend. Früher lernten wir das noch. Goethes Farbenlehre hat mich immer besonders gelangweilt. Schrecklich, während draußen die Sonne schien.

Folgendes ist wichtig: All diese Stoffe waren nicht wirkliche Berufsthemen. Er brauchte sie zeitweilig als Material zur Erprobung seines reifenden Ichs. Er hat sich damals als »verliebt in die Wirklichkeit« bezeichnet – warum? Weil diese Wirklichkeit seinem suchenden Geist Widerstände bot, an denen er seine eigenen Möglichkeiten, auch Grenzen erfuhr. Ein mustergültiger Geheimrat im Weimarer Conseil, das war des Herzogs Kabinett, ist er mit Sicherheit nicht gewesen, obwohl er die Sitzungen getreulich absaß. Das Projekt, die Erneuerung des Ilmenauer Bergwerks, hat sich später als grandioses Fiasko herausgestellt. Die Urpflanze, die er immer suchte, war ein liebenswertes Hirngespinst. Seine Farbenlehre gilt heute als umstritten, aber das war es gerade: Er ging nicht als Gelehrter, sondern als Liebhaber an die Welt heran. Er liebte die Phänomene als Spiegelungen seiner eigenen Tiefe. Sein Organ war das Auge. Etwas Dämonisches trieb ihn. Es konnte nur ausgehen, wie es dann endete: als Riesenfragment. Bruchstücke einer einzigen Konfession hat er es genannt.

Im Haus am Frauenplan sind diese Bruchstücke noch heute zu

sehen. Es wirkt innen wie eine sehr kultivierte Mischung aus Großbürgerwohnung und Museum. Wenn man die Treppe im Haus emporgestiegen ist, kommt man in seine Wohnräume. »Salve!« steht da auf einem Fußabtreter geschrieben. Und dann folgen 17 Zimmer: schöne, große Räume, alle wohlproportioniert, nichts übertrieben, wenn man von diesem Riesenkopf der Juno absieht in seinem Empfangszimmer. Aber das lag ja an den alten Römern, nicht an ihm. Er hatte ihn nur mitgebracht. Er ist ein Sammler aus Passion gewesen, und wenigstens 250 Stücke aus seinen Sammlungen schmücken nun hier das Heim: Majoliken, Kleinplastiken, Ölbilder, Abgüsse, graphische Blätter. In einem Nebenzimmer ist seine Privatbibliothek zu besichtigen: 6500 Bände. Seine Fundstücke geologischer und mineralogischer Art sind im südlichen Gartenpavillon extra untergebracht: 18000 Stücke. Doch warum sage ich das? Bin ich ein Museumsführer?

Ich will dies sagen: Er ist hiergeblieben, weil er nur hier seinen Lebensraum so ausbauen konnte, wie er ihn brauchte für sich. Die ganze Stadt hat er sich zwar nicht untertan, aber zu eigen gemacht. Ganz Weimar wurde sein Hausstand und er der Patron. Er hat Weimar, unter dem er auch litt, zeitweilig, später immer wieder zur »Zitadelle seines Herzens« erklärt. Ein Hauch von Belagerungszustand klingt in dem Wort mit. Darüber wird noch zu reden sein.

Stadtgänge

Seit gestern abend steht ein weißer Porsche auf dem Marktplatz vor dem »Elephant«. Auch wir parken dort. Ein Illustrierten-Reporter aus München kurvt hier auf Goethes Spuren. Er macht das wirklich charmant, mit vielen Fotogeräten bewaffnet. Nicht dieser Porsche – daß er nicht anspringt, ist das Wunder in Weimar heute morgen. Fassungslos stehen die Menschen vor diesem Phänomen. Wie kann ein solcher Traum aus dem Westen kaputtgehen, das gibt's doch nicht! Porsches flitzen immer im Westfernsehen. Ältere Männer und viel Schuljugend: Sie starren auf den offenen Führersitz, wo der Reporter immer wieder den Motor anzuleiern versucht. Manche fummeln liebevoll-neugierig am Heckmotor herum, dessen Haube geöffnet steht. Ob es am Vergaser liegt? Es wird eine hilfreiche

Abschleppaktion inszeniert: Ein alter Trabbi zieht einen weißen Porsche an. Ach, was für ein Bild! Gesamtdeutsche Pannenhilfe, könnte man sagen: Hallo, Nachbar! Sehr menschenfreundlich, aber erfolglos.

Ein Schüler in Jeanskluft, ungefähr sechzehn, hat sich an mich gewandt. Ich wollte ihn eigentlich in seinem Wissensstand in Sachen ›Wahlverwandtschaften‹ examinieren, ein Schnelltest in Goethebildung, sozialistisch. Er aber war auf meinen BMW scharf. Nur mal so drinsitzen, als Probe, hatte er gesagt. Das geschah. Ich erklärte ihm mein neues Autoradio, als er dann neben mir saß. Es ist wirklich ein raffiniertes Ding mit Quadrophonie und automatischem Suchlauf, plus Musikkassetten. Ich finde das Gerät übertrieben und komme noch heute nicht mit ihm klar, aber bei uns im Westen muß es ja immer ganz luxuriös sein. Als Bachs ›Brandenburgisches Konzert‹ ganz plötzlich einrastet, als aus allen vier Lautsprechern zugleich ein gewaltiger Konzertton hochrauscht, lautdröhnend, wie in einem Dom, lehnt sich der Junge wie betäubt in den Sessel zurück und sagt im schönsten Thüringisch: »Also, das schaffen wir nie – nie schaffen wir das!« Ich frage: Warum ist unsere Jugend eigentlich immer so pessimistisch, in Ost und West?

So beginnt ein Morgen in Weimar. So ungefähr ist es uns immer wieder gegangen. Wir immer auf Goethes Spuren, die immer auf unseren Spuren, alles bekannt. Die Stadt ist schon wunderlich. Ihr historischer Kern wurde noch kurz vor Kriegsende von den Amerikanern bombardiert. Nicht alles, aber einiges ging kaputt. Man hat es historisch getreu wiederhergestellt, mit Lücken dazwischen. Hier am historischen Marktplatz scheint mir eine Front noch immer zu fehlen. Da sind nur Bäume und Büsche zu sehen. Dasselbe wiederholt sich am Platz am Frauenplan. Eine Häuserfront fehlt. Oder täusche ich mich? Ist da nie etwas gewesen? Man hat eine grüne Kolonnade errichtet, ziemlich kümmerlich, einen Laubengang mit Beeten und Bänken, wo erschöpfte Gäste sitzen, manchmal auch Geld tauschen, diskret.

Der Eindruck des Wunderlichen kommt aus einer anderen Perspektive. Gerade die so getreuliche Rekonstruktion des historischen Kerns führt auf verblüffende Weise vor Augen, wie klein das hier alles war: klitzeklein. Eine Puppenstadt, wenn man etwa an die stolzen Nachbarstädte ringsum denkt. An Magdeburg oder Halle, Erfurt oder Naumburg mit ihren prächtigen Marktplätzen, ihren gewaltigen Kirchen. Ich vermute, der

Dom zu Naumburg könnte die ganze Bauszene der deutschen Klassik bequem in sich aufnehmen, es bliebe immer noch Platz für Liszt und Nietzsche zum Beispiel, die hier ja auch wohnten, zeitweilig. Man sieht plötzlich mit Augen, in welch ein winziges Duodezfürstentum Goethe damals kam: verarmter Adel, aber mit einer Geisteskultur ohnegleichen. Es scheint mir sehr typisch für Deutschland, daß der Adel des Geistes immer so arm war: Schillers Schicksal. Frivole Frage: War Goethe eigentlich ein Deutscher? Er mochte seine Deutschen nicht, hat sich immer wieder bitter über sie beklagt. Wenn Deutscher-Dichter-Sein arm sein heißt: so wie Hölderlin, Kleist, auch Nietzsche, so war er es nicht. Ein Sohn reicher Eltern, der es in Weinmar zu einem sehr angenehmen Wohlstand brachte.

Wie lebt man heute hier in seinem Schatten? Etwas behüteter, etwas besinnlicher als sonst in der DDR, würde ich sagen. Ein Zug von Betulichkeit geht durch das Städtchen. Die große, schwitzende Bürokratiegesellschaft, die man in Leipzig oder Ost-Berlin so oft seufzen und knarren hört, sie ist hier nicht zu spüren. Die Partei tritt zurück, der Geist der Goethezeit einen Schritt vor. Versonnene Historiker sitzen auf Bänken und grübeln über Anna Amalia nach, die Herzoginmutter, und wie es um ihren Musenhof draußen in Schloß Tiefurt heute bestellt ist.

Ergraute Literaturwissenschaftler wandeln über die schöne Esplanade zum Intershop. Goetheforschung kann Westkontakte einbringen, manchmal. Kultiviertere Formen von Renitenz sind möglich. Zahme Xenien der Nachgeborenen laufen durch die Stadt, etwa die bleierne Langeweile der amtlichen DDR-Kulturwochenschrift ›Sonntag‹ persiflierend. Zitat: »Schon Goethe sprach zur Frau von Stein / Mir fällt kein Wort zum ›Sonntag‹ ein!« Man kichert, man lächelt etwas verschmitzt. Ich finde: Nirgendwo kann man das Gesicht so witzig und vielfältig in Falten legen wie in Weimar. Die Erben haben es meist schwer. Weh dir, daß du ein Enkel bist!, hat die bürgerliche Klasse gestöhnt. Das kann man von der regierenden Arbeiterklasse nicht sagen. Leicht trägt sich das Erbe im Sozialismus. Es trägt ja das Kollektiv. Die Klasse macht stark.

Es gibt Ausnahmen. Von einer will ich berichten. Die Ausnahme spielte sich am geweihtesten Punkt deutscher Klassik ab. In Weimars Heiligtum widerfuhr mir Abweichendes. Ich spreche jetzt von der Goethe- und Schillergruft, auch Fürstengruft. Sie liegt auf dem Gelände des 1818 eröffneten, damals neuen »Friedhofs vor dem Frauentor«, der heute »Historischer Friedhof« heißt. Ein herrlicher Platz. Stille, Weite, grüner Friede empfängt. Hier liegen sie nun: das ganze Ballett, das um ihn tanzte, zur Ruhe gekommen. Charlotte von Stein und ihre verzweigte Sippschaft, Ottilie, die Frau vom Sohn August, auch seine engsten Mitarbeiter aus späterer Zeit: Riemer, Meyer, der immer »Kunschtmeier« genannt wurde, auch Eckermann, der Getreue.

An solchen Schatten der Vergangenheit muß man vorbei, bis man sich langsam der Fürstengruft nähert. Der Weg steigt, es geht bergauf, und dann sieht man, etwa hundert Meter vorher, auf einem Hügel oben den Mausoleumsbau. Eine Mischung aus Klassizismus mit byzantinischen Elementen. Hinter dem Dach schaut noch die Kuppel einer russisch-orthodoxen Kirche goldglänzend hervor. Doch sah ich das wirklich? Ich sah an der offenen Tür des Mausoleums oben eine alte Frau stehen, die uns zuwinkte. So winkt uns der Tod zuletzt zu, doch das war es nicht. Sie wollte uns nur auf Trab bringen. Sie ruderte mit beiden Armen, und als wir dann pustend all die Treppen bis zu ihr oben genommen hatten, fuhr sie uns barsch an: »Geschlossen, jetzt mach' ich Mittag! Warum sind Sie nicht früher gekommen?« Ich sah jetzt, daß es wirklich eine uralte Dame war, Anfang Achtzig. Ihre Perücke saß deutlich schief vor Erregung. Ich sah nach der Uhr: Es war 12.25 Uhr genau. Bis 13 Uhr ist geöffnet, Madame, sagte ich etwas renitent und wies auf das Türschild, wo diese Eintrittszeit geschrieben war. Das ließ sie nicht gelten. Sie hatte schon ihren Mantel an, den Hut auf der Perücke, die Handtasche im Arm, den großen Schlüssel zu Goethe und Schiller in der Hand. Sie praktizierte den sozialistischen Gang. Sie war es gewöhnt, den Laden eine halbe Stunde vorher zu schließen. Die Weimarer Fürsten: in ihrer Privathand.

Ich will nicht sagen, daß es zu einem handgreiflichen Wettstreit beider Weltsysteme hier kam. Ich wurde nur streng, richtig national im Ton. Hören Sie, sagte ich, wir kommen aus Frankfurt, Frankfurt am Main, meine ich, der anderen Goethestadt. Wir im Kapitalismus sind an präzise Arbeitszeiten gewöhnt. Mit sozialistischen Schlampereien fangen wir gerade erst an. Ich bestehe auf diesem Besuch, noch 35 Minuten lang! Die Alte zog sich nach längerem Streit tatsächlich knurrend ins Museum zurück. Wir folgten beglückt. Sie ging in ihren winzigen Holzkiosk, knallte die Tür hinter sich zu, daß es im hohen Haus nur so krachte, warf uns dann die Eintrittskarten und das

Wechselgeld wütend zu. Immer haben die Amtspersonen im Sozialismus ein Schalterhäuschen für sich, wo sie Herr sind und die anderen ihre Macht fühlen lassen können.

Man muß in der hohen Marmorgruft eine große Rundtreppe nach unten nehmen. Dort unten in einem kahlen Raum stehen sie dann im Dämmerlicht der Geschichte, die Särge von Goethe und Schiller, sehr würdig und sehr schlicht, vor einer hohen, leeren Steinwand. Wir wollten dem Ernst des Ortes gerecht werden, aber es gab kein Besinnen. Die Alte hatte sich oben im Rundgang postiert und rief, sich über das Geländer beugend, wie ein wütender Papagei in unsere Totenstille herunter: »Machen Sie schnell! Kommen Sie rauf! Ich versäume sonst mein Essen!«

Ach, Goethe, ach, Schiller! Ich weiß es wohl: In den großen Stunden der Republik geht es euch besser. So geht es euch nur an gewöhnlichen Tagen, wenn das gewöhnliche Volk kommt. Die einfachen Leute hier, nur die behandelt man so. Die Alte bestätigte uns das später. Als wir dann wieder am Ausgang standen, immer noch eine Viertelstunde zu früh, zischte sie uns zu, das Mausoleum verschließend: »So etwas ist mir in dreißig Jahren noch nicht einmal passiert. Zum erstenmal versäume ich mein Essen!« Und es klang schon fast begütigend, als sie, die Treppen heruntertapsend, noch vor sich hinschimpfte: »Und das bei einem so feinen Herrn aus Frankfurt!« Mit letzterem hatte sie nicht Goethe, sondern mich gemeint.

Eine Exzellenz mit Brüchen

Wo waren wir stehengeblieben? Ich hatte von der Zitadelle seines Herzens gesprochen. Tatsächlich hat der Herr Staatsminister und Geheime Rat Dr. von Goethe in seinen späteren Jahren hier wie ein Souverän gelebt. Er hatte aus dieser Kleinstadt etwas ganz Einmaliges in Deutschland gemacht: eine Residenz des Geistes, zu der die Welt pilgerte. In seinem Haus am Frauenplan empfing er die Reisenden: meist im schwarzen Frack, auf der Brust der große Ordensstern, den ihm der König von Bayern persönlich ans Revers gesteckt hatte. Er ist eigentlich kein Dichter mehr: Ein geistiger Monarch, ein erster Europäer gibt Audienz. Ein Papst, der Heiden empfängt.

Dabei soll man ihn sich nicht majestätisch vorstellen. Das

Wort vom großen Olympier ist sicher immer Unsinn gewesen. Seine sehr kurzen Beine, seine beträchtliche Beleibtheit jetzt Anfang Sechzig fallen auf. Kein Mannsbild: eher weiche, weibliche Züge in Gesicht und Gestalt. Die Romantiker haben ihn später ja geradezu zum Prototyp des Androgynen erklärt. Sicher ist, das Schöpferische muß immer beides sein: Mann und Frau. Er muß zeugen und gebären zugleich. Er beginnt eben mit seinen Memoiren, die ›Dichtung und Wahrheit‹ heißen sollen. Er schreibt sie nicht selber. Er diktiert sie seinem Sekretär. Mit Hausmantel und Pantoffeln bekleidet, geht er dabei auf und ab, die Hände auf dem Rücken, wie einer, der durch die Zeiten wandert. Er beginnt: »Am 28. August 1749, mittags mit dem Glockenschlag zwölf kam ich in Frankfurt am Main auf die Welt.« Man weiß, daß mindestens das mit dem Glockenschlag zwölf mehr Dichtung als Wahrheit ist.

Ich stelle jetzt wieder eine Frage. So souverän und abgeklärt erschien er der Welt schließlich, aber wieviel Krisen, Krankheiten, Katastrophen waren zuvor abgelaufen? Was war mit seiner Kunst, immer krank zu werden, wenn er vor einer neuen Aufgabe stand? Was war mit seiner panischen Angst vor Todesfällen, die er einfach zu ignorieren pflegte? Was war mit dieser merkwürdig abrupten Bewegung von Fluchten, die sein ganzes Leben durchzog? Sie sind uns von der bürgerlichen Goetheforschung immer als »Reisen« erklärt worden. Ach, Goethes Reisen und wie sie ihn ins Klassische bildeten und später auch uns in der Schule. Ich behaupte: Sehr oft sind es Fluchten eines Verzweifelten gewesen. Ich denke jetzt etwa an die italienische Reise, von der man schon gar nichts mehr hören will, so sehr hat man Generationen deutscher Gymnasiasten damit gelangweilt. Früher jedenfalls war das so. Es war doch ganz anders. Hochinteressant war der Fall.

Man bedenke die Ausgangslage. Da ist einer auf dem Höhepunkt seiner Karriere: ein steiler Aufsteiger. Mit siebenunddreißig hat er schon alles erreicht, was Gesellschaft und Staat bieten können. Er ist Kammerpräsident in Weimar, der Kaiser in Wien hat ihn in den Adelsstand erhoben. Außerdem hat er auch als Schriftsteller wieder etwas geschafft. Eben hat er ›Wilhelm Meisters Theatralische Sendung‹ abgeschlossen – plötzlich wirft er alles hin, bricht alles ab, steigt aus, und das radikal.

Er hat sich damals tatsächlich klammheimlich davongemacht. Welch eine raffinierte Inszenierung der Flucht. In diesem kleinen Klatschnest Weimar, wo jeder jeden beobachtete, wäre das gar nicht gegangen. Das hätten all die Damen hier, hinter ihren Gardinen stehend, doch bemerkt: Der Herr Kammerpräsident packt, will er verreisen? Also hatte er die Flucht so inszeniert: Er hat die Frau von Stein höchst fürsorglich nach Karlsbad zur Kur begleitet, ist dort geblieben, und als diese dann wieder zurückgekehrt war, ist er zu günstigster Nachtstunde, also drei Uhr früh, heimlich ausgebüxt. Das ist am 3. September 1786 gewesen. Er verließ Karlsbad mit einer Postkutsche, nur mit einem Ranzen und Mantelsack ausgerüstet. Wie ein Wanderbursche, der es satt hat, stahl er sich heimlich aus der Stadt. Niemand wußte wohin. Auch seinen berühmten Namen legte er ab. Er nannte sich später Jean Philippe Möller, Maler in Rom.

Ich weiß, was jetzt alles an edelsten Bildungsgütern der Nation bewegt werden müßte, um auf die staubigen Höhen unserer professionellen Goetheforschung zu gelangen. Von Kunst müßte jetzt dauernd geschwärmt werden, von Winckelmann und der deutschen Italiensehnsucht und wie sich dann dank so vieler antiker Reste seine Ästhetik des Klassischen zum Endgültigen formte. Ich sage: alles geschenkt, alles auch wahr, aber nicht die treibende Kraft, zentral. Was trieb ihn wirklich?

Bei Goethe kann man eigentlich immer sicher sein, daß es um höchst persönliche Motive ging, um Lebenskrisen seiner Existenz. Ich behaupte, diese Flucht hatte unbewußt erotische, ja, sexuelle Motive. Er liebte die Frauen abgöttisch, aber etwas klappte dabei nicht recht: körperlich. Schon, daß er sich bisher immer zu gebundenen, manchmal auch älteren Frauen hingezogen fühlte, ist verdächtig. Bei Frau von Stein hatte er sich ohnehin etwas zu hoch ins Edle verstiegen. Aber auch seine vielen kleinen »Misels«, Dorfmädchen, die er flüchtig erwähnt, dürften mehr galante Schutzbehauptungen im höfischen Stil gewesen sein. Seine frühe Unterscheidung von »hoher« und »niederer« Minne ist auch suspekt und im späteren Sinne ja ganz ungoethisch. Die Wahrheit dürfte sein, daß bei Goethe bis zu dieser Reise, wie ein Fachforscher es formuliert, »ein auffallender Mangel an aktivem Geschlechtsleben« das bestimmende war. Handgreiflich war viel weniger los, als seine Liebeslyrik erscheinen ließ. Die Psychoanalytiker vermuten heute bei ihm eine übermächtige Mutterfixierung, vielleicht auch eine inzestuöse Schwesterbindung. Diese Frühfixierungen dürften bei ihm gelegentlich zu jener leichten Form von Potenzstörungen geführt haben, die man früher pauschal »Neurasthenie« nannte und heute medizinisch mit Ejaculatio praecox bezeichnet. Na, so was – unser Dichterfürst, auch er nur ein Mensch?

In Rom jedenfalls kommt plötzlich der Durchbruch. Er lebt unter fremdem Namen. Er will jetzt ja Maler werden. Da begegnet er jenem Kind aus dem Volke, das wir nur unter dem Namen Faustina kennen und das auf den Edelstrich ging. Straßenmädchen war im heidnischen Rom damals nichts Niederes. Kleine Aufmerksamkeiten, gelegentliche Geschenke genügten. Immerhin ist er bald vierzig, und mit diesem Kind klappt es offenbar endlich zum erstenmal wirklich vorzüglich. Die deutsche Angstneurose ist wie weggebrannt unter der Sonne des Südens. Dieses süße Luder macht ihn glücklich. Es wird eine unglaublich leidenschaftliche Bettgeschichte, ganz sinnlich, tief in die Wärme des Fleisches gebettet. Jene Faustina ist es, der er dann später in seinen ›Römischen Elegien‹ die Hexameter auf den Rücken geklopft hat. Vielleicht ist es sogar der nackte Popo gewesen? Die Szene ist ja bekannt, von ihm selber beschrieben.

Ja, er ist eben immer ein Spätentwickler gewesen. Aber mit diesem römischen Liebeserlebnis ist etwas Ungeheures in seinem Leben geschehen. Endlich hat er Boden unter den Füßen. Die Natur, die Erde, die er immer suchte, hat er nun in sich selber gefunden. Ein Rausch neuer Schaffenskraft setzt jetzt ein. Er geht an uralte Sachen, aufgegebene Werke. Plötzlich kann er wieder dichten. Er schreibt die ›Iphigenie auf Tauris‹ in Versen. Der ›Egmont‹ wird zum Abschluß gebracht. Er arbeitet wieder am ›Faust‹ und am ›Tasso‹. Jetzt sieht er die Antike mit einem neuen, vertieften Blick.

Und als er dann im Sommer 1788 nach Weimar zurückkehrt, ist er ein völlig Veränderter. Er kommt beim Herzog um die Entlassung aus allen Regierungsgeschäften ein. Er will nur noch Gast sein in seiner Zitadelle des Herzens. Schreiben, forschen, suchen. Er lernt Schiller kennen, aber kurz davor beginnt diese Vulpius-Geschichte, die ich wieder für zentral halte, obwohl sie von unseren Goetheforschern immer vernachlässigt wird, etwas verlegen kurz abgehakt: nun ja, ein großer Mann mit kleinen Macken, alles privat. Ich meine: Gerade das Private ist bei ihm immer das wichtigste gewesen.

Es war so: Er ist erst einen Monat zurück aus Rom. Da spricht ihn am Park von Ilmenau, ganz nah bei seinem Gartenhaus, ein Mädchen an, dreiundzwanzigjährig. Sie bittet den Geheimrat um Protektion für ihren Bruder, der auch dichtet, nur sehr schlecht entlohnt. Das Mädchen ist keine Schönheit, aber sympathisch. Die Schönen hat er ja immer nur literarisch verhimmelt. Sie arbeitet hier in Weimar in einer Fabrik. Kunstblumen aus Stoff werden dort von dem tüchtigen Unternehmer Bertusch produziert. Sie stammt aus einer heruntergekommenen Juristenfamilie, der Vater Alkoholiker, so muß sie sich ihr Geld als Arbeiterin verdienen. Von Bildung, Geist, Kultur keine Spur, nur eben ein liebenswertes Geschöpf. Goethe bestellt sie in sein Gartenhaus und macht sie dort zu seiner Geliebten. Daraus ist dann eine heimliche Liebschaft, später eine große und lange Bettgeschichte geworden und ganz zum Schluß auch noch Goethes Ehe mit Christiane Vulpius. Der Sachverhalt ist bekannt.

Die Ähnlichkeit mit der Faustina-Affäre ist unübersehbar. Er braucht offenbar, ganz unbewußt, das Schlichte, Natürliche. Gerade der geistige Abstand machte ihn potent. Goethe jedenfalls ist mit dieser Frau sehr glücklich gewesen. Er hat sie auf eine ganz warme und innige Weise geliebt und sie ihren Geheimrat, den sie geistig gar nicht verstand, auch. Er hat fast achtzehn Jahre mit ihr in einem freien Verhältnis gelebt. Sie wohnte längst bei ihm im Haus am Frauenplan mitsamt ihrer Sippschaft. Sie hat ihm fünf Kinder geboren, nur eines, August, blieb am Leben. 1806, als die Franzosen Weimar besetzten und die Soldaten ins Haus kamen, hat sie sich schützend vor ihren Geheimrat gestellt. Fünf Tage nach der Schlacht bei Jena hat er sie dann noch geheiratet, offiziell. Zehn Jahre später ist sie gestorben an Urämie, an Nierenversagen.

Die Ähnlichkeit mit der Faustina-Affäre – der Unterschied bestand nur darin, daß Weimar eben nicht Rom war. Das gab natürlich einen unglaublichen Skandal in diesem höfischen Nest. Nicht so sehr, daß er eine Mätresse hatte, sondern daß er sie auch noch heiratete und sich ganz offen zu ihr bekannte. Der Geheimrath und Staatsminister a. D., seine Exzellenz und ein Arbeiterkind: Na, da hatten die in Weimar nun endlich einmal einen großen Stoff zum Klatsch. Was sind sie nicht über diese Frau hergezogen. Seine »Blutwurst« haben sie sie genannt, weil sie durch ihr Nierenleiden tatsächlich immer dicker wurde. »Goethe ist sinnlich geworden«, sagte Frau von Stein zu ihren Hofdamen nicht ohne Erbitterung. Tatsächlich hatte die hohe Seele jetzt ausgespielt bei ihm. Ihn aber hat das kaltgelassen. Mit jener Selbstsicherheit, ja, Souveränität, die ihm immer eigen war, hat er sich bis zu ihrem Tode zu ihr als seiner rechtmäßigen Ehefrau bekannt. Also so ganz und gar sozial angepaßt, so brav bürgerlich ist er gar nicht gewesen. Wenigstens als Ehemann kann man ihn als Aussteiger bezeichnen aus seiner Klasse.

Auf dem Jakobsfriedhof in Weimar ist sie begraben. Wir sind dort gewesen. Gegenüber der Gruft, wo Lucas Cranach beigesetzt ist, liegt ihr Grab. Ein schöner, langer, weißer Stein, der die ganze Grabfläche abdeckt. Darauf steht in Goldlettern »Christiane von Goethe, geb. Vulpius, 1. Juni 1756 / 6. Juni 1816«.

Und darunter steht jener Vers, der meine Behauptung legitimiert. Man spürt den letzten Trennungsschmerz einer großen Liebe. Es ist zu lesen: »Den 6. Juni 1816 / Du suchst, o Sonne vergebens, / Durch die düsteren Wolken zu scheinen! / Der ganze Gewinn meines Lebens / Ist, ihren Verlust zu beweinen.« Darunter steht noch ein Wort: »Goethe«. Er hat das am Morgen nach ihrem Tode geschrieben.

In Lenins Hand

Heute morgen beim Frühstück im Hotelrestaurant: am Nachbartisch die Friedensfreunde. Engländer, vermute ich. Immer haben die Engländer für Weimar eine besondere Vorliebe gehabt. Woran erkennt man Engländer? Daran, daß sie spindeldürr, rotblond, bemerkenswert geschmacklos gekleidet, gleichwohl aber von ausgesuchtester Artigkeit sind. Das höflichste Volk der Welt sind die Engländer. Diese hier schienen mir zusätzlich linksgestrickt. Ob sie der britischen KP zugehörten, weiß ich nicht. Daß sie aber begeisterte Friedensfreunde waren, war unverkennbar. Drei Mädchen, zwei junge Männer, die um den runden Frühstückstisch des Hotels »Elephant« saßen. DDR-Fähnchen und britische Wimpel auf der Tischdecke, Friedensknöpfe an den Blusen, dem Rockaufschlag, Friedensbroschüren auf dem Tisch. Die Begeisterung für den Frieden ist ja heute weit verbreitet unter der Jugend, nicht nur in Weimar.

Offenbar wurde hier am Nachbartisch das Ende eines Delegationsbesuches gefeiert. Sicher hatten sie ihre Aufwartungen an all den Stätten der klassischen deutschen Literatur schon Tage zuvor gemacht. Es saß ein älterer, etwas zerknitterter Herr mit am Tisch, ihr Weimarer Gastgeber. Man sah ihm an, daß er sich ein Leben lang hier vor Ort im Dienst der großen Sache verzehrt hatte. Goethekenner auf der ganzen Welt sehen so aus, ungefähr. Ich vermute, so viel Forschung und Textanalyse, so viel Blättern in alten Folianten und neuen Anmerkungsapparaten macht vorzeitig reif und versonnen, im Blick. Schüttere Haare, randlose Goldbrille, leichte Röte im Gesicht: So begeistert und diensteifrig können nur geborene Weimarer sein. Daß der Goethe-Herr außerdem das Parteiabzeichen der SED auf dem Rockaufschlag trug, versteht sich.

Bemerkenswertes mußte sich mit der Delegation und ihm hier zuvor abgespielt haben. Der Herr stand plötzlich auf, lief mit der etwas steifen Elastizität gereifter Goetheforscher durch den Saal, rief noch seinen Gästen zu: »Wait a moment, I'll look for a newspaper!« – etwas Sächsisches klang da mit. Nach einiger Zeit kam er zurück. Triumphierenden Schrittes und eine Zeitung schwingend, eilte er herbei und legte das Blatt vor seine Gäste auf den Frühstückstisch. Welche Zeitung es war, ist mir entgangen. ›Neues Deutschland‹ war es nicht. Es war offenbar ein kleineres Lokalblatt, das immerhin auf Seite eins nicht nur einen Artikel, sondern auch ein ansehnliches Foto der Delegation nebst Genossen publiziert hatte.

Zufriedenheit, ja, Glück rundum. Mit Recht, meine ich. Ich frage: Gibt es ein schöneres Souvenir für Touristen, als sich am Zielort des Reisetraums auf Seite eins der Lokalpresse im Bild wiederzufinden? Mir ist das nie gelungen, weder in San Francisco noch in Weimar. Jenen aber war es beschieden. Man sah: Die Presse hier vor Ort schläft nicht. Sie tut etwas für ihre Gäste und Goethe. Und soll ich nun noch hinzufügen, wie die allgemeine Fröhlichkeit der Delegation auf das heiterste ihre kollektive Krönung fand? DDR-Kenner wissen Bescheid. Sekt wurde geordert: 9.30 Uhr morgens im Frühstückssalon des Hotels »Elephant«. Es liefen die Kellner, die sonst eher träge sind. Es knallten die Pfropfen. Es schäumte das köstliche Naß. Es klangen die Gläser, beglückend. Man stieß an, auf Weimar, auf England, auf Goethe und auf den Frieden natürlich. Dann setzte man ab. Es gab kurze Ansprachen, dann jene Umarmungen mit sozialistischem Bruderkuß, völkerversöhnend, den man kennt aus dem Fernsehen. Bei dem Sekt handelte es sich in diesem Fall, wie ich herausgehend noch sah, später, um jene köstliche DDR-Marke, die »Rotkäppchen« heißt, auch so schmeckt. Ich kriege danach immer Kopfschmerzen und muß bei Rotkäppchen auch gleich an den Wolf denken. Doch ist das mein Defekt.

Also so, so ungefähr, läuft heute in Weimar ein Werktag ab. Viele Söhne der Stadt sind um das Erbe des Vaters bemüht, pausenlos. Das ganze wäre nicht so sozialistisch, wenn dahinter nicht ein Plan steckte. In Planfragen war der Marxismus-Leninismus immer stark. Schon 1953 gründete die Regierung der DDR jenes zentrale Kulturinstitut, das den Eifer der Nachgeborenen sinnvoll verwaltet, schöpferisch zusammenfaßt, auch kanalisiert in Lenins Hand. Am Anfang verstand ich das Wort nicht. Alle hier in der Stadt, in Sachen Goethe befragt, sprechen immer von der NFG. Ich zuckte zusammen, fühlte mich dunkel an NSV erinnert. Doch ist auch dies wieder meine Schuld. Warum lebe ich auch so lange? Lang ist das her. Es handelt sich in Wirklichkeit um das neue DDR-Deutsch und heißt hochdeutsch: »Nationale Forschungs- und Gedenkstätten der klassischen Literatur«. Im Jargon der Leute wird es schlichter »VEB Goethe« genannt.

Es geht, wie die Statuten der Gesellschaft festlegen, »um die schöpferisch-kritische Aneignung jenes Erbes, das aus der Entwicklung progressiver und humanistischer bürgerlicher Nationalkultur zwischen 1750 und 1850 auf uns gekommen ist«. Alles Wertvolle an diesem Erbe, so wird weiter postuliert, sei in die sozialistische deutsche Nationalkultur zu integrieren. Das klingt alles imponierend, fast einschüchternd kolossal, doch sollte man sich nicht mutlos fühlen. Planentwurf und Planerfüllung sind im Sozialismus immer zweierlei. Nichts wird hier überstürzt, in Weimar schon gar nicht. Sehr langsam und vorsichtig schreitet die Aneignung des Erbes voran.

Das witzige Stück von Peter Hacks in Sachen Frau von Stein zum Beispiel darf man vielleicht als einen Schritt dazu verstehen? Was an diesem kunstvollen Monolog sozialistisch sein soll, habe ich allerdings nie begriffen. Es ist nur intelligent und amüsant. Ein bundesdeutscher Poet hätte den abwesenden Herrn von Goethe viel hämischer bloßgestellt. Von marxistischem Dogmatismus vor Ort kann jedenfalls nicht die Rede sein. Es ist im Weimarer Buchhandel keine einzige Goethebiographie aus DDR-Sicht zu haben. Kenner versichern, sie sei noch nicht einmal geschrieben. Gut Ding will Weil. Man kann aber auch sagen: Es handelt sich bei der Aneignung des Erbes um einen Jahrhundertprozeß, wie beim Übergang vom Kapitalismus zum Sozialismus. Nur keine revolutionäre Ungeduld! Einstweilen genügt das Wort: Er war unser. Ausführungsbestimmungen folgen.

Nein, ich fange jetzt nicht an, all die Goethebibliotheken, Archive, Vereine, wissenschaftlichen Institute einzeln aufzulisten, die heute in Weimar sitzen. Ich werde auch nicht vom Aufbau-Verlag berichten, dem Berliner Verlag, der in Weimar seine Filiale für das klassische Erbe betreibt, obwohl das sehr amüsant wäre. Ich weise aber gern darauf hin, daß am Ort tatsächlich immer noch die alte, berühmte Goethegesellschaft existiert, fast hundertjährig und immer noch ungeteilt. Noch heute funktioniert sie gesamtdeutsch. Ein letztes Verbindungsglied der geteilten Nation wurde von der Partei nicht gekappt – warum wohl? Es ist so:

Goethe ist fest in Lenins Hand, liegt dann aber, praktisch betrachtet, doch an einer sehr langen Leine. Man merkt das an all den Führungen durch die klassischen Gedenkstätten. Locker und leicht und ziemlich langweilig gehen sie vonstatten. Wo sind wir nicht alles gewesen? Ich denke jetzt an Schloß Tiefurt, das bürgerlich-kultivierte Heim der Herzoginmutter Anna Amalia draußen im Park, wo der Musenhof tagte, auch Goethe mit dem Herzog jene Schäferstückchen, höfisch, aufführte, die heute ungenießbar sind. Ich denke an Schloß Kochberg in Großkochberg, wo Charlotte von Stein zu Hause war. Ein kunstvoller Schreibtisch zeugt noch heute von seiner frühen Liebe, die dann später erkaltete.

Ich denke an die herrlichen Dornburger Schlösser, wo Goethe, der ganz späte, den Tod des Herzogs Karl August betrauerte, auf seine Weise: per Distanz und mit einem herrlichen Gedicht, das blieb. Die Schlösser hier liegen an der Saale hellem Strande. Sie allein sind eine Reise wert.

Ich denke vor allem aber an Bad Lauchstädt, das ganz zu Unrecht übersehen wird. Es war eigentlich der schönste Punkt unserer Reise. Man muß durch das gräßliche Bitterfeld, durch furchtbare Industriezonen von Leuna, wo man vor Dreck auf der Windschutzscheibe fast nicht mehr fahren kann. Ach, war das finster und alles kaputt.

Aber im Ort selbst dann war es plötzlich zauberhaft. So ist das ja immer in der DDR. Wo die Menschen leben und arbeiten, sieht es schlimm aus. Wo es eine Gedenkstätte der erwähnten Nationalkultur gibt, strahlt es hell auf. Bad Lauchstädt ist ein zierlicher, puppenhafter Badeort, fast noch im Rokokostil, wo Goethe als Theaterdirektor ein eigenes Komödienhaus von Weimar aus mitbespielte. Es war damals ein Glanzpunkt des deutschen Bade- und Theaterlebens. Heute finden dort manchmal die Arbeiterfestspiele der DDR statt. Man sieht, auch hier wird das Erbe schöpferisch angeeignet.

Ja, wo immer wir also Lokalvisiten machten: Ich kann nicht sagen, daß wir dabei im Sinne des Marxismus-Leninismus indoktriniert worden wären. Da sind unsere Linken, im Historischen Museum Frankfurt am Main etwa, viel weiter. Die Führungen in der DDR sind ungefähr wie bei uns in Bayern durch Schloß Pommersfelden zum Beispiel. Alles lokal, konkret, ohne Zusammenhang. Es wird eine Tür geöffnet: bitte, der Salon der Frau von Stein. Man wird in einen Saal geführt: dies hier der Blaue Saal, weil … Und so geht das weiter. Gesamtdeutsche Andacht und Langeweile auf Schlösser-Niveau. Das liegt ja sehr hoch – in Deutschland.

Epilog

Lieber Martin Walser! Diesen Brief schreibe ich schon wieder aus Frankfurt. Ich will Ihnen zunächst sagen: In Weimar spricht man noch immer von Ihnen. Ihre Lesung damals in der Stadt, auch Ihre anschließenden Archivstudien sind am Ort unvergessen. Ich rate Ihnen: Fahren Sie öfter dorthin. Die Intellektuellen in der DDR hungern gerade nach Schriftstellern Ihrer Art: witzig und wortgewandt, sensibel, außerdem auch noch links – wie schön! So was ist Mangelware in Weimar. Ich meine: Die Leute, wenn sie privat unter sich sind, sind ja eher für Strauß. Leider. Doch dies nur am Rande. Vor kurzem bekam ich nun das Resultat Ihrer Archivstudien in Weimar zu lesen.

›In Goethes Hand‹ heißt es. Der Untertitel: ›Szenen aus dem 19. Jahrhundert‹. Über die Qualität dieses Bühnenstücks will ich mich nicht äußern. Das mögen die Fachleute tun. Es ist ein Stück über den armen Eckermann, der wieder und wieder vom großen Herrn am Frauenplan ausgebeutet wurde. Sie führen dann weiter vor Augen, wie dieser späte Gesprächspartner nach Goethes Tod so langsam dahinsiechte und kaputtging: noch ein Opfer auf dem Altar des furchtbaren Dichtergottes. Ihr linker Hang für »die da unten« legt das Thema nah. Der Einfall ist gut. Seine Moralität untadelig.

Ich schreibe Ihnen diesen Brief aus zwei Gründen. Ich bin betroffen von Ihrem Stück, aber auch von meiner Reiseerfahrung in Weimar, und offen gesagt: So ganz wollen beide mir nicht zur Deckung kommen. Ich sehe manches doch anders. Daß Sie das Stück jetzt vorlegen, ist natürlich nicht ohne Witz.

Da muß also ein Linker aus der imperialistischen BRD kommen, um der Nation, jetzt zweigeteilt, zu zeigen, wie es um diesen Johann Peter Eckermann wirklich stand. Ursprünglich hatte er ja auch im lyrischen und kritischen Fach begonnen. Das brach dann ab, als ihn Goethe mit seinem untrüglichen Sinn für Menschen, die seinen Interessen nützlich sein konnten, einlud, hierher nach Weimar zu ziehen, zu ihm. Ab Sommer 1823 hat sich der junge Eckermann dann im redaktionellen Dienst am Werk Goethes verzehrt. Man muß es so sagen, denn Goethe hat ihm nie einen Pfennig dafür bezahlt.

Er war nicht als Sekretär engagiert, sondern als ständiger Gast des Hauses, könnte man formulieren, dem die Ehre, aber auch die Pflicht zukam, dem greisen Dichter dauernd zur Hand zu sein, das heißt, ihm die Worte vom Mund abzulesen. Goethe hat ihm zwar eine bescheidene Stellung als Englischlehrer beim Großherzog, später dann auch den Doktortitel der Universität Jena besorgt, aber finanziell hat er nie etwas für Eckermann getan. Er hat ihn nach Kräften ausgebeutet, das ist schon wahr. Nach Goethes Tod wurde ihm 1840 noch der Titel Hofrath verliehen. 1854 ist er dann, mit zweiundsechzig ziemlich verarmt und vergrämt in Weimar gestorben. Sein Ende war traurig. Ich stelle trotzdem die Gegenfrage: Was wäre Eckermann ohne Goethe geworden? Wir kennen doch seine Gedichte, die von herzlicher Unbegabtheit zeugen. Nie hätte man seinen Namen gekannt. Zusammen mit seinem Ausbeuter aber wird er immer gerühmt werden, solange der Name Goethe lebt. Ist das kein Erfolg? Ich frage Sie das.

Darf ich bei dieser Gelegenheit aus meiner Reiseerfahrung hinzufügen, daß sich an der von Ihnen beklagten Geringschätzung Eckermanns auch in der DDR jetzt nichts geändert hat. Ich finde es schlimm, aber typisch. Und was ist mit Christiane Vulpius? Wenn das der erste Arbeiter- und Bauernstaat auf deutschem Boden sein will, müßte er sich doch für die Arbeiterin Christiane und ihr Schicksal aufgeschlossen zeigen. Keine Spur! Um es im Klartext zu sagen: Ich finde diese große, humanistisch aufgeblasene Umarmungsgebärde, mit der die DDR den großen Goethe vereinnahmt, nur fatal. Das ist doch alles nur Politik. Es geht um Machtinteressen. Da ist die Exzellenz vom Frauenplan natürlich willkommen als hilfreiches Zugpferd für die immer noch etwas schwächliche und gebrechliche DDR-Nation. Oder sehe ich das falsch? Stellt sich Ihnen das anders dar?

Um auf Goethe selber zurückzukommen: Sie tun ihm trotz dieses Eckermann-Falls unrecht. Was Goethes soziale Umwelt, also seine Mitmenschen anlangt, war er, ökonomisch gesehen, kein Ausbeuter. Eher das Gegenteil ist der Fall. Er hat sich zeitlebens immer anderer angenommen. Schon als er als junger Poet nach Weimar kam, hat er sich den Sohn der Frau von Stein ins Gartenhaus genommen. Später hat er immer irgendwelche einfachen, jungen Burschen in seinem Haushalt bei sich gehabt, nicht als Domestiken, sondern um sie zu erziehen, zu bilden. Erziehung war damals das höchste Gut. Oder später dann im Haus am Frauenplan: Zeit seines Lebens war das doch ein Riesenhaushalt: Die ganze, vielköpfige Familie der Christiane wohnte da. Im Dachgeschoß oben wohnte sein Sohn August mit Frau Ottilie nebst Kindern. Ich schätze, daß es mit den Sekretären und Dienern mindestens zwanzig Personen waren, die er zum größten Teil noch miternährte. Er war ja nicht arm. Er verstand auch, bei seinem Verleger Cotta bemerkenswerte Honorare herauszuholen. Trotzdem ist Ihre These, er sei ökonomisch ein Ausbeuter seiner Mitmenschen gewesen, einfach nicht wahr.

Lieber Martin Walser! Ich finde die Ebene, auf die Sie Goethe da rücken, banal. Selbst wenn Sie recht hätten mit Ihrer Ausbeuter-These – was soll das eigentlich? Das ist doch alles nur soziologisches Drumrum. Die Deutschnationalen früher hängten ihm goldene Kränze um, Sie binden ihm jetzt eine schwarze Schleife an – na und? Das ist doch alles nur Rankwerk. Was spielt schon das soziale Verhalten eines Künstlers für eine Rolle, gemessen an seiner Kunst? Mein Gott, wenn wir uns da umsehen: von Richard Wagner bis Richard Strauss, von Rilke bis Gottfried Benn – persönlich sind das doch alles Egozentriker, Besessene, Wahnsinnige gewesen. Sie lebten für ihre Kunst, für sonst nichts. Was ist denn bitte mit Brecht gewesen?

Ich will es ganz hart sagen: Der Künstler, wenn er wirklich Rang hat, ist, sozial gesehen, nichts als ein Vampir. Er saugt seiner Umwelt das Blut aus, um daraus schöne Dinge zu machen. Was hat denn der junge Thomas Mann mit seiner Lübecker Familie damals gemacht? Er hat Onkel und Tante, Vater und Großmutter schamlos benützt und ausgebeutet, um daraus seine ›Buddenbrooks‹ zu machen. Was haben sie ihn in Lübeck zunächst gehaßt deswegen. Aber nach fünfzig Jahren haben sie ihn zum Ehrenbürger gemacht und schmücken sich seitdem mit ihm. Nur das Werk überlebt. Alles andere wird schnell vergessen. Aber das wissen Sie ja selber, lieber Martin Walser. Das komische ist nur: Bei Goethe wollen Sie es nicht gelten lassen. Sein Werk sehen Sie nicht. Sie wollen ihn als Mensch runtermachen. Bitte, das steht Ihnen frei. Das hat eine lange Tradition: Goethe und seine linke Opposition. Ein Denkmal anpinkeln ist sicher auch ein lustiges Vergnügen. Nur, wo führt das hin?

Ich sehe das anders. Es scheint mir nicht zufällig, daß in Ihrem Stück nicht ein einziges Mal das Wort Faust auftaucht. Nehmen Sie nur dieses Werk – es mag für das Ganze stehen. Wie da ein Autor ein Leben lang um einen Stoff ringt, nun wirklich wie Hiob mit dem Engel. Sechzig Jahre ging dieser Kampf. Er hatte den frühen Entwurf, den wir heute den ›Urfaust‹ nennen, ja schon aus Frankfurt mit nach Weimar gebracht. Immer wieder blieb das Projekt stecken. Manchmal schrieb er daran, dann blieb es wieder liegen. So vergingen Jahrzehnte. Einer will etwas, aber kriegt es nicht hin.

Schmerz aller Produktiven: Der Stoff entzieht sich immer wieder. Wieviel Qualen und Niederlagen. Immerhin, 1806, in dem Jahr, als er Christiane heiratet, ist wenigstens der erste Teil fertig. Aber damit beginnt ja nun erst der Hauptkampf. Welch ein mühseliges Ringen, den zweiten Teil voranzutreiben. Er war zum Stoff seines Lebens geworden. Er mußte da durch. Erst als er durch war, konnte er sterben. Ich finde es schon bewegend, wie der Greis, zweiundachtzigjährig, wenige Wochen vor seinem Tod das Gefühl hat: Jetzt ist es fertig. Er verschnürt das Manuskript, versiegelt es, beschließt, es erst nach seinem Tode als sein Testament der Öffentlichkeit zu übergeben. Aber er ist noch so lebendig, ein richtiger Künstler, dem Skrupel kommen. Er bricht das Siegel wieder auf, öffnet das Paket, nimmt da und dort eine kleine Textänderung vor, die er besser findet. Dann verschließt er wieder das Paket. Es war ihm klar, daß das Ganze eigentlich mißlungen war – als Theaterstück. Schiller hatte viel perfektere Stücke geschrieben. Schiller war auch viel erfolgreicher zu seiner Zeit. Und doch war das Stück fertig als Fragment und Summe seines Lebens. Mehr konnte er nicht.

Am 17. März 1832 schrieb er in dieser Faust-Problematik noch einen letzten Brief an Wilhelm von Humboldt. Der Frühling liegt in der Luft. Er hofft auf die Sonne, das steigende Licht. Bei einer Ausfahrt ins Grüne holt er sich eine Erkältung, Katarrhfieber, sagte man damals. Es wurde eine Lungenentzündung, und bald darauf ist er nach einem kurzen, heftigen Todeskampf gestorben. Er starb in jenem roten Lehnstuhl, der direkt neben seinem Bett noch heute im Haus am Frauenplan steht.

Ich frage Sie, lieber Martin Walser: Was ist an diesem Leben eigentlich lächerlich? Warum soll man es runtermachen? Er war doch selbst Faust und Mephisto in einem geworden. So etwas bleibt. Es bleibt, solange sich unser Geist auf dieser geschundenen Erde noch regt und verstehen will, was sie im Innersten zusammenhält – die Welt?

Das Wetter – alles hatte hier mit dem Wetter begonnen. Es war warm, sehr schön gewesen, als wir in Frankfurt am Main aufbrachen: Mitte Mai. Es war einer der ersten makellosen Frühsommertage, die mittags schon etwas Hitze bringen, kurzfristig. Es ist eine Hitze, die noch nicht drückt, nicht müde macht, eher froh und zuversichtlich: Wir fahren der Sonne, dem Süden entgegen. In Bayern wird ohnehin alles schöner. Und Oberbayern? Ein Ferientraum von Millionen. Das Hemd also auf, die Ärmel hochkrempeln – los!

Als wir dann aber nach fünf Autostunden oben ausstiegen im Dorf, war alles ganz anders. Statt, wie erwartet, Frömmigkeit und Weihrauch, schlug uns Kälte entgegen: barbarisch. Schnee lag überall auf den Bergen. Eisluft wehte rauh durch das Ammertal. Graue Wolkengebirge schoben sich drohend über den Dächern des Dorfes zusammen. Oberammergau wirkte an diesem Nachmittag wie ein Winterkurort mit etwas nieselndem Märzregen dazwischen: ungemütlich. Ich sah in der Ferne das Passionshaus mit seiner Freilichtbühne. Es wirkte auf mich wie eine riesige Tiefkühltruhe. Da werden wir morgen reingeschoben? Der Anblick war wie ein Kälteschock. Etwas erstarrte in mir.

Eigentlich ist das ja auch nicht ganz zu fassen: Man fährt einen halben Tag in Germany-West Richtung Süden, und was ist? Aus Sommer wird wieder Winter. Und niemand weiß das zuvor zu Hause. Niemand warnt. Wir hatten uns sommerlich warm nur mit ein paar Hemdchen und Badezeug ausgerüstet. Die Menschen hier gingen alle in dickem Winterdreß. Ich sah Damen, pelzvermummt, ich sah Herren in knackigen Skikostümen, Jugend mit Pudelmützen. Dann all die Ehepaare, die, in Mäntel gehüllt, an den Schaufenstern vorbeiflanierten. Der Mann und die Frau, jeder trug für sich ein geballtes Wolldeckenbündel im Arm. Wenn man so etwas auf einer Dorfstraße hundertfach sieht: überall rüstige, in Ehren ergraute Herrschaften, die kolossale Deckenbündel mit sich herumschleppen wie Ameisen Erdkrumen, sieht es nur komisch aus. Der Kongreß der Wolldeckenmenschen tagt, sagte ich höhnisch. Was tun? In Wahrheit, aber das weiß man eben zu spät, zeugt solche Ausrüstung von kluger Kennerschaft und reifer Erfahrung. Es sind die Passionshasen alter Schule. Sie wissen, was läuft, klimatisch.

Immerhin, das Dorf ist solchen Nöten gewachsen. Ich will nicht sagen, daß Oberammergau mit der Klima-Unwissenheit seiner Neulinge einen schwunghaften Textilhandel betriebe. Fest steht nur, und das tröstet: Auch am Samstagabend, auch nach 20 Uhr noch, stehen hier freundliche und gutsortierte Textilgeschäfte einladend offen und bieten Wollenes und Wärmendes in reicher Wahl und dies zu durchaus moderaten Preisen. Und als wir dann nach dem Kauf zweier Decken so wie die anderen mit unserem Bündel unter dem Arm durch das Dorf zogen, sagte ich etwas säuerlich: Es wird doch an Oberammergau immer soviel kritisiert, in der Presse draußen. Einen Verbesserungsvorschlag hätte ich schon: Ich würde auf die Rückseite der großen Eintrittskarten, die in alle Welt geschickt werden, nur einen einzigen Satz drucken lassen, den allerdings in allen Kultursprachen, eine kurze Notiz im Telegrammstil, die sich dauernd wiederholt. »SOS und Nachricht an alle: Zieht euch warm an! Zieht euch warm an, ihr Völker der Welt! Ihr kommt in ein kaltes Haus.«

Der erste Abend, als wir dann das Dorf in Augenschein nahmen: hübsch. Ein Bilderbuch-Bayern ist aufgebaut. Das Wort »Lüftelmalerei« werde ich jetzt nicht erklären. Mit Luft jedenfalls hat es nichts zu tun. Man geht durch einen Menschenwald, holzgeschnitzt. Hinter allen Schaufenstern recken sich Gestalten, massenhaft. Es sind durchweg gute Menschen, sittliche Spitzenklasse sozusagen, die sich auf höchster Ebene bewegen. Es sind edle Frauen, die sich in faltenreichen Gewändern, meistens verzückt, biegen, von einem himmlischen Strahl golden betroffen. Es sind fromme Männer, die sich in Demut und sehr einfachen Kutten auf einen Knotenstock stützen. Sie sind unterwegs. Kinder, Tiere, Sonne, Mond und Sterne: Der ganze Kosmos ist hier, auf eine Weihnachtskrippe vereinfacht, zu haben.

Ich bekenne: Mich läßt das merkwürdig kalt, wie Weihnachten überhaupt. Handwerklich ist das alles perfekt. Das Dorf hat in solchen Sachen schließlich Stil und Tradition seit über fünfhundert Jahren. Mich läßt es trotzdem kalt. Ich würde mir so etwas nie zulegen. Es gehört wohl auch eher in die gehobene Kulturstufe eines potenteren Unternehmertums, zu dem ich mich nicht rechnen darf als literarischer Gemischtwarenhändler. In Bungalows, wo repräsentative Eichenschreibtische und kolossale Fernsehtruhen ohnehin etwas sinnlos rumstehen, auch reiche Stellflächen bieten, schmückt das ganz ungemein. Man weiß dann: Ein Kunstfreund, nicht ein Banker, ein Kulturträger, nicht ein Barbar, ist hier zu Hause.

Also? Oberammergau macht schon auf den ersten Blick einen Eindruck, den ich gepflegt, ja, kultiviert nennen möchte. Die Orgie devotionalen Kitsches, die schon unter dem Kölner Dom beginnt, sich dann über Lourdes nach Fatima zu einem bizarren Ekelgefühl steigert, wird man hier nicht finden. Der Einzelhandel hat strenge Auflagen, was er in seinen Fenstern zeigen darf. Die Kaufleute sind davon nicht immer entzückt. Die Porträts der Darsteller werden hier diskreter gehütet als in Bayreuth. In den Fotogeschäften gibt es eine offizielle Dia-Serie der Passionsszenen, mehr nicht. In den Buchläden ein amtlicher Ortsführer, ein amtliches Textbuch, mehr nicht. Fliegenden Händlern, wie sie überall in Wallfahrtsorten mit ihren frommen Bauchläden auftauchen, ist der Zutritt zum Dorf verboten. Zucht und Ordnung herrschen hier in Geschmacksfragen. Das muß man auch sehen.

Der späte Abend dann, als wir plötzlich in der Dorfkirche standen. Wir waren da, durch das leere Dorf wandernd, mehr zufällig hineingeraten. Die Pfarrkirche von Oberammergau wirkt von außen bescheiden. Innen ist sie ein strahlendes Prunkstück bayrischen Rokokos – viel geräumiger als vermutet. Über tausend Menschen standen dichtgedrängt. Hier ging eben ein festliches Hochamt zu Ende, der offizielle Auftakt der Passionsspiele fand statt, und dies in glanzvoller, sozusagen fürstbischöflicher Besetzung. Die ganze römische Kurie schien versammelt, von München bis Südafrika. Äbte, Bischöfe, Kardinäle. Es wogte alles blauviolett und purpurrot, auch farbige Würdenträger in großem Ornat.

Ein Orchester musizierte eine strahlende Messe. Chöre jubilierten, und Weihrauch wurde geschwenkt: Süß und betäubend drang er mir in die Nase. So soll's ja auch sein. Sehen, hören, riechen, schmecken: Alle Sinne des Menschen werden hier gleichzeitig massiert. Nein, ich bin nicht katholisch. Ich kann mich nicht einmal als Christ bezeichnen, aber ich stelle doch fest: Schön und berauschend, ganz tief die Sinne verzaubernd, ist es doch. Wo gibt es in unserer modernen, technischen Welt noch einen ähnlichen Kult kunstvoller Verzückung? Der Mensch hat auch ein Recht auf das Wunder, auf Pracht und Magie, für ein paar Stunden wenigstens.

Das Endspiel nach dem Hochamt: der Kardinal vor dem Altar. Die Orgel intonierte jetzt leiser, und dabei ging jene Zeremonie vonstatten, die man wohl Investitur nennt. Der Kardinal wurde neu eingekleidet. Es wurden ihm von anderen Priestern zunächst die Meßgewänder abgenommen: ganz langsam, feierlich und rituell. Er stand dann einen Augenblick ganz in Weiß, und danach wurden ihm mit sehr gemessenen Gebärden Stück für Stück seine roten Gewänder zurückgereicht. Das ging fast zehn Minuten so. Ich mußte natürlich an Brecht denken: ›Leben des Galilei‹/12. Bild/Papst Urban VIII. wird vom Großinquisitor angekleidet. Investitur in Rom, während man darüber berät, wie man mit Galilei nun verfahren solle. Ach, Brecht, dieser alte, geniale Theaterhase, Schirmherr aller Künstler und Roßtäuscher und auch noch gottlos – er verstand etwas von solchen Riten. Wie und warum, was geschieht hier denn eigentlich?

Ich sage es jetzt im Klartext: Das Meßopfer ist die Urform des Mysterientheaters. Brot und Wein, Fleisch und Blut, Lamm und Tod – hier hat das seine Wurzeln, historisch gesehen. Das Spiel kann also beginnen?

Die Nacht danach

Gott sei Dank, das Zimmer ist warm. Es knackt immer noch in den Röhren. Sie heizen im Gasthof »Zur alten Post« sehr gut. Pilatus läßt seine Gäste nicht frieren. Gemütlich ist unser Zimmer. Die holzverschalten Wände, die breiten Polstermöbel in der Ecke: solide und schwer. Die Bettbezüge, die Gardinen, die Tischdecke, alle Stoffe sind in jenem weißblauen Karomuster gehalten, das einem versichert: Du bist in Oberbayern, original. Was ist der Freistaat? Eine Himmelsfahne, die im Sturm der Zeit absolut reißfest und rustikal weht.

Es ist elf Uhr abends, ganz still. Das Spiel ist aus. Aus ist der Zauber. Fünftausend Besucher: alle weg, schon wieder verschwunden. Wo sind sie hin? Tiefe Nacht liegt über dem Dorf. Die letzten Busse sind gegen acht Richtung Garmisch aus dem Ort gefahren. Ein Hund bellt im Hof. Draußen regnet es leicht. Es ist still, als sei nie etwas gewesen.

Ich will jetzt erzählen, wie es war: der erste Tag, also unsere erste Passion. Ich habe mir für unsere gute Woche hier zwei bis drei Aufführungen ausgebeten. Mancher schrickt jetzt auf: Ist er von Sinnen? So oft will er sich diese Tortur antun und dies auch noch freiwillig? Ist er ein Masochist? Andere, Erfahrenere werden einwenden: Er übertreibt. Das gibt es doch gar nicht. Alle Eintrittskarten sind längst ausverkauft. Wer ein halbes Jahr vorher noch eine Karte ergatterte, kann von Glück sprechen. Wie macht er das denn? Ist er mit Schwarzhändlern bekannt?

Ich lasse das auf sich beruhen. Ich sage nur: Es fing heute morgen wieder mit Investiturriten, also Einkleidungsszenen, an – bei mir selbst. Das Außenthermometer zeigte vier Grad. Ich zog zwei Paar Socken, zwei Untergarnituren an, und da mir das alles noch zu luftig erschien, zog ich – welch ein glücklicher Einfall! – kurz entschlossen über das Ganze einfach noch den wollenen Schlafanzug, der noch nachtwarm im Bett lag. Darüber zwei Hemden, einen Pulli, den leichten Regenmantel. Die neuen Decken unter dem Arm, die Autohandschuhe in der Hand, so machten wir uns 8.30 Uhr etwas unförmig, aber gut gerüstet auf den Weg. Daß im selben Augenblick, als wir unser Zimmer abschlossen, aus dem Nachbarzimmer Pfarrer Sommerauer heraustrat, auch abschloß, auch mit einem Wolldeckenbündel aufbrach, etwas humpelnd übrigens, ist an sich nicht buchenswert. Ich erwähne es nur im Hinblick auf die Soziologie der Passionsgäste. Es sind vorwiegend Gläubige, Christen aus aller Welt, die hier zusammenströmen.

Und obwohl das so ist, also eher volkstümlich bis schlicht, fühlte ich mich zunächst an Bayreuth erinnert. An einem Premierentag wie heute ist der Vergleich so töricht nicht. Die Auffahrt der Staatskarossen, die Polizei, die vor dem Haupteingang abgesperrt hat, das Klatschen der Leute, wenn Franz Josef Strauß sich aus seiner Limousine herausschafft, die vielen Ehrengäste, die auch Wert darauf legen, gesehen zu werden, der Rundfunk, das Fernsehen, das Sonderpostamt, auch die Fanfarenstöße, die genau wie in Bayreuth die Gäste dreimal zum Spiel einladen – all das weckt Erinnerungen.

Man könnte sogar die Festspielhäuser selber vorsichtig in Vergleich setzen. Merkwürdig jedenfalls, daß solche Tempel der höchsten Weihe von ganz ungewöhnlicher Häßlichkeit sind hier in Bayern, architektonisch, meine ich nur. Von außen wirkt Oberammergaus Haus auch fast wie eine monströse Bahnhofshalle um die Jahrhundertwende. Da es nach vorne ja geöffnet ist und nach innen sehr lang und halbrund, könnte man es mit seinen rüden Stahlkonstruktionen auch als Montagehalle für einen mittleren Zeppelin benützen. Ich dachte: wenigstens in den neun Jahren, wenn keine Passion ist. Man kann aber auch einfacher sagen: Zeitgeist der dreißiger Jahre. Damals baute man so Zeppeline und Festspielhäuser.

Im Zuschauerraum drinnen aber vergeht einem das Lästern. Man ist zunächst verblüfft von der Größe. Was von außen wie ein bescheidener, ziemlich sperriger Kasten wirkt, stellt sich von innen als eine gewaltige Halle, ein riesiger Raum dar, in dem sich der Blick nach rückwärts zu den aufsteigenden Zuschauerreihen in endlosen Fernen verliert. Ein spröder, ganz schmuckloser Raum: fast fünftausend Menschen sitzen hier dicht versammelt. Ein ozeanisches Gewoge von Köpfen und Stimmen. Ja, eine Massenversammlung, bei der man sich aber – Geheimnis dieser Architektur – nicht verloren spürt. Man hat als einzelner nicht das Gefühl der Vermassung. Man geht nicht unter im wogenden Kollektiv. Es sind nur sehr viele Menschen da, die sich nun ihre Decken um den Bauch wickeln, die Brille putzen, das Textbuch aufschlagen, vorsorglich husten. Eine Ordensschwester neben mir fragt mich, ob ich ihren Operngucker haben wollte. Ich bejahe, Franz Josef Strauß' wegen. Er sitzt ganz hinten, geschützt. Er wirkt nicht wie im Fernsehen: gerötet. Eine farblose Blässe, etwas Graues liegt über seinem Gesicht. Ist er erschöpft?

Auch die Bühne vor uns ist imponierend. Sie ist so riesig, daß man sie mit einem Blick nicht erfassen kann. Ich schätze sie fast siebzig Meter breit, doch kann ich mich täuschen. Auch ist es falsch, einfach von einer Bühne zu reden. Die Szene, die vor uns liegt, ist dramaturgisch sehr geschickt gebaut. Dort, wo die halbrunde Überdachung des Zuschauerraums in einem festlichen Bogen aufhört, beginnt das große Freilichttheater. Es wird rechts und links, also ganz außen, von zwei römisch stilisierten Palastfassaden flankiert: links das Haus des Pilatus, rechts das des Kaiphas. Neben diesen beiden Häusern, zur Innenseite hin, sind zwei Torbogen gemauert, die, nach hinten weit geöffnet, die Straße Jerusalems vermuten lassen. In der Mitte aber steht, klassizistisch vereinfacht, tatsächlich ein eigenes Bühnenhaus in bräunlichem Marmorton.

Man muß also wissen: Es gibt in Oberammergau eine zweite Bühne auf der Bühne, die unserer traditionellen Theatervorstellung entspricht, mit eisernem Vorhang, Kulissen, Scheinwerfern und Schnürboden, die nicht groß, aber doch deutlich die Mitte ist. Hier geschieht das dramaturgisch Wichtigste. Aber diese innere Bühne steht selber auf gewaltigem Freilichtszenarium, das ganz in die Landschaft eingepaßt ist. Man sieht im Hintergrund als Begrenzung die Berge von Oberammergau. Es fällt auf das Spiel immer nur das Licht, das die Natur gerade hergibt. Manchmal liegt Sonne über einer Szene, die eher verschattet sein sollte. Manchmal regnet oder hagelt oder schneit es gar auf das Volk von Jerusalem. Aber auch das gibt es ja. Ich habe vor Jahren einmal selber Schnee in Jerusalem erlebt. Es liegt, genau wie Oberammergau, 850 Meter hoch. Fast immer schwirrt dazu eine verirrte Lerche durch die Szene, singt, hoch über den Köpfen der Zuschauer flatternd, ihre Lieder. Es wirkt so stimmungsvoll, daß ich den Vogelgesang zunächst für einen Bühnentrick hielt. Die Lerche kommt aber freibleibend, nicht immer. Wir haben dreimal die Passion gesehen. Ich weiß also, wovon ich spreche.

Musik setzt jetzt ein: großer Orchesterklang. Fast fühlt man sich wieder an Bayreuth erinnert, aber diese Anmutung vergeht rasch. Der reine, herrliche Kammerton von Bayreuth ist auf keiner Bühne der Welt noch einmal zu haben – so wie hier auf dieser Freilichtbühne, wo Laien musizieren. Immerhin, es gibt auch hier einen versenkten Orchestergraben, den man also nicht sieht. Wenn es regnet, tropft es den fünfundsechzig Musikanten direkt auf das Notenblatt oder in die Violine. Die Passionsmusik ist nicht von großer, origineller Hand. Sie bringt aber ihre romantischen Stilmotive geschickt und stimmungsvoll ins Spiel. Sie paßt in die Szene, die Kunst im genauen Sinn ja nicht sein will. Was ist Oberammergau eigentlich? frage ich jetzt zum erstenmal. Was wird hier gespielt, bitte?

Jetzt geht es los. Jetzt kommen von ganz rechts und ganz links, aus zwei äußersten Toren, die noch hinter den Häusern des Pilatus und Kaiphas liegen, die Chorsänger. Sie kommen in langsamen, streng ritualisierten Schritten in Zweierreihen. Sie gehen aufeinander zu: Vierundzwanzig Darsteller kommen von rechts, vierundzwanzig von links – Männer und Frauen. Sie tragen alle fußlange, weiße Gewänder, mit einer grauen Tunika überdeckt. Allen liegt ein goldener Reif auf der Stirn. Wenn die Gruppen sich in der Mitte der Freilichtbühne getroffen haben, tritt der Vorsänger einen Schritt auf das Publikum zu. Er singt sein Baßsolo. Es sind die berühmten Verse, die jeder Oberammergau-Fan kennt. Mit ihnen wird die Passion eröffnet. Sie dringen, oratorisch und opernhaft zugleich, in die riesige Halle hinein: »Wirf zum heiligen Staunen dich nieder, / Von Gottes Fluch gebeugtes Geschlecht!«

Mir aber ging da etwas anderes durch den Kopf. Du, den kennen wir doch, sagte ich leise. Hat dieser kolossale Vorsänger uns nicht gestern abend im Gasthof »Zur Traube« das köstliche Weizenbier, bayrisch, serviert? Ich erbat von der Ordensschwester, linker Hand, noch einmal den Operngucker. Laß doch mal sehen! War das nicht der Kellner?

An einen Zweifler

Ihr Gesicht neulich – ach, unvergeßlich! Wir saßen uns hier in meiner Frankfurter Wohnung gegenüber. Wir beide hatten an jenem Abend eigentlich über ganz andere Sachen zu verhandeln. Es war dieser Augenblick ersten Wiedersehens nach Jahren. Wie geht's, und was machen Sie, und wo waren Sie denn zuletzt? Das sind Fragen, die nicht viel bedeuten. Ich aber habe da in meiner sehr deutschen, auch etwas preußischen Art korrekt geantwortet: Ich war gerade in Oberammergau. Sie sehen ja die Bücher hier auf dem Tisch, lauter Mitbringsel aus dem Dorf. Da entstand auf Ihrem Gesicht dieser Reflex ratloser Verblüffung mit leichter Heiterkeit. Sie sagten es nicht, aber dachten es doch: Wie kann er nur? Fällt ihm nichts mehr ein? Ist er am Ende? Nicht wahr, das dachten Sie doch?

Lieber Doktor Rosenberg! Lassen Sie mich das zunächst sagen: Damit stehen Sie keineswegs allein. Es ist eine sehr weit verbreitete, beinahe typische Reaktion, jedenfalls hier in Deutschland. Ich verstehe sie. Ich ging an die Sache doch ganz ähnlich heran: mit gemischten Gefühlen, würde ich sagen. Ich kann nicht behaupten, daß mich dieser Termin in Neugier und helles Entzücken versetzt hätte. Ich lächelte auch etwas abschätzig, von oben herab. Es war ein Unterton nicht ganz glaubwürdiger Selbstzufriedenheit mit im Spiel, wenn ich noch hinzufügte: Pfingsten in Oberbayern. Ich finde, es gibt düstere Ziele.

Es gab allerdings eine leichte Aufwertung des Projektes: Ende März dieses Jahres. Ich war wieder einmal auf Amerikafahrt. Es war in San Francisco. Wir standen da im Büro der Lufthansa, das in San Francisco gleich neben dem Union Square in einem Bürohochhaus liegt. Wir mußten warten, standen so herum, blätterten in den Werbebroschüren dieser Fluggesellschaft. Und da plötzlich, im März in dieser schönsten Stadt Amerikas, mußten wir jäh auflachen, als wir einen großen Prospekt fanden, in

dem in strahlendem Bunt zu lesen stand: »Oberammergau –
Come and discover Bavaria!« Bitte, sagte ich. Wir liegen doch
richtig! Wir haben gebucht. Es muß etwas dran sein an diesem
Dorf, wenn so potente Monopole der Nation, die schließlich
wissen, was sie tun, nicht mit Frankfurt, nicht mit Berlin, auch
nicht mit dem schönen Glanz Münchens werben. Oberammergau ist offenbar das Reizwort, das maximal zieht über den großen Teich.

Sehen Sie, jetzt, wo ich zurück bin, nicht nur aus Amerika,
auch aus diesem Dorf, kann ich es bestätigen: Für die Welt
draußen sind die Passionsspiele ein Ereignis von ganz ungewöhnlicher Publizität. Sie müssen sich vergegenwärtigen, was
da geschieht. Es kommen in diesem Sommer eine halbe Million
Fremde aus aller Welt in dieses Dorf. Das Dorf hat 4500 Betten
und 4700 Sitze im Passionshaus, und alles ist überfüllt, immer
jeden Morgen, fünfmal die Woche. Sie spielen von Mai bis September. Sie könnten das ganze Jahr durchspielen, ohne damit
die Nachfrage zu befriedigen. Und sie machen das nun, alles in
allem gesehen, schon fast 350 Jahre lang. Oberammergau ist,
wenn man die griechische Tragödie und das Shakespeare-Thea-
ter abzieht, die älteste Bühneninstitution der Welt. Passionsspiele hat es in den Tälern dieser Landschaft zwischen Tirol und
Schwaben und Bayern immer wieder gegeben. Aber nur dieses
eine ist geblieben und nimmt an Berühmtheit dauernd zu. Es ist
heute die größte Laienbühne der Welt. Warum und wieso? Wenigstens vom Sozialpsychologischen her ist es ein Phänomen,
das interessiert. Es interessiert mich die Frage: Was treibt die
Menschen immer wieder hierher?

Man kann natürlich sagen: na, was schon? Es ist eine fabel-
hafte touristische Attraktion: ein bißchen Alpenglühen mit viel
Barockanmut, ein bißchen Dorfidylle mit Religion. Tu noch die
frische Landluft und all die Holzgeschnitzten hinzu, die bärtig
und in krachledernen kurzen Hosen wie Museumsstücke durch
das Dorf stapfen – das ist doch der Stoff, aus dem die deutschen
Träume Amerikas sind.

Lieber Doktor Rosenberg! Wäre ich jetzt nicht dort gewesen,
ich würde Ihnen zustimmen. Von außen sieht das beinah so aus.
Jetzt, nach meinem Lokaltermin dort, sage ich aber: Vorsicht –
die klarsten Lösungen sind manchmal die dümmsten. Es ist da
noch mehr im Spiel. Ich kann es einstweilen nur in der Nega-
tion formulieren. Wir sind in Amerika auch öfter ins Playhouse
gegangen. Es war natürlich in New York. Es war auf dem

Broadway. Sie spielen da rund um den Times Square all die berühmten Stücke der frühen sechziger Jahre wieder. Amerika ist ja überhaupt sehr nostalgisch im Augenblick. Wir haben ›Oklahoma‹ und ›O Calcutta‹ und die ›Westside-Story‹ wieder gesehen. Jetzt, wo ich Ihnen das schreibe, muß ich bekennen: Ich habe das längst wieder vergessen, alles. Das, was der weltberühmte Broadway da offeriert, bleibt ganz oberflächlich, obwohl ich wahrlich kein Verächter des amerikanischen Showbusineß bin. Es ist nicht der Rede wert – hinterher. Die Bilder aus Oberammergau, die gleich nach Amerika kamen, habe ich aber nicht vergessen. Sie sind stark und lebendig geblieben. Etwas hat mich da manchmal getroffen – was?

Ich bitte um Vergebung, wenn ich noch einmal auf unsere gemeinsame Stunde hier zu sprechen komme. Als Sie nämlich schon auf dem Flur standen, beim Weggehen, kam von Ihnen ganz unvermittelt, beinah mit Heftigkeit diese Frage: Ist das nun antisemitisch da? Es ist tatsächlich die einzige Frage, die in Sachen Oberammergau unsere Intellektuellen interessiert. Übrigens nicht nur unsere. Auch in Amerika, auch die Rabbiner New Yorks haben diese Frage in ähnlicher Heftigkeit gestellt. Ich verstehe sie. Sie ist völlig berechtigt. Ich kann Ihnen nach meinem Lokaltermin aber versichern: Nein, was jetzt dort Anfang der achtziger Jahre gespielt wird, ist in keinem Satz mehr antisemitisch. Sie haben das alles gestrichen, was Anstoß gab. Sie haben auch Neues hinzugetan. Gegrüßt werden die Brüder und Schwestern in Israel, aus dem der Erlöser kam. Sie singen jetzt: »Fern sei jedes Bemühen, die Schuld bei anderen zu suchen. / Jeder erkenne sich selbst / Als schuldig in diesem Geschehen.«

Na ja, ob das sprachlich sehr schön ist, stelle ich anheim, aber man erkennt doch den guten Willen. Von dieser Seite her, also politisch, kann man Oberammergau nicht mehr beikommen. Aber es bleiben, was Erneuerung oder Reparatur der Passion betrifft, genügend Probleme. Ich komme darauf auch noch zu sprechen.

Welch eine Idee, welch eine abstruse Phantasie, nicht wahr? Aber so ganz abwegig ist sie doch auch wieder nicht? Der Mann ist ja aus dieser Region, so weit nicht weg – oder? Wir haben jetzt schon die zweite Passion hinter uns. Heute ist spielfreier Tag. Wir wollen in die Umgebung fahren: nach Kloster Ettal, nach Garmisch, nach Mittenwald, putzige, hübsche Orte, wo man auf der Straße nur noch Ruhrmenschen trifft, Leute aus Wattenscheid oder Wanne-Eickel, die sich mit den gebräunten Gesichtern von Vollurlaubern hier deutlich erholen, den hochgetrimmten Pudel, die etwas vergrämte Gattin, Torte schleckend, in der Konditorei neben sich. Nichts ist ja anstrengender als ein ausgereifter Erholungsprozeß, für mich jedenfalls. Solche Ferienidyllen können erbittern. Sie können in Ehren ergraute Ehepaare zur Verzweiflung, also bis an den Rand der Scheidung treiben. Phantasiere ich schon? Bin ich schon auf dem Trip?

Mittenwald zum Beispiel finde ich entzückend, im Vorübergehen. Ich stelle es mir gleichwohl bedrückend vor, hier vier Wochen im Kurschritt immer auf und ab gehen zu müssen, dreimal täglich am Fuß des gewaltigen Karwendelmassivs zu stehen, wissend: Nie wirst du es zwingen. Immer wird dich seine weiße Majestät neu niederwerfen. Schwindelnde Eishöhen – wer bin denn ich, ganz da unten? Eine Ameise, die sich mit Spaziergängen, mit Halbpension im Hotel »Alpenrose« durch den Tag schlägt. Abends, wenn nicht gerade ein Trachtenfest winkt, immer Fernsehen: B 3. Von Überfremdung ist hier nichts zu erkennen. Keine Nordlichter flackern. Wenigstens der Bildschirm 3 ist noch fest in bayrischer Hand.

Also meine Ideen, meine abstruse Phantasie. Ich stelle mir vor, daß Brecht jetzt neben mir sitzt im Auto. Er ist nicht der erfahrene, alte Theaterpraktiker aus Ost-Berlin. Er ist der junge, der arme BB aus Augsburg. Er ist Anfang Zwanzig. Der große Stückeschreiber ist noch nicht zu erkennen. Nur sein runder, eigenwilliger Kopf, das verschmitzte Gesicht mit den dunklen, listigen Augen, seine zierlichen Hände, die etwas nervös spielen, lassen erkennen, was kommt. Ich will ihm erzählen, was war bei unserer zweiten Passion. Ich spüre: Er hat Sinn, er hat Nase für solche Probleme. Er ist die Adresse, die lohnt.

Schade, daß Sie nie da waren, Herr Brecht, würde ich also vorsichtig beginnen. 1922, in der 31. Passionsperiode, Sie waren damals vierundzwanzig, hätten Sie doch mal rüberfahren können, von Augsburg. Immerhin gab es schon damals 67 Vorstellungen. Oder waren Sie bereits in Berlin? Oder – noch schlimmer – besuchten Sie vielleicht Oberammergau, und man verschweigt es uns heute, weil Sie später so ein unverkennbarer Kommunist wurden? Man kann es nicht wissen, in dieser Region. Es sind jedenfalls fast alle Großen zu ihrer Zeit einmal dort gewesen: Bruckner und Liszt, Wagner und Richard Strauss, Pfitzner, Thomas Mann, Ringelnatz, auch Hitler natürlich. Ich meine, Oberammergau hätte Sie als Theatermann interessieren müssen. Jetzt, nachdem ich das Stück zum zweitenmal gesehen habe, vertrete ich nämlich mit Nachdruck die These: Die Passion ist Ihrer Theorie des epischen Theaters gar nicht so fern. Sie ist doch, natürlich in einer historischen Vorform, das klassische Lehrstück, das Sie dann später entwickelt haben. Das Stück ergötzt, erbaut und belehrt zugleich ungemein. Es bestärkt im rechten Glauben und ist doch eine einzige Augenweide. Haben Sie je etwas anderes gewollt?

Ich stelle mir vor, daß der junge Mann neben mir im Autosessel etwas zu rutschen beginnt. Er schüttelt den Kopf, winkt ab, er meldet mit seiner hohen, leicht meckernden Stimme Einwände an. Ist das nicht viel zu erbaulich und fromm da? fragt er. Der Kopf soll klar bleiben. Der Zuschauer soll nicht in Gefühlen schwelgen – er soll erkennen. Na ja, würde ich dann erwidern, da ist schon was dran, aber liegt nicht auch Ihren Werken ein kräftiges Stück Gläubigkeit, an Karl Marx nämlich, zugrunde? Und was heißt schon Erkennen und kritische Distanz? In Ihren gelungensten Szenen, in ›Herr Puntila und sein Knecht‹ etwa, da gehen doch auch die theatralischen Pferde mit Ihnen kräftig durch. Da wird aus dem betrunkenen Gutsbesitzer allmählich ein wunderbarer Mensch, mit dem wir fühlen. Und ›Mutter Courage‹? Was ist da mit der kühlen Distanz? Es ist eine einzige, ergreifende, biblische Klage vom Krieg, fast alttestamentarisch. Übrigens auch eine Passion aus dem Dreißigjährigen Krieg. Doch lassen wird das – junger Mann!

Die Passion läuft so ab: Erst zieht immer der Chor in grauen Gewändern auf. Er hat noch ganz im Sinne der antiken Tragödie die Rolle des Kommentators. Er beklagt, er erklärt, was kommt. Aus dem Chor tritt der Vorsänger hervor. Er bedeutet dem Zuschauer den tieferen, heilsgeschichtlichen Zusammenhang der folgenden Spielszene. Zum Beispiel: Jesus nimmt Abschied von seinen Freunden in Bethanien. Prozeß, Verurteilung und Tod werfen schon ihre Schatten. Aber bevor diese

Handlung beginnt, gibt es einen Verweis ins Alte Testament, ein Zitat sozusagen. Das, was du jetzt gleich als aktuelle Handlung sehen wirst, Zuschauer, ist schon im Alten Testament vorgeformt. Es war alles schon einmal so ähnlich. Jesus nimmt Abschied von den Seinen in Bethanien – man kann genauso auch sagen: Der junge Tobias nimmt Abschied von seinen Eltern. Das steht im Buch Tobias, Kapitel 5, Vers 5–22 geschrieben.

Jetzt geschieht auf der Bühne etwas Merkwürdiges. Jetzt tritt nämlich der Chor so zurück, daß er das innere Bühnenhaus nur noch von beiden Seiten flankiert. Der mattblaue Bühnenvorhang geht auf – und was ist in strahlender Theaterdekoration und in prächtigen Kunstfarben zu sehen? Die Szene mit dem jungen Tobias. Sie ist wunderschön, eine wahre Augenweide. Und das komischste ist: Das Bild ist wirklich nur ein Bild. Niemand bewegt sich, nichts regt sich, vorausgesetzt, daß nicht ein bayrischer Wind durch die Szene oder doch wenigstens durch die Röcke der Darsteller weht. Alles steht ganz stumm und starr, und zwar in den verrücktesten, ekstatischsten Bewegungsabläufen. Vater und Mutter halten ihre Hände segnend über den Sohn. Oder später in einem anderen Bild: Isaak, zum Opfer bestimmt, steigt mit dem Holz beladen auf den Berg Moria. Man sieht Isaak, wie er ein schweres Holzbündel auf dem Rücken trägt. Baumstämme von mindestens drei Meter Länge. Andere recken die Hände beschwörend zum Himmel – reiner Expressionismus. Die Baumstämme zittern nicht, die Arme der Klagenden werden nicht müde, sich nach oben zu recken, auch wenn das Bild zwei oder drei Minuten so stehenbleibt.

Das sind also die berühmten »Lebenden Bilder« von Oberammergau. Ich gestehe Ihnen, junger Mann, ich war fasziniert. Mehr noch: Ich war betroffen. Ein fabelhafter Bühneneffekt. Es sind Szenen von fast perversem Reiz. Die Wirkung auf die Zuschauer ist enorm. Unsere Cineasten arbeiten ja auch manchmal mit der Technik der Standbilder. Hier aber, vermute ich, kommt das ganz unbewußt. Ich stelle mir vor, daß es diese lebenden Bilder in der Tradition der bäuerlichen Mysterienspiele schon früher gegeben hat. Es sind ja eigentlich nichts als Altargemälde, große Tafelbilder, Stellwände christlicher Kunstmotive. Manche Bilder, wie etwa die Auferstehung, Triumph und Verherrlichung Christi, haben mich an Matthias Grünewald erinnert. Sie sollen es wohl auch: Zitatkunst.

Dann schließt sich der Vorhang. Ich atmete immer auf: Gott

sei Dank, nichts passierte. Das Schauspiel der Starre ging wieder einmal gut über die Bühne. Der Chor tritt wieder zusammen. Der Sopransolo singt: »Wo ist er hin? Wo ist er hin / Der Schönste aller Schönen?« Von den Texten kann man das nicht immer sagen. Jetzt zieht der Chor noch einmal moralisch Bilanz, und dann geht die Handlung los. Jetzt kommen die großen Massenszenen auf der Freilichtbühne, für die Oberammergau ja berühmt ist. Sehr bunt und bewegt, sechshundert Darsteller spielen manchmal mit: Jesus wird gebunden zu Pilatus geführt, der Hohe Rat fordert von Pilatus den Vollzug der Todesstrafe. Jesus wird schließlich nach langem Hin und Her von Pilatus zum Tod verurteilt – es sind die Geschichten, die man ja kennt, biblische Geschichten, die man in der Kindheit im Religionsunterricht bis zum Überdruß lernen mußte, fromme, eigentlich ausgelaugte Geschichten nach zweitausend Jahren. Ich kann nicht sagen, daß sie mich hier gelangweilt hätten.

Aber ihn hat es wohl? Was ist? Meine verrückte Idee, meine Traumphantasie ist verschwunden. Wo ist er hin – der schönste aller schönen Dichter, heute? Ach, im Theater ist alles nur Schein. Nichts hat Bestand. Der Vorhang zu, der Vorhang auf. Die nächste Szene, bitte! Wir sind wieder allein.

Wir haben auf dem Rückweg noch einmal in Kloster Ettal Rast gemacht. Es war Abend geworden. Ein wunderbarer Frieden lag über der Landschaft. Die Wiesen rochen so frisch, die Luft war rein und doch würzig. Und Kühe standen auf der Alm im Gras, die Euter prall gefüllt. Wir sind den Bergweg hochgegangen. Und wenn man dann dort oben sitzt, hat man einen Blick über das ganze Tal: märchenhaft. Das Kloster liegt wie ein gewaltiges Barockschloß unten im grünen Grund. Schwarze Wälder, stolze Berge. Es war sogar ein Hauch von Sonnenuntergang am verschleierten Himmel zu erkennen. Es war sehr schön.

Welch ein Idyll, nicht wahr, zum Reinbeißen. Aber glaube mir, sagte ich: Es täuscht. Das ist nur die Außenseite. In Wirklichkeit war alles ganz anders. In Wirklichkeit war das Leben der Menschen hier damals Entbehrung und Not. Es war Armut, Heimsuchung, es war Schmerz und Angst, Angst vor dem Tod vor allem. Natürlich kommen solche Passionsstücke aus der Landschaft. Natürlich sind das alles ganz tiefe Erfahrungen des Volks. Der Schmerz von Jahrhunderten, das Blut vieler Generationen steckt darin. Ursprünglich war es ja ein Gelübde gegen die Pest. 1632 war das. Damals ging wieder einmal der schwarze

Tod durch das Land, die schwedischen Marodeure dazu. Tod, Tod, Tod – ganze Täler waren hier ausgestorben im Dreißigjährigen Krieg. Die Menschen verhungerten, verfaulten am lebendigen Leib. Die Pestkarren brachten nachts die Leichen weg: massenhaft. Damals gab es noch kein Penicillin. Es gab nur den Tod und allerdings auch die Hoffnung auf etwas Wunderbares. Die Hoffnung ist das Wunder des Menschen.

Weißt du, das letzte in dieser Sache kann ich erst jetzt sagen, jetzt, wo er weg ist. Ich bin ganz froh. Er hätte das nie verstanden. Darin war er ein waschechter Marxist. Er hatte kein Verhältnis zum Tod. Er hatte kein Verhältnis zur Angst. Und was das Leiden anlangt, so sah er es, wie alle Marxisten, rein sozial. Da ist etwas Richtiges dran, aber nur obenhin. Die Angst und der Tod bleiben dem Menschen, auch wenn einmal die vollkommene Gerechtigkeit hergestellt sein sollte. Mir scheint es ohnehin mehr ein Alptraum: Vollkommenheit hier. Doch lassen wir das. Ich spreche jetzt von der Kreuzigungsszene. Christus hängt oben am Holz, sehr hoch: die Arme weit ausgestreckt, die Dornenkrone, der nackte Leib, das weiße Lendentuch über der Scham. Noch sieht man an seinem Brustkorb, daß er atmet. Der Brustkorb geht mit allen Rippen immer auf, dann zurück. Er ruft: Mich dürstet! Er bekommt den Schwamm. Und dann, nach einer langen Pause, der kurze Todeskampf. Er ruft, er schreit plötzlich, und alle Verzweiflung der Kreatur schreit da mit. Er schreit: Eloi! Eloi! Lama sabachtani! Es ist vollbracht! Dann sackt er zusammen. Dann hängt der Kopf nach vorn über, und nichts regt sich mehr im Brustkorb. Ein Mensch wird zur Leiche, und diese erstarrt langsam. Wie macht er das übrigens, der Darsteller? Er muß Atemtechnik gelernt haben, vermute ich.

Also das, darum geht es zuletzt. Der Tod ist die Passion, die auf uns alle wartet. Hier wird doch unsere Geschichte verhandelt, und deshalb trifft sie uns immer noch. Der Tod trifft nämlich immer genau ins Schwarze.

Das Dorf der Spieler

Vier Monate geht das hier so, Schlag auf Schlag, fast wie das Brezelbacken. Vorgestern war das Büropersonal der bayrischen Staatskanzlei dran, gestern waren es die Gewerkschaften, morgen sollen Berliner kommen. Heute sind es die Amerikaner: die NATO-Schule hier und die US-Forces. Der Roten Armee würde ich auch eine Vorstellung empfehlen. Nachhilfestunden in letzten Dingen. Die Russen früher waren im Leiden sehr stark. Die Amerikaner erkennt man an ihrer Lockerheit, ihren bunten T-Shirts und daß sie jetzt kein Geld mehr haben: Arme Hunde sind diese GIs, die uns verteidigen sollen. Sie gehen nicht essen. Sie lagern in der Spielpause im Grünen. Sie packen diese grauenvollen Hamburgers und Cheeseburgers aus, obwohl doch Bayern nun wirklich das Schlaraffenland der Würste ist. Sie halten die Coca-Cola-Büchsen an den Mund, obwohl das bayrische Bier doch viel besser mundet. Es ist erstaunlich zu sehen, wie viele fromme Amerikaner es gibt, vor allem unter der Jugend. Ist Amerika eine christliche Nation?

Ja, ein Massenbetrieb, ein sehr buntes Treiben beginnt jetzt in der Mittagspause. Autos stauen sich. Omnibusse rangieren. Zuschauer schieben sich mit ihren Wolldecken über die schmalen Bürgersteige. Ein paar Polizisten regulieren das alles mit ihren Sprechfunkgeräten höchst zivil. Eigentlich besteht gar kein Grund zur Eile. Die Passion ist ohnehin viel kürzer, als ich dachte. Sie dauerte vormittags von 9 bis 11.15 Uhr. Um 14.30 Uhr geht es dann weiter bis 17.15 Uhr. Man kann nicht sagen, daß dies strapazierend sei. Um halb sechs beginnt sich schon alles zu verlaufen. Jetzt stehen die Geschäftsleute in ihren Läden. Jetzt warten sie auf den großen Schnitt. Die Kauflust der Gäste scheint sich in Grenzen zu halten. Fromme Konsumorgien sind nicht zu sehen. Der Buchhändler zeigt ein vergrämtes Gesicht. Nicht ganz ohne Verbitterung bilanziert er: Am Sonntag neulich nach der Premiere 5000 Gäste, und wissen Sie, was ich verkauft habe? Ein paar Zeitungen, ein paar Postkarten – kein einziges Buch.

Aber die Häuser der leiblichen Freuden, ich meine: die Wirtsleute, können nicht klagen. Das mit den Arrangements ist schon sehr geschickt. Man kriegt nämlich als Tourist die begehrte Eintrittskarte nur, wenn man eine Übernachtung und das Essen dazu vorweg mitbucht. Es gibt gute Gründe dafür. Es gibt auch Ausnahmetage. In unserer »Alten Post« geht es hoch her. Der Hausherr, Preisinger Anton, man kann aber auch sagen: Pilatus dirigiert das Gedränge diskret an der Rezeption. Die Kellner jonglieren mit ihren Suppen und Knödeltellern kunstvoll von Saal zu Saal. Sie schleppen das Bier. Sie stöhnen. Auch das geht Schlag auf Schlag, sehr flink. Man spürt die Routine. Sie kennen das Stück von Kindesbeinen an. Die Gastronomie sahnt hier sicher am fettesten ab. Die Preise sind für ein Dorf hoch, für den Treffpunkt der halben Welt aber durchaus moderat. Münchner Preisniveau, könnte man sagen.

Ich habe nie recht begriffen, wie die Darsteller, immerhin sechshundert Leute, so rasch nach Hause finden. Ich sah die berühmten Oberammergauer Charakterköpfe viel weniger als erwartet. Ob sie Katakomben benützen? Ich sah manches Orchestermitglied sich still aufs Fahrrad schwingen. Ich weiß von Kaiphas, dem Gastwirt der »Rose«, daß er, gleich nachdem er als bärtiger Hohepriester den Tod Jesu besiegelte, sich flugs in seine Hotelküche begibt, um dort mit seinen Köchen die Speisen zu richten. Es ist ein noch junger, schmaler, dunkelhaariger Mann, der, abgeschminkt, gar nicht nach Oberammergau aussieht. Er könnte genauso in Bad Godesberg oder Freiburg hinter seiner Theke stehen. Das mit dem Bauerntheater, krachledern, ist ohnehin blanker Unsinn. Es gibt hier fast keine Bauern mehr. Es sind Angestellte, Bankleute, Handwerker, Schüler, Techniker und viele Hotelgeschäftsführer. Nur die Rolle des Nikodemus ist mit einem Arbeiter besetzt. Es gibt, wie immer in florierenden Gesellschaften, die großen Familien, die dominieren: sozusagen die Rothschilds oder Kennedys im Dorf. Früher waren das vor allem die Langs und die Rutzs. Heute scheinen die Zwinks zur Elite zu gehören. Was sind das für Menschen?

Also die Zwinks, nur als Beispiel. Sie sind tatsächlich in der Passion sehr engagiert. Frank Zwink, der Vater und Bürgermeister von Oberammergau, ist als Prologsprecher, aber auch stellvertretender Spielleiter ausgewiesen. Ein Vitus Zwink ist zweite Prolog-Besetzung. Luise Zwink spielt die Salome, Werner Zwink den Hohepriester Sadok, aber auch noch den Ptolemäus. Über Rudolf Zwink, den Sohn des Bürgermeisters, als Christusdarsteller werde ich noch gesondert sprechen. Wenn man als Fremder solchen Familienauftrieb in der Besetzungsliste ausfindig gemacht hat, ist man natürlich mißtrauisch. Was wird hier gespielt? Wer hält da wem die Hand? Wer hat da wem zugezwinkert? Laß uns das einmal genauer erforschen, sagte ich. Wir blicken jetzt einmal hinter die Kulissen. Wir reißen den frommen Vorhang entzwei.

Wenn man einmal diese Position bezogen hat, fühlt man sich stark. Sie ist so vertraut, sozusagen branchenüblich. Es gehört zum Jargon unserer gehobenen Publizistik, die Umtriebe im

Dorf zu entlarven. In der angelsächsischen Presse ist das anders. Da legen sich unsere Intellektuellen, ob nun links oder rechts, ganz außerordentlich ins Geschirr sittlicher Entrüstung. Etwas Hohn, etwas Häme sind auch beizumischen. An diesem Dorf der Spieler wagt auch der jüngste Redaktionsassistent noch sein Mütchen zu kühlen. Das trieft nur so von Moral. ›Kommerz und Kasse‹ heißt das oder ›Der versilberte Verrat‹ oder ›Jesus und die Biedermänner‹ oder ›Zum Ruhme Gottes und zur Vermehrung des Geldes – Amen!‹ – selbst handfeste Sexmagazine wie ›Playboy‹ zum Beispiel werden da hochmoralisch. Wie Gouvernanten beklagen sie den sittlichen Verfall: ja, früher einmal! Aber jetzt? Nichts als Geschäft!

Na und? Der Mann, der mir nun gegenübersitzt, ist dieser Franz Zwink. Er ist Ende Fünfzig, klein, von gedrungener Gestalt, er hat dunkle, kurze Haare, einen kleinen Kinnbart: grau. Er sitzt an seinem Schreibtisch, und was mir zunächst auffällt, ist seine Ruhe. Er hat so gar nichts von der Aufgeregtheit jener Dorfbürgermeister, bei denen plötzlich die große Welt zu Gast ist. Die kriegen doch dann immer das Flattern. Obwohl es in diesen ersten Tagen hier nun wirklich wild zugeht, ist nichts als gelassene Ruhe zu erkennen. Ach, lassen Sie doch das, sagte er beinah besänftigend, als ich ihm diese Titel der deutschen Presse zitiert hatte. Das gehört doch dazu. Das war immer so. Wir sind das gewöhnt. Uns stört das nicht. Die Journalisten draußen machen ihre Arbeit, wir unsere. Jeder soll schreiben, was er will. Keiner muß kommen, wenn es mißfällt. Nur: Die Passion hier, die machen wir, wie es uns gefällt.

Ist das nun Sanftmut, Toleranz oder provinzielle Wurstigkeit? Ich glaube, es ist viel einfacher. Es ist eine solide Portion gesunder Selbstsicherheit. Sie werden kräftig verhöhnt, aber es ficht sie nicht an. Erste Erkenntnis auf meiner Seite: Richtige Künstlernaturen sind sie nicht. Professionelle Schauspieler sind ganz anders. Sie schreien auf, sie werden rasend bei jedem Verriß. Es muß wohl so sein.

Sehen Sie, sagte er später und schob mir die neueste Ausgabe des ›Garmisch-Partenkirchner-Tagblatts‹ zu. Da, dieser Kommentar von heute morgen. Titel: ›Hat's Oberammergau nicht nötig?‹ Der Journalist beklagt, daß wir zur Presseaufführung am Sonntag über tausend Journalisten einluden mit Freikarten, hinterher aber keine Pressekonferenz veranstaltet haben. Na und? sagte er. Wir können so etwas nicht: Pressekonferenz. Wie sich das Wort schon anhört. Wir sind doch kein Staatstheater. Wir würden auf die gescheiten Fragen der Kritiker doch nur wie dumme Hanseln dastehen. Wir sind doch nur ein Dorf, das spielt.

Da war es wieder, was ich meine: kritische Selbsteinschätzung. Sie wissen genau, wer sie sind und was sie können und auch was nicht. Gesund will mir solche Beschränkung scheinen.

Abends dann Rudolf, sein Sohn: Im Ort kann man ihn auch »den Christus« nennen. Ein netter Junge ist Rudolf Zwink. Anfang Zwanzig: ein schmaler, drahtiger Bursche, sportlich, flink, sehr gewandt. Man spürt den trainierten Bergsteiger. Er hat die Leichtigkeit, die federnde, beinah springende Beweglichkeit junger Gemsen. Er hat auch etwas Witz, einen Anflug junger Selbstironie. Er studiert Zahnmedizin. In Köln? frage ich. Ist das nicht etwas weit für den Hauptdarsteller? Wie machen Sie das? Ja, er könne natürlich viel bequemer in München oder Erlangen Zahnmedizin studieren, aber der Numerus clausus – diese irre Computer-Bürokratie heute. Doch mit seinem kleinen Franzosenauto schaffe er es immer wieder. Er berichtet von erstaunlichen Rekorden auf der Autobahn. Köln hat auch seine Vorzüge, sagte er später. Wissen Sie, die sind so katholisch da, ganz anders als wir hier in Bayern. Bei den Rheinländern geht das viel tiefer als bei uns. In Köln an der Uni ist das noch was: Jesus Christus, aber hier? Er grinste dazu höchst possierlich.

Natürlich kamen wir dann auch auf die Kreuzigungsszene zu sprechen. Sie ist unter anderem ein Höhepunkt physischer Leistung. Wie Sie da zwanzig Minuten mit nacktem Körper oben am Holz hängen: bei Wind und Wetter, bei Kälte und Schnee, manchmal. Daß Sie sich da nicht erkälten? Zweiundzwanzig Minuten, bitte, verbesserte er mich kokett. Aber das ist nicht das schlimmste. Ich bin ja trainiert. Ich hocke auf einem winzigen Klettersitz. Wissen Sie, sagte er dann, viel schlimmer ist es in der Sommerhitze. Schwer ist zum Beispiel die Abendmahlszene. Da muß ich doch unter den Jüngern so sanft und verinnerlicht stehen: Brot und Wein hebend. Und dann kommen in der Augusthitze plötzlich Bienen angeschwirrt. Ein Bienenschwarm, der sich nicht nur auf das Brot setzt. Sie krabbeln mir ins Gesicht, und ich darf nicht einmal zwinkern. Schelm, dachte ich. Aber so, ungefähr so, sind die Zwinks.

Also in summa, Schlußbilanz? Die Oberammergauer sind keine Bauern, die Theater spielen. Sie sind aber auch keine Schauspieler von Profession. Dazu sind sie zu wenig verletzlich, auch zu uneitel. Sie sind etwas ganz Eigenes, genau in der Mitte von beiden. Laien, die sich ein Stück naiver Spiellust erhalten haben, könnte man, ungenau, sagen. Aber so naiv ist ihre Situation ja nun auch wieder nicht. Sie machen das schließlich seit über zehn Generationen: immer nur das. Die Passion ist ihr schönstes Spielzeug, ihr Job und ihr Leben, zuletzt. Es steckt ihnen längst im Blut, geht mit der Muttermilch ein. Zuerst wirken alle Kinder beim Volk mit, später als Heranwachsende bekommen sie einfachere Sprechrollen, manchem wird als Erwachsenem das Glück einer Hauptrolle zuteil: Da kann man zum Apostel oder zum Mitglied des Hohen Rats gewählt werden. Noch als Greis mit achtzig kann man hier auf der Bühne stehen. So wachsen sie alle hinein in das Stück, um das sich ihr Leben dreht bis zum Tod.

Ich meine: Das ergibt, beinahe schon erbbiologisch, eine ganz spezifische Mischung; Tradition und Frische, Naivität und Routine zusammen bewirken einen Typus einmaliger Art. Ich möchte sie Passions-Komödianten nennen. Ich möchte mich nicht übernehmen. Für letzte metaphysische Spekulationen bin ich nicht zuständig. Aber ich erinnere an Dante. Zuletzt soll ja, nach Dante, Gottes jenseitiges Spiel mit dem Menschen eine Komödie sein: ›La Divina Commedia‹, zwischen 1310 und 1320 geschrieben. In diesem Sinn ist mein Wort gemeint: Passions-Komödianten – rustikal.

Dissonanzen – ein Zwischenruf

Was? Was sagen Sie, bitte? Ich kann Sie so schlecht verstehen! Können Sie nicht etwas langsamer sprechen? Was ist denn los? Warum sind Sie so aufgeregt? Und wer sind Sie eigentlich, bitte? Es ist offenbar ein Mann, obwohl die Stimme so hoch, richtig erbittert klingt, beinah hysterisch vor Aufgeregtheit. Ich sage: Stell doch den Fernseher mal leise! Da ist jemand am Apparat, der will mich offenbar umbringen. Zuvor möchte ich nur wissen warum. Die Stimme sagt: Ich höre Ihnen jetzt schon die ganze Zeit zu. Ich kann einfach nicht mehr! Es ist unerträglich. Was für ein Kitsch – vor allem das über die Zwinks! Es ist doch ein ganz fauler Zauber, den Sie hier abziehen: bestellte Arbeit zur Imagepflege der Daisenbergers, nicht wahr? Was kriegen Sie eigentlich dafür?

Ich: Ach, das Honorar hält sich in Grenzen, wenn ich an die

Millionen denke, die bei Ihnen hier Woche für Woche umgewälzt werden. Aber noch einmal: Wer sind Sie, bitte, mein Herr? – Er: Ich bin ein Oberammergauer, einer von vielen. Genügt's? Wir protestieren! Sie pinseln da ja Idyllen, unerträglich! Wissen Sie denn gar nichts von der Wirklichkeit hier? Sind Sie dem schönen Schein so blöd aufgesessen? Hier werden, wenn Sie nicht da sind, Schlachten geschlagen. Hier sind Haß und Bosheit, Unterdrückung und Herrschaft zu Hause. Haben Sie eine Ahnung, wie hier die Frauen behandelt werden, etwa bei der Wahl der Darsteller? – Ich, meinerseits: Von der Mißachtung des weiblichen Geschlechts habe ich etwas bemerkt. Die Leute hier wagen ja nicht einmal *die* Passion zu sagen. Sie sagen am Ort alle *der* Passion. Ich finde das auch ungerecht. Man sollte es Alice Schwarzer sagen. – Aber das schien er nicht recht begriffen zu haben. Es entstand eine Pause, dann setzte er zum Endspurt an: Und unsere Rosnerprobe, die so ein Erfolg war, ist Ihnen wohl auch entgangen? Nie etwas von der Passio Nova gehört, was? Ein Name wie Schwaighofer ist Ihnen wohl auch unbekannt? Wer sind Sie denn eigentlich, Sie Gescherter? Dann knallte er auf. Ich meine, noch etwas von Saupreiß gehört zu haben, doch kann ich mich nicht verbürgen dafür.

So, da waren Sie also raus, die beiden Reizworte. Pfeifend wie Dampf waren sie dem lokalen Überdruckventil entwichen: Daisenberger und Rosner! Von dieser Front merken die frommen Massen, die täglich in der Passions-Arena sitzen, kaum etwas. Es wird manchmal gemunkelt von einer Auseinandersetzung, die aber bereinigt sei. Dann und wann kann es einem passieren, daß man auf Einheimische stößt, eine Geschäftsfrau etwa, die mit niedergeschlagenen Augen, etwas bedrückt, aus einem verborgenen Fach Stöße von Bühnenfotos herauszieht, die die andere Passionsfassung, die von Rosner, zeigen. Sie öffnet das Bündel, als wenn sie Pornographie entblößte. Heimlich wird es dann wieder unter den Ladentisch gesteckt. Alle Oberammergauer sind natürlich bestrebt, den Gästen wenigstens während der Spielmonate ein glückliches, ein harmonisches, ein wirklich christliches Gemeinwesen zu demonstrieren. Glaube und Geschäft gebieten das: The show must go on! Diese solide Broadway-Devise gilt auch im Dorf. Doch der Schein trügt. Es ist so gewesen:

Bald nach 1960 begann sich immer mehr Kritik an dem Spiel zu regen, das seit genau hundert Jahren aufgeführt wird. Die Kritik kam aus dem Dorf, aber auch aus der Welt draußen. Der

Vorwurf, antisemitische Züge zu tragen, war dabei eine treibende Kraft. Diese Spielfassung geht auf einen Text zurück, der 1810 von dem Benediktinerpater Othmar Weis aus dem Kloster Ettal verfaßt wurde. Den Text hat zwischen 1850 und 1860 der Oberammergauer Pfarrer, Alois Daisenberger, überarbeitet. Die Musik ist von Rochus Dedler, Lehrer in Oberammergau. Text und Musik wurden immer wieder überarbeitet bis zur Fassung von 1980. Die Kritiker dieser traditionellen Daisenberger-Passion gruben inzwischen einen Passionstext aus, der noch älter ist. Er geht auf eine Verfassung des Barockdichters Rosner aus dem Jahr 1750 zurück. Die jüngste Bearbeitung dieses Textes stammt von Alois Fink, die Musik von Franz Xaver Richter aus dem 18. Jahrhundert, neu eingerichtet unter anderen von Wolfgang Fortner. Dieses Spiel wird am Ort einfach »der Rosner« oder auch »Passio Nova« genannt, obwohl es eigentlich das ältere ist.

So, jetzt reicht's! Der Ausgewogenheit wurde Genüge getan? Ich rede schon fast wie ein Radioansager. Nur den bayrischen Tonfall werde ich wohl nicht mehr erlernen. Es muß aber noch hinzugefügt werden: 1977 kam es im Dorf tatsächlich zur Probeaufführung dieser Rosner-Passion. Die Gemeinde war da nicht kleinlich. Sie hat sich das Experiment gut eine Million kosten lassen. Die Aufführung muß künstlerisch ein Erfolg gewesen sein. Es fand dann danach über beide Modelle im Dorf eine demokratische Wahl statt. Die Rosner-Partei unterlag. Fast drei Viertel der Stimmen konnte die gewohnte Daisenberger-Passion auf sich ziehen.

Und seitdem wogt eben dieser Kleinkrieg der Seelen, erbittert. Nur am Rande bemerke ich noch: Demokratische Mehrheitsentscheidungen in Geschmacksfragen sind immer fatal. Wann je hat schon die Mehrheit das Neue und Gewagte gewollt? Aber jetzt bin ich schon beinah Partei. Ich will das nicht. Ich kann es gar nicht: Ich habe die Passio Nova nie gesehen. Ich sah nur am Ort die Parteiungen. CSU oder SPD? Die Frage, die uns in der Republik so quält, steht hier nicht zur Debatte. Oberammergau verfügt über freie Wählergruppen. Gewählt wird hier immer nur die Daisenberger- oder Rosner-Partei.

Aber ist das eigentlich so weit weg von der Wirklichkeit, wie es auf den ersten Blick scheint? In freien Gesellschaften gibt es immer zwei Parteien, die miteinander in Streit liegen. Es gibt immer Traditionalisten und Neuerer. Es gibt Konservative und Progressive, genau wie in Bonn. Die Daisenberger-Partei scheint mehr den Konservativen, die Rosner-Partei mehr den Progressiven zu entsprechen. Was ich an Bildern von der Rosner-Probe zu sehen bekam, wirkte tatsächlich anders: bunter, kunstvoller, moderner. Es ist offenbar ein subtileres Drama der Psychologie: Gott und Teufel, Himmel und Hölle scheinen hier ein Spektakel von barocker Augendramatik auszukämpfen. »Karneval in Rio«, wissen Sie, sagte ein Kenner zu mir, etwas abschätzig. Aber das war natürlich einer von der Daisenberger-Partei. Und der von der Rosner-Partei müßte nun kontern: Und der süßliche Kitsch jetzt? Wie lange soll dieser Präraffaeliten-Nachschein denn noch weiterzelebriert werden?

Hier liegt nun tatsächlich das Problem. Hier liegt der Hase im Pfeffer. Es kann in der Welt nur überleben, was sich auch verändert, innerlich. Nur wer sich wandelt, bleibt mit mir verwandt: Goethe, nicht wahr? Insofern ist der Streit etwas ganz Normales. Gerade er zeugt von der Lebendigkeit der Idee. Das allgemeine Weltgeläster über das streitende Dorf scheint mir ganz oberflächlich, ohne Sinn für Geschichtlichkeit im Konkreten. Im Grunde ist es nichts als dumm. Immer wieder muß sich das Alte in Frage stellen lassen. Immer wieder muß etwas Neues gewagt werden. Es muß Streit sein. Es muß gären. Auseinandersetzung ist gut, sage ich, ein hoffnungslos Liberaler, ein Fremder bei dieser Passion.

Nur dies scheint mir auch klar nach dieser Woche: Was sich verändern will, was sich erneuern muß, kann nur aus dem Dorf selber kommen. Alles andere wäre ein Unglück. Es wäre natürlich ganz leicht, hier eine neue Passion von höchstem künstlerischem Rang in Gang zu setzen. Geld haben sie genug. Eine Passion also, sagen wir mit dem Text von Carl Orff, der Musik von Johann Sebastian Bach – das Ganze inszeniert von dem berühmtesten Regisseur der Welt oder auch nur von Peter Stein in Berlin. Es wäre ein überwältigender künstlerischer Erfolg. Die Weltpresse würde jubeln, endlich. Nur – es wäre das Ende von Oberammergau. An solchen Angeboten aus der Welt hat es ja nie gefehlt. Oberammergau stand immer unter solchen Versuchungen: von Hollywoods Filmanträgen bis zu den Starregisseuren. Ich sehe keinen Theatermann, den das nicht reizen würde. Selbst Karajan würde eine neue Kunstpassion zwischen Berlin und Salzburg noch irgendwie hinkriegen. Ein Flugplätzchen freilich wäre vonnöten.

Also? Es ist das alte Problem der Identität, um das es hier geht. Sie dürfen auf niemanden draußen hören. Sie dürfen nur spielen, was sie auch selber sind. Sie müssen das unter sich ausmachen. Es geht niemanden sonst an. Nur dies sage ich noch: Versucht nie, Kunst zu machen! Versucht nie, den Intellektuellen zu gefallen. Das ist nicht eure Welt. Bleibt bei euch selbst: Identität ist das, was stark macht. Nur Identität überzeugt.

Stationswege zurück

Einen Sonntag später, nach unserer dritten Passion, sind wir dann nach Hause gefahren. Noch einmal Kloster Ettal, die Paßstraße runter, dann Oberau unten, links ab Richtung München. Und wie es immer ist, wenn ich Bayern verlasse: Leichte, ganz zarte Verlustgefühle suchten mich heim. Schon auf der Autobahn gleich hinter Murnau-Kochel beginnt das. Es wird da so flach. Schon die Berge, die nun fehlen, sind ein Verlust, obwohl ich sie, wie gesagt, niemals bezwingen werde. Es kommt dann bei mir immer bei der Durchfahrt durch München zu einer ausgewachsenen, kleinen Depression. Nein, nicht wegen der Verkehrsstockungen in der Innenstadt. Ich frage mich immer wieder: Hast du nicht doch alles falsch gemacht in deinem Leben? Wäre es nicht schöner, viel glücklicher verlaufen, wenn du schon vor Jahrzehnten nach München gezogen wärst? Fast alle deine Kollegen leben doch dort: Heimstatt aller Musen. Hast du dein Leben nicht in Frankfurt wie ein Geschwätz vertan? Was kam denn heraus, aus all diesem Geist der Zeit? Gesellschaftsgerede, soziologisch. München ist eine schöne Stadt.

Das flacht sich dann ab. Die Depression läßt zwischen Ingolstadt und der Ausfahrt Regensburg wieder nach. Sie verschwindet, wenn ich auf der Höhe von Nürnberg diesen großen Umgehungsbogen erreicht habe. Es setzt gleich hinter Nürnberg, von Erlangen bis Würzburg, fast so etwas wie eine kleine Glückssträhne ein. Mein Gott, wir sind jetzt in Franken! Laß uns zur guten Sommerzeit ins Land . . . schön ist das hier. Die Berge, die Burgen, viele Schlösser. Und wenn schließlich in Würzburg ganz fern die Festung Marienburg sichtbar wird, ist heitere Beschwingtheit zu spüren. Keine Idee, hier leben zu wollen, wie in München. Aber zauberhaft ist es schon, im Vorübergehen.

Weißt du noch, als wir das letzte Mal hier im Bürgerspital

aßen? Welch eine soziale Freundlichkeit, den Armen und Kranken der Stadt täglich einen halben Liter Frankenwein gratis auszuschenken – oder ist das nur ein Gerücht? Das ist mir Würzburg jedenfalls: Humanität, die aus Bocksbeuteln kommt. Es gibt dann im Spessart noch dieses schwingende Auf und Ab, das wie in Träumen langsames Vergessen einleitet. Und was dann hinter Aschaffenburg, Richtung Offenbach, beginnt, ist nichts als das platte Land. Der Rest ist der Rede nicht wert. Ich sage nur: Frankfurt.

Und Oberammergau – schon so weit weg? Ich sage: Keine Sorge! Ich werde jetzt an das Schreiben gehen. Schreibend kommt alles zurück. Warum schreibe ich? Weil ich der Wirklichkeit, die ich sah, etwas zur Wahrheit verhelfen möchte. Ich habe es jetzt gesehen, zum erstenmal in meinem Leben. Ich habe Erfahrungen. Ich will es nicht loben, nicht anklagen. Ich will nur Gerechtigkeit. Seid doch gerecht, auch in dieser Sache! Gerechtigkeit für Oberammergau, das will ich versuchen, schreibend.

Wie fremd sind sich die Deutschen?
Ein Bundesbürger in der DDR

Am Anfang war es leicht. Es schien mir fast klar: Natürlich sind die wie wir – was sonst? Bitte, wir sind kaum drei Stunden in der Stadt, was ist? Schon hockt eine richtige deutsche Familie zusammen und redet und ißt und trinkt und lacht, als wenn nie etwas gewesen wäre. Stammtischgefühle: Gesamtdeutscher Dampf wird abgelassen, ungeniert. Ausland soll das sein, ich weiß nicht so recht.

Wenn ich in Basel an einen Abendbrottisch herangesetzt werde wie hier, so sind das Fremde für mich, eben Schweizer. Ich bin der Ausländer. Wenn ich in Wien am gleichen Tisch sitze, so spüre ich Distanz, eine andere Kultur, eine komisch-verkauzte, krause Sprache. Ich bin der Fremde, der Reichsfritze von früher. Aber hier? Wo ist hier Fremde? Die reden wie wir. Die denken wie wir. Die lachen wie wir. Die haben ihre eigenen Probleme, ihre besonderen Schwierigkeiten und Sorgen, das schon. Aber es sind Deutsche. Ich rieche das. Ich fühle mich wohl hier, beinah zu Hause. Ach, Deutschland woanders. Natürlich anderswo in Germany.

Es war überhaupt ein guter Anfang gewesen, diesmal. Es war alles glatt gegangen hinter der Grenze. Wir hatten, von Herleshausen kommend, in Weimar eine kleine Rast eingelegt. Wir hatten uns klassisch die Füße vertreten, wieder einmal. Wir hatten bei Goethe, bei Schiller und Herder kurze Aufwartung gemacht. Die Stadt ist gut renoviert. Sie atmet hehre Vergangenheit.

Es war Mitte April. Es war kalt. Es regnete etwas, mit letzten, schon unglaubwürdigen Schneeflocken vermischt. Das berühmte Hotel »Elephant« schien mir wieder enttäuschend, doch kann ich mich täuschen. Die Speiseräume waren geschlossen. Ausschweifende Festessen zur Jugendweihe standen diesmal auf dem Programm. Es roch nach Braten und Kohl. Wir sind dann zum Frauenplan gegangen.

Dort dieser junge Pole: In kessen Jeans und sehr gelber Lederjacke, das Handtäschchen kokett schwenkend, stand er da, schamlos in Goethes Schatten, und hat sich uns angeboten: erst als Führer, dann als Geldwechsler. Eins zu drei war sein erstes Gebot, uninteressant. Er folgte uns gut eine Viertelstunde, und als ich mich immer noch gleichgültig, ja, abweisend seinen Geldgeschäften gegenüber zeigte, dafür aber nach Frau von Stein forschte, machte er plötzlich mit einer wütenden Bewegung kehrt. »Scheißkommunismus!« rief er uns nach, und ich mußte natürlich lachen.

Ach, unsere gute, alte DDR, unsere ferne Sorge, meine stille Liebe, unerwidert – wie sie einen doch immer wieder empfängt: so herzerfrischend offen und derb. Bei uns im Westen hab' ich den Fluch nie gehört. Bei uns im Westen erscheint sie immer so streng, unnahbar groß, etwa wenn unser Vertreter wieder einmal ins Außenministerium geht, um einen Protest abzuliefern: Hoheitsvoll wie eine Gouvernante steht sie dann da. Aber wenn man als einzelner, wie ich als Privattourist, rüberkommt, weht einen immer Wärme und Menschlichkeit an: viel Stoff zum Lachen. Lachend fuhr ich durchs Land. Es ist mir später vergangen.

Wir waren nach drei Stunden poetischer Aufmerksamkeit fröstelnd und dankbar ins Auto zurückgekehrt. Es ist immer gut, im Osten ein Stück Westen bei sich zu haben, auch wenn es nur aus Blech sein sollte. Man kann sich wärmen, reden, Radio hören: Westkontakte. Ich hörte eine Buchrezension, ich glaube vom Deutschlandfunk Köln. Es ging um hochdiffizile Probleme marxistischer Literaturästhetik, die der Buchautor offenbar falsch sah. Der Rezensent wußte es besser. Was die im Westen für Sorgen haben, dachte ich kopfschüttelnd. Ich fühlte mich schon leicht entfremdet, dem Westen, Richtung Erfurt fahrend.

In Erfurt am Bahnhof wurde des deutsch-deutschen Treffens gedacht, damals. Wann ist das gewesen? Schon so lange her? In diesem Hotel ist das gewesen, wo sie: Willy, Willy! gerufen hatten und unser Willy dann diskret vom Fenster zurückgetreten war. Soll er nicht Tränen in den Augen gehabt haben? Politiker sind überhaupt stark in Gefühlen. Einige kenne ich etwas. Sie können immer im richtigen Augenblick strahlend lachen oder auch weinen, vor allem, wenn das Fernsehen dabei ist. Ich bewundere das. Aber Erfurt hier: Das war etwas anderes. Das ging tiefer. So nah, so fremd – das geht an die Nerven.

Unser Ziel war eigentlich Berlin, Ost-Berlin, Hauptstadt der DDR. Ich als alter Berliner wollte endlich einmal die Oststadt genau und ausführlich, sozusagen in sozialistischer Gastlichkeit ausgeruht, kennenlernen. Wir hatten es jetzt in der Tasche. Wir hatten eine Woche Berlin-Alexanderplatz gebucht, amtlich. Ich kenne das nicht. Ich kenne Ost-Berlin immer nur von Kurzbesuchen auf Tagespassierschein. Mein Gott, wie oft ist das gewesen in dreißig Jahren? Bin ich nicht hundertmal drüben gewesen, kurzatmig? Da ist nichts mehr rauszuholen. Aber richtig dort wohnen, leben, wie die anderen Berliner dort schlafengehen, wie sie morgens wieder aufstehen, sich beinah zu Hause fühlen drüben – das muß ein ganz neues Berlin-Gefühl geben: die andere Hälfte des Mondes, West und Ost, also Groß-Berlin, die Stadt ganz, ungeteilt.

Ich sage jetzt schon im voraus: Meine Hoffnung hat nicht getrogen. Ost-Berlin ist ganz anders, als ich dachte. Die DDR ist überhaupt nie enttäuschend für mich. »DDR – immer ein Erlebnis« – schlage ich der Ostberliner Touristenzentrale als Werbeslogan vor. Ich kann mich verbürgen. Es ist nicht übertrieben. Zuvor aber, so war unser Plan, die Provinz. Wir wollen zunächst die deutsche Frage im Ländlichen prüfen. Kleine, überschaubare Verhältnisse, begrenzte Ordnungen – was wissen die eigentlich noch von uns? Wir hatten als lokale Fallstudie Quedlinburg gebucht. Daß bei uns niemand an Quedlinburg denkt, kaum weiß, wo es liegt, versteht sich. Nur Kauze wie ich sehen da noch Querverbindungen – wie? Eben das war zu erkunden.

Die DDR, ich muß es lobend erwähnen, hatte es großzügig gerichtet. Wir waren nicht im historischen »Bären« am Marktplatz, dem zweiten Haus, untergebracht. Wir logierten im »Motel Quedlinburg«, das unbestrittene Spitze ist: Besser geht es hier nicht. Die gepflegte, ja, niveauvolle Gastlichkeit dieses HO-Instituts erfreut sich im Bezirk Halle allgemeiner Hochschätzung. Das Wort Motel freilich läßt übertriebene Hoffnungen aufkommen. Es ist richtig, daß man auch im »Motel Quedlinburg« mit dem Auto bis vor die Zimmertür fahren kann. Hinter dieser Tür allerdings verbergen sich vier Zimmerchen. Der Wohntrakt, näher betrachtet, machte überhaupt mehr den Eindruck von Freizeitbaracken. Ich will nicht sagen, daß es mich an das Lager Friedland erinnerte, aber doch entfernt. Ich glaube, die Zimmer in Friedland sind größer. Von außen alles aus Sperrholz und Pappe, von innen die winzigen Zimmerchen, Schuhschächtelchen.

Ja, und hier im Restaurant, wo man in der Tat schmackhaft ißt, war es gewesen: dieses gesamtdeutsche Gefühl, von dem ich anfangs sprach. War es voreilig gewesen? Man hatte uns zu vier anderen an den Tisch gesetzt. Unsere Kellner placieren. Warten Sie, bitte! Zwei Ehepaare, das eine vielleicht Mitte Zwanzig und hier aus Quedlinburg, das andere schon Ende Fünfzig und aus Erfurt, und das komische war, daß beide Paare Bäcker waren. Der Junge buk kollektiv, der Ältere noch privat. »Das notleidende Handwerk«, wie die Leute hier spöttisch sagen, war um uns backwarm versammelt. Es ist ja bekannt, daß es dem Handwerk, dem in den letzten Jahren ein Stückchen mehr Spielraum gegeben wird, hier so übel nicht geht: ökonomisch.

Gesamtdeutscher Austausch abends gegen zehn: Die Brötchen bei euch, die Brötchen bei uns, bei euch die Arbeitslosigkeit, bei uns die Sicherheit, bei euch diese Vielfalt, bei uns die Einheit, bei euch die Freiheit, bei uns der Plan: lauter alte Klamotten – was soll's? Passen Sie morgen beim Frühstück auf, sagte der junge Bäcker: Sie sind nicht schlecht, unsere Brötchen, nur von außen zu hart. Mit stumpfen Messern können Sie sich leicht blutige Finger holen. Wie die ganze Republik? fragte ich. Außen stahlhart, innen eher zart? Sie lachten. Und sie versuchten dann, es uns zu erklären. Es hing mit den Planvorschriften zusammen: wie genau kalkuliert hier eben alles von oben verordnet wird. Wieviel Wasser zu wieviel Mehl, wieviel Salz, wieviel Fett dazu – alles Staatsakte, über die sozusagen das Zentralkomitee persönlich ernsthaft grübelt und nachsinnt. Kein Wunder, daß Sie da immer Vollbeschäftigung hatten, konterte ich, und sie lachten wieder. Im Ernst: Eine gigantische Bürokratie liegt wie eine Riesenspinne über dem Land und lenkt und lähmt alles. Das ist bekannt.

Der Generationsunterschied: Das ältere Ehepaar schilderte die verzwickten Mechanismen der Backwarenproduktion vorwiegend pantomimisch: ein Augenaufschlag, ein halbes Händeheben, Gesten, die Abwehr und Komik zugleich ausdrückten. Nur halbe Sätze, dann leichtes Stöhnen, dann wieder Lächeln, dann Gebärden der Resignation: gefaltete Hände über Bierdeckeln, die hier merkwürdigerweise nicht Feuchtigkeit aufnehmen, sondern abstoßen – Plastikkultur. Gebrochenes Kleinbürgertum, dachte ich, wie zu Hause. Ich mußte an meine Eltern denken. Sie wären wohl auch so geworden, wenn sie in Quedlinburg geblieben wären. Sie wohnten einmal hier. In Quedlinburg wurde meine Schwester 1916 geboren. Ich habe nichts mehr gefunden. Zerbrochene Geschichten, laß sein. Die beiden waren, obwohl Privatunternehmer, kaputt, wie meine Eltern am Ende des Dritten Reiches.

Die Jungen hier aber sind bemerkenswert. Ich wollte es so genau gar nicht wissen, doch der junge Bäckermeister fing von selber an. Drei Anträge, die er im letzten Jahr gestellt habe, um seinen kranken Vater in der Bundesrepublik zu besuchen, seien abschlägig beschieden worden, zuletzt in einer Form, die ihn verletzt habe. Der zuständige Funktionär, zu dem vorzudringen ihm nach monatelangen Bemühungen tatsächlich gelungen sei, habe ihm barsch erklärt: Er dürfe nicht, überhaupt nie dürfe er rüber. Zu einer Begründung der Entscheidung sei der Staat nicht verpflichtet. Er soll das vergessen, drüben! Basta.

Und weiter? forschte ich. Er, ernst, sehr bestimmt: Er habe daraufhin alle Ehrenämter und Nebenposten demonstrativ niedergelegt. Er sei auch aus der Gesellschaft für deutsch-sowjetische Freundschaft ausgetreten. Er lehne es jetzt auch ab, Kandidat der SED zu werden. Er tue weiter seine Arbeit exakt, aber keinen Handschlag mehr. Man spürte verletzten Stolz. Als ob ich abhauen würde, fügte er dann noch kopfschüttelnd hinzu. Hier ist meine Familie, hier bin ich zu Hause. Es ist lächerlich. Er tippte sich an den Kopf. Ich spürte Widerstand. Ich spürte Lust zur Auseinandersetzung, gedämpfte, sanfte Kampfesstimmung. Mal sehen, wie das weitergeht, sagte er und grinste schon wieder. Ich stelle mich jetzt tot nach Dienstschluß. Ende.

Und als wir dann später, sehr viel später, in unserer Plastikkleinschachtel zu schlafen versuchten, ging mir das durch den Kopf, was ich zu Anfang sagte: Ich kann mir nicht helfen. Ich spüre nichts Fremdes hier. Der Junge ist nun bis in die letzten Gehirnwindungen mit Marxismus-Leninismus vollgepumpt worden. Er kennt nur DDR-Sozialismus – und was ist? So sind deutsche Handwerker immer gewesen: frank, fröhlich und frei – frei von der Leber redend. Die Jugend hier nimmt kein Blatt vor den Mund. Und wenn dieses Gefühl des Unmuts, das überall spürbar ist, sich je zu massivem Protest verfestigen sollte, was unwahrscheinlich, aber denkbar ist, so kann diese Unruhe nur aus der Jugend kommen. Auch in dieser jungen Generation steckt Zündstoff. Anderer Zündstoff als bei uns, immerhin.

Kyffhäuser Geschichten

Tritt ein durch das Tor der Geschichte! Komm heran an den felsigen Grund! Kopfsteinpflaster, Fachwerkhäuser, Schindeldächer, enge Gassen, hohes Schloß: Die kleine verwinkelte Stadt ist nicht so harmlos, so knusprig und nur idyllisch, wie sie erscheint. Sie hat es faustdick hinter den Ohren, historisch. Über tausend Jahre hat sie auf dem Buckel. Und wenn man es genau nimmt, könnte man sie als den Geburtsort der deutschen Nation bezeichnen. Schon in alten Urkunden wurde Quedlinburg »Die Metropole des Reiches« genannt. In der Krypta der Stiftskirche oben auf dem Schloßberg die Särge Heinrich I. und seiner Dame, Mathilde genannt. Am Fuß des Berges jener berühmte Finkenherd, wo, so die Sage, Heinrich, dem Sachsenherzog, von seinen Kollegen die erste Königskrone des Deutschen Reiches entboten wurde. Ich meine: Hier, hier im Herzen Deutschlands hat dieses ganze Stück begonnen, das dann über Bismarck und die Hohenzollern bis zu Hitler ging: Reichsgeschichte, immer etwas verwackelt.

Wir stellten das Auto am Parkplatz ab. Wir schlugen die Türen zu. Wir nahmen den Fotoapparat, den Reiseführer. Hier sind wir richtig, sagte ich, losgehend. Ich rieche es. Es ist nicht nur dieser seltsame, süß-giftige DDR-Geruch, den man kennt: Von den zwei schweren, kantigen Türen der Stiftskirche oben, frühe Romantik, weht ein Hauch der Geschichte zu mir. Was ist Geschichte? Die Kaiser von Roms Gnaden, der Generalsekretär von Moskaus Gnaden – eins steht fest: Die Menschen unten sind nie gefragt worden. Sie mußten das Ganze ertragen. Sie haben Geschichte immer erlitten.

Quedlinburgs Geschichte ist heute trotz mancher Reste, die immer noch bröckeln, stilvoll und sehenswert wiederaufgebaut. Polnische Künstler halfen. Der junge Mann, der uns durch die tausendjährige Krypta führte: Politisch hat er uns nicht indoktriniert. Die ältere Dame, die im Hochständerhaus saß, es soll das älteste Fachwerkhaus Deutschlands sein, hat uns auch nicht belehrt. Die zwei Frauen, die uns, etwas ungeduldig, denn es ging schon auf ein Uhr mittags zu, das Klopstockhaus zeigten: ein prächtiges Patrizierhaus, innen sehr anschaulich als Museum des Dichters ausgebaut. Unser nationales Kulturerbe heißt das. Ich meine, sie wissen schon, was sie tun. Die DDR versteht sich historisch. Nur wer die Vergangenheit fest im Griff hat, kann auch die Zukunft in Angriff nehmen. Geschichte wird immer wieder neu – von den Siegern geschrieben. Sie sind eben dabei. Und alles, das versteht sich, hat hier mit den Bauernkriegen begonnen.

Wir sind auch auf Goethes Spuren gewesen. Es ist eine phantastische, fast heroische Landschaft, in die man gerät. Ich hatte sie so großartig im Harz nicht erwartet. Die Bode, das Flüßchen von Quedlinburg, hat sich durch grauen Granit ein schmales, schwindelndtiefes Talbett geschnitten. Eine enge Klamm, 200 Meter tief, ist entstanden. Auf der westlichen Seite die Roßtrappe, auf der linken Seite jener hohe Platz, wo Goethe seine Walpurgisnacht, die romantische, geistern sah: der Hexentanzplatz. »Da sieh nur hin! Du siehst das Ende kaum, einhundert Feuer brennen in der Reihe; man tanzt, man schwatzt, man kocht, man trinkt, man liebt – nun sag mir, wo es was Besseres gibt?« Nichts war davon zu spüren. Eine HO-Gaststätte empfing uns, die natürlich geschlossen war, ein paar müde Fähnchen, ein sowjetischer Militärwagen, eine etwas alberne Riesenhexe aus Plaste und Elaste, die brüchig und verblichen schien. Das paßt schlecht zusammen: Fleischeslust und Marxismus-Leninismus. Aber der Blick in die Ferne, nach Thale zum Beispiel, war doch sehr schön.

Hat man es gemerkt? Präliminarien, sanfte Vorspiele, erogene Zonen deutscher Geschichte: Ich will natürlich auf etwas ganz anderes hinaus. Ich will ins Zentrum, zur Sache, zum »Fakt« kommen, wie man hier sagt. Ganz in der Nähe und mitten in Deutschland ist nämlich der Kyffhäuser gelegen. Da liegt der Hund begraben. Das ist doch der Sinn solcher Reisen und Ortsbesichtigungen. Erst vor Ort wird offenbar, daß der Augenblick Tradition hat. So neu ist das ja alles nicht, was wir heute beklagen. Ganz in der Tiefe unserer Geschichte schwärt diese Frage seit fast 800 Jahren. Die Zwietracht der Nation und ihre Sehnsucht nach Einheit ist ein altes Motiv. Und hier am Kyffhäuser ist dieses Leitmotiv unserer Geschichte kolossal in Stein geschlagen.

Beinahe wäre uns das entgangen. Die Damen im Informationsbüro Quedlinburg, die es doch wissen müßten, hatten uns dringend abgeraten. Jetzt, mittags um zwei, wollen Sie noch dahin? Das ist eine lange, beschwerliche Reise, eine Tagestour. Wir raten, morgens um acht zu starten. Wir, fremd, nichtsahnend, unbeschwert, auch durch Parteilichkeit und Klassenstandpunkte nicht fixiert, dafür aber mit einem mittleren BMW versehen, waren, ich weiß auch nicht, wie es geschah, nach gut einer Stunde dort. Harzer Luft war zu riechen, schöne Fahrt, viele Schleifen: Quedlinburg, Alexisbad, Harzgerode, Stolberg, Berga, Kelba – wer kennt das noch? Schon von weitem sieht man den Kyffhäuser: ein etwa 500 Meter hoher Bergrücken. Die DDR hat rechts daneben auf dem Kulpenberg einen neuen Fernsehturm mit Cafébetrieb installiert. Die deutsche Frage ist nicht zu verfehlen. Sie strahlt weit ins Land: zwei Programme, Ost.

Der späte Nachmittag, der frühe Abend: Wir wanderten auf einem stillen Waldweg rund um den Kyffhäuser zum Denkmal hoch. Frühlingsweben im Wald. Vögel zwitscherten in den Bäumen, frisches Grün zwischen dunklen Tannen. O tiefer deutscher Traum: wer hat dich, du schöner Wald? Und ewig, wirklich, singen die Wälder, auch hier. Was eigentlich? Die große proletarische Revolution hat ihr Lied nicht umgestimmt. Im Gegenteil: Im Sozialismus, meine ich immer, ist im Wald noch größere Stille zu hören, noch tiefere Einsamkeit zu spüren, wenn nicht gerade saurer Regen kommt. Wo liegt eigentlich Deutschland heute? Bestimmt nicht in Hamburg oder Düsseldorf. Irgendwo hier, ganz versponnen, muß es wohl sein? Es schläft, es träumt, es sinnt zwischen Tannen und Spinnenfäden im Wald. Hier hat unsere Geschichte, immer etwas verwackelt, begonnen.

Ganz oben steht dieses Ding. Es ist ein gewaltiges, grauschwarzes Bauwerk, das hilflos und von Gott verlassen in den Himmel ragt, auch klagt, das alte deutsche Lied. Daß solche Denkmäler uns doch immer mißlingen. Es ist damals alles zu wuchtig, zu pompös geraten, um heute geheuer zu wirken. Man spürt die Leere, die innere Hohlheit: wilhelminische Übergrößen. Man spürt sogar, bürgerlich-brav verkleidet, erste Anklänge von Größenwahn. 1896 haben es die Hohenzollern nach der zweiten Reichsgründung errichtet. Und natürlich: Kaiserliche Majestät haben es sich nicht nehmen lassen, sich selber ganz auf der Spitze als Vollender des deutschen Traums allseitig zu empfehlen. Wilhelm I., reitet heraus: glückliche Krönung des Ganzen.

Man klettert viele Treppen empor. Man erreicht einen weiten Vorplatz, und dort, in einen großen Brunnen hineingeschlagen, sitzt er also: Barbarossa, der Rotbart, Friedrich I., noch so ein Italienfreund, diesmal 12. Jahrhundert. Die Deutschen, wenn es sie nicht in den Osten drängte, hat es ja immer nach Italien gezogen. Die Sage sagt, daß der Kaiser hier solange schlafen und träumen werde, wie eben die Zwietracht der Deutschen währe. Solange würden auch drei Raben den Gipfel umkreisen. Einen, tatsächlich, sah ich am hohen Himmel, oder ob es nur eine Krähe war? Die Sage sagt weiter, daß, wenn die Deutschen endlich das Werk ihrer Einigung vollzogen hätten, der Kaiser erwachen würde aus seinem tiefen Traum. Er werde in Glanz und Herrlichkeit das Reich führen, als ewiger Hüter der Einheit und Vater des Vaterlandes. Man kann das bei Friedrich Rükkert genauer nachlesen. Zur Zeit der napoleonischen Kriege war diese Sage lebendig, noch nicht zum Kult deutschnationaler Kyffhäuserbünde verkommen.

Also: Wilhelm I. hat sich schon als jener verstanden; Adolf Hitler, obwohl nicht so voll im Barte, hat sich auch. Das versteht sich. Was sich nicht von selber versteht, was mich in einiges Erstaunen versetzte, ist, daß auch die DDR sich aus dieser etwas dubiosen Erbfolge nicht ganz herausschubsen lassen möchte. Ist das nun zu spät heute oder zu früh noch? Auch sie jedenfalls empfiehlt sich zur Sache.

Man kam nicht rein. Der Kyffhäuser hatte Ruhetag, aber man sah es doch durch die großen Glastüren. Auf dem Steinboden des Denkmals ist ein mächtiges, langes Eisenrelief eingelassen. Es stammt aus den fünfziger Jahren. Damals war man ja noch nicht für Teilung und Abgrenzung. Deutsche an einem Tisch, hieß damals die Ulbricht-Parole. Ehern und streng in Eisen gegossen ist da jener vaterländische Vers des Johannes R. Becher zu lesen, der die erste Strophe der DDR-Nationalhymne bildet:

> Auferstanden aus Ruinen
> und der Zukunft zugewandt,
> laß uns Dir zum Guten dienen,
> Deutschland, einig Vaterland.
> Alle Not gilt es zu zwingen,
> und wir zwingen sie vereint,
> denn es muß uns doch gelingen,
> daß die Sonne schön wie nie –
> über Deutschland scheint –
> über Deutschland scheint!

Da sage nur einer, wir seien uns fremd. Wenigstens das, meine ich, verbindet die beiden deutschen Staaten: Die ersten Strophen ihrer Nationalhymnen sind beiden etwas peinlich geworden, inzwischen. Am besten, man summt, man verschweigt sie diskret – in West und Ost.

Auf der Rückfahrt nach Thale das junge Ehepaar: Seiner will ich noch gedenken. Sie standen am Straßenrand. Sie winkten heftig, und ich, der ich sonst ziemlich strikt gegen Anhalter bin – in der DDR neige ich immer zur Solidarität. Wir hielten, öffneten den Wagen, fragten. Einen Augenblick schienen sie etwas verdutzt. Mit Vehikeln der imperialistischen BRD braucht man hier kaum zu rechnen. Aber sie stiegen doch dankbar ein – zum Klassenfeind. Sie atmeten auf: Der letzte Linienbus vom Kyffhäuser runter sei nicht gekommen. Sie hätten eine Stunde gewartet, sich schon abgefunden, die siebenundzwanzig Kilometer zu ihrem Erholungsheim als strengen Nachtmarsch zu machen.

Wir fuhren durch stille Wälder. Wir kurvten die Berge ab. Es war dunkel geworden. Es gab kein lebhaftes Gespräch. Ich weiß nur noch, daß der junge Mann, der sich offenbar erst langsam von seinem Westschock zu erholen schien, in das spärlich tröpfelnde Reden hinein plötzlich ganz laut sagte: Na, Sie drüben müssen uns ja ganz schön hassen! – Na, so was, erwiderte ich verblüfft, wie kommen Sie denn darauf? Was für eine Schnapsidee? Es war ein einfacher Mann, ein Sohn seiner Klasse, ein Arbeiter aus Rostock, der hier mit seiner Frau Urlaub machte in einem FDGB-Heim, sicher spottbillig. Er konnte sich nur schwer artikulieren. Ich hatte das Gefühl, daß er noch nie einem Westmenschen leibhaftig begegnet war. So etwas gibt es inzwischen, massenhaft. Ich bekam es erst langsam heraus. Er meinte, das mit der Mauer in Berlin, das mit der eisernen Grenze, das mit dem ewigen Drängen auf Westkredite, das müsse uns doch auf die Palme bringen – oder?

Eigentlich hat er ja recht. Wenn man ein richtiger westdeutscher Patriot, ein strammer Bundesbürger wäre, müßte man wohl, oder? Aber natürlich lachten wir nur. Ich welcher Welt leben Sie? Sie werden's nicht glauben, sagte ich: Ich liebe Ihr Land. Würde ich sonst immer wiederkommen, ausgerechnet hierher mein Geld tragen? Es zieht mich immer wieder hierher – warum, kann ich auch nicht sagen.

Sozialismus auf Deutsch

Jetzt will ich Lumpen sammeln: Reste, lauter Reisereste, Staub, Straßenstaub, Sand im Getriebe, Sprachstäubchen, die mir der Wind der Zeit in die Augen trieb, dort juckte. Ich rieb mir immer wieder die Augen: Sehe ich richtig? Was steht geschrieben? Was meint das Wort »Gastronomservice«, das dort über der Theke hängt? Was meint die Kellnerin, wenn sie jeden Morgen beim Frühstück von »Jüs« redet? Saft? Ja, warum sagt sie nicht: Saft? Jeden Tag steht im ›Neuen Deutschland‹ sehr fett das Wort

»Meeting« geschrieben. Gestern ist wieder ein Kampfmeeting in Leuna gewesen: Herr Mies war dabei, der von der DKP, den hier kaum einer kennt. Drüben wurde er als Staatsgast empfangen mit prächtigen, schwarzen Staatskarossen. Warum heißt jede Fußgängerzone der Republik heute Boulevard? Sprechen die hier nicht mehr deutsch? Es schien mir, als sei der Geist der Republik in den letzten Jahren feiner, gewählter, deutlich exquisiter geworden. Das Niveau hebt sich von Jahr zu Jahr. Erwählte Fremdworte gehen um, aber nicht die der Russen. Französische, englische Splitter ins sächsische Sprachgehölz. Weltniveau wird erstrebt. Bald sind sie ganz oben und wir?

Wir hatten Sprachschwierigkeiten. Es begann bei der Anmeldung. Parken Sie Ihren Wagen einstweilen bei der Objektleitung, hatte die Dame an der Rezeption zu mir gesagt. Ich verstand das nicht. Die Sprache der Republik ist zu merkwürdig leeren Wortmonstern der Bürokratie hochstilisiert. Es sagt keiner mehr: Hotel, Restaurant, Gasthaus, handfeste, greifbare Dinge. Es ist immer »das Objekt«. Und also gibt es »Objektleiter«, »Objektgaragen«, sicher auch »Objektmeetings«?

Wunderlich war diese Erfahrung, in so viel trauter Vergangenheit Quedlinburgs auf so viel bizarre Entfremdung zu stoßen. Das Straßenviertel um unser Motel war mit einem großen Holzschild als »Bereich für vorbildliche Sauberkeit und Ordnung« ausgewiesen. Mir ist da nichts aufgefallen. Auf der alten Hauptpost stand die Zusicherung: »Bereich der vorbildlichen Kundenbedienung«. Mir ist da, obwohl ich ein Telegramm aufgab, nichts aufgefallen. Die Milchbar, die wir anschließend aufsuchten, empfahl sich anläßlich des Tages des Gesundheitswesens als »Bereich vorbildlicher Hygiene«. Hygienisch ist mir nichts aufgefallen; es gab aber einen schmackhaften Baumkuchen, den ich loben will.

Viele Einzelhandelsgeschäfte haben geschlossen. Vor der geschlossenen Tür immer ein Formular. Ich zitiere – wir haben das abgeschrieben: »Rat der Stadt Quedlinburg: Bäckerei Bekker, 34, Quedlinburg, Lange Gasse. Betr.: Schließungsgenehmigung: Auf Grund Ihres Antrages erteilen wir Ihnen die Genehmigung, Ihr Objekt in der Zeit vom 17. April bis 31. Mai geschlossen zu halten. Begründung: Backofenbau.« Kaum waren wir eingezogen, fand ich vor dem Eingang unserer vorzüglichen HO-Gaststätte das gleiche Formular. Bei »Begründung« war das rätselhafte Wort »Innerbetriebliche Maßnahme« eingesetzt.

Ich erschrak. Es hat sich dann schnell herumgesprochen, daß der Kammerjäger im Anmarsch war. Es galt, wieder einmal die Kakerlaken aus der Küche zu vertreiben, ein lobenswertes, auch im Westen oft notwendiges Geschäft. Nur, warum diese gespreizten Leerformeln zur Sache: »Innerbetriebliche Maßnahmen?« Mich hat das an die Sprache der Nazis erinnert. Damals wurden auch Maßnahmen ergriffen.

Man sage nicht: Bagatellen, banale Entgleisungen, Überempfindlichkeiten eines Feingeistes, bürgerlich. Die Sprache ist der Mensch noch einmal, hat Paul Valéry gesagt. Die Sprache ist der Spiegel der Nation, hat Schiller gesagt. Sollte dem wirklich so sein, so ist in der DDR-Sprache heute eine merkwürdig verkrampfte, starre, ganz und gar künstliche Nation zu erkennen. Ich zweifle überhaupt immer mehr, ob der Unterschied beider Staaten sich durch die traditionellen Begriffe Kapitalismus und Kommunismus bestimmen läßt. Der Hauptunterschied schien mir: Drüben ist alles starr, steif, künstlich. Bei uns locker, leger, natürlich. Ich glaube, es folgt nicht notwendig aus den verschiedenen Wirtschaftssystemen. Es hängt mit mangelnder nationaler Identität zusammen. Wie soll ein Staat, der seine deutsche Tradition erst suchen muß, auch natürliches Deutsch reden? Es geht nicht.

Bin ich zu ernst geworden? Ich will eine heitere Geschichte erzählen: unser Problem mit der Heizung zum Beispiel. Am ersten Abend war unser Plastikschächtelchen, wo wir wohnten, normal temperiert. Am zweiten war es eiskalt. Wir monierten. Auch hier haben sie sich deutlich gehoben. Sie haben, jedenfalls bei Westgästen, eine sehr kultivierte, fast übertrieben liebenswürdige Artigkeit, solche Klagen entgegenzunehmen. Untereinander herrscht immer noch ein ruppiger Ton, aber sie wissen schon, was sich für Westwährung schickt: Es werde, es solle, es sei unzumutbar, wenn es so wäre. Es hätte noch niemand im Motel Klage geführt, aber wenn wir meinten? Es werde. Es solle. So war es. Es kam tatsächlich ein Monteur diesen Abend. Ich war erstaunt. Er schraubte, er drehte, er klopfte, er hämmerte etwas herum. Es werde jetzt warm werden, versicherte er. Es blieb aber kalt, was ja zur Nacht hin nur förderlich ist dem Tiefschlaf.

Als es am nächsten Abend immer noch kalt war, brachten wir das gleiche Stück noch einmal zur Aufführung. Es vollzog sich alles nach gleichem Ritus. Das höfliche Erschrecken, die Beteuerung, es werde, es solle. Es kam tatsächlich zum zweitenmal dieser Mann. Er schraubte wieder und hämmerte kräftig, und siehe da: Die Prozedur war diesmal von Erfolg gekrönt. Es war ein durchschlagender Erfolg. Es wurde nicht nur warm, es wurde immer wärmer. Als wir des Nachts heimkehrten, es war nach dem Kyffhäuserbesuch, glich unser Schächtelchen einer vollauf geheizten Sauna. Kochende Hitze schlug uns entgegen. Es war, als wenn sich alle Wände bögen. Sie rochen schon brenzlig. Und das blieb dann so bis zu unserer Abreise. Der Monteur versuchte erneut zu regulieren. Aber es ging nicht. Jetzt waren alle Schleusen der Republik auf Volldampf gestellt, und wir hatten es auszubaden. So ist das im real existierenden Sozialismus heute. Es geht, aber unter welchen Schwierigkeiten und wie unökonomisch: ziemlich absurd.

Ich will des letzten Abends gedenken. Wir waren, wie es sich für brave Touristen schickt, noch einmal zum Schloßberg hochgepilgert. Es war sehr spät, fast Mitternacht. Es war wunderschön. Da lag nun der tausendjährige Traum uns zu Füßen und schlief. Kein Laut war zu hören. Kein Mensch hier oben. Tiefe Dächerflut unter uns, niedersinkend, immer tiefer. Wohin? Zurück in den Schoß der Geschichte. Reines Mittelalter um uns: Damals zu Luthers Zeiten gab es ja auch keine Straßenlaternen. Es lag ein märchenhaftes Mondlicht über den Dächern der Stadt. Tanzten nicht Elfen geisterhaft? Genauso ist es damals gewesen. Letztes Bild: Präg es dir ein! Morgen um diese Zeit werden wir in Berlin sein. So etwas Stilechtes und Schönes wird sich nicht wiederholen. Nimm's mit – für immer. Jetzt müßte nur noch der Nachtwächter kommen mit seiner Laterne, mit seinem Licht: Hört, Ihr Herren, laßt Euch sagen!

Er kam. Er kam etwas anders als geträumt: zeitgemäß, zeitgerecht. Es kam ein Fiat Polski den Schloßberg hoch, holperte über das Kopfsteinpflaster, blieb dann etwa zwanzig Meter scharf vor uns stehen. Volkspolizei stand in großen Lettern auf dem Wagen geschrieben. Nanu? Was wollen die hier? Es geschah aber nichts. Der Wagen blieb stehen. Keine Tür öffnete sich. Ich fand das wunderlich. Wir gingen also weiter zu einer anderen Ecke des Schloßplatzes. Der Wagen folgte uns, blieb wieder zwanzig Meter vor uns stehen: nichts. Das ging nun eine ganze Weile so. Auch ich habe meine eigenen, penetranten Formen des Recherchierens. Ich will jetzt ganz genau wissen, was los ist. Das Spiel ging eine gute halbe Stunde. Wir haben in dieser Zeit mindestens neunmal den Standort gewechselt, taten wie taufrische Touristen, die erste Eindrücke sammeln. Und immer folgte uns das Auto, blieb diskret und stumm kurz vor uns stehen. Ich kam mir fast schon wie ein Westreporter vor, der sich in die Republik nächtlich so eingeschlichen hat. Man kann es nicht wissen. Sie sind uns auf jeden Fall auf der Spur. Das versteht sich. Nur, warum fragen sie nicht nach unseren Papieren? Es wäre verständlich, auch problemlos gewesen. Wir hatten unsere Papiere zur Hand. Auch verbietet kein Gesetz der Republik einsame Schloßbergbesichtigungen des Nachts. Kein Schuldgefühl meinerseits.

Und doch, und doch. Das absurde war, daß gar nichts geschah: nur immer, wenn wir eine Ecke weitergingen, dieses Starten, Anfahren, neue Stehenbleiben. Sie schalteten nach ein paar Sekunden auch immer das Standlicht aus. Drinnen blieb es halbhell. Zwei Uniformierte waren schattenhaft zu erkennen. Kein Mucks, kein Funkspruch, keine Radiomusik, kein Wort zu hören. Ich will nicht verschweigen, daß mir, nachdem wir das Spielchen fast zehnmal getrieben hatten, doch etwas mulmig wurde. Immerhin war es nach Mitternacht, Geisterstunde. Ein leichtes Gruseln stieg mir langsam den Rücken hoch. Was für sublime Formen des Terrors es gibt, einfach mit nichts! Es wurde mir unheimlich. Wir wollen's nicht übertreiben, sagte ich. Sie könnten es mißverstehen. Unser dauerndes Herumirren muß wirklich langsam als Provokation wirken. Mit Nachtvisite der Stadt hat es nichts mehr zu tun. Wir räumten also das Feld. Wir lenkten ein. Wir sind langsam runtergetrabt in die Stadt. Das Vopoauto ist uns gefolgt, im Schrittempo. Unten am Marktplatz, wo strahlendes Licht war, hat es sich dann verloren. Ich weiß auch nicht wie. Es war plötzlich weg.

Heute, wo ich das erzähle hier im Westen, sage ich natürlich: Hirngespinste. Damals aber drüben ist mir etwas komisch gewesen, die paar Augenblicke zum Schluß. Ich fühlte mich plötzlich fremd. Ich wußte: Du bist hier nicht zu Hause. Zu Hause ist anderswo.

Berlin-Alexanderplatz –
ein Planquadrat in drei Bildern

Daß dann noch manches dazwischenkam: der Dreck von Aschersleben, zum Beispiel, wo wir an einer Kreuzung im Autostau steckenblieben, Abgase tief in uns sogen, nachdenklich, träumerisch wurden. Hier aus Aschersleben, sagte ich, sind damals unsere Dienstmädchen gekommen, die meine Mutter in Berlin-Eichkamp reihenweise verbrauchte, Ende der zwanziger Jahre: Siebentagewoche, Sonntagnachmittag frei, miese Schlafkammer im Dach oben, dreißig Mark Monatslohn, und wenn eine Schüssel beim Abwasch kaputtging, wurde die abgezogen am Monatsende. Bitte, war da keine Revolution fällig? Man muß es vom Klassenstandpunkt sehen.

Daß danach Dessau kam, die Stadt der Bauhausgeschichte, die wir aber nicht wahrnehmen konnten. Daß danach Coswig kam, einer Rede wert, dann aber Wittenberg, die Lutherstadt, wo wir uns, ähnlich wie in Weimar, zwei, drei Stunden die Füße vertraten, diesmal protestantisch. Daß dann zum Schluß an der Grenze zu Groß-Berlin keine Grenzbarriere kam, wie früher, wir fuhren einfach so rein in die Stadt meiner Jugend: Eichwalde, Schönefeld, Köpenick, Treptow, Berlin von der Rückseite her genommen, könnte man sagen – nein, nein, das eben nicht.

Das erste Bild:

Interhotel »Stadt Berlin«: 19. Stock, Zimmer 17, ein Eckzimmer mit zwei Fenstern nach West und Nord. Ich stand am Westfenster. Abendstimmung, ein etwas verwaschener, grauer Himmel, Dämmerung, die Nacht zog schon auf. Ich sah Groß-Berlin, die ganze Stadt, ungeteilt. Ich sah den alten Rathausturm, die Marienkirche tief unter mir liegen, winzige Spielzeughäuschen. Ich sah, wie sich die S-Bahn Richtung Jannowitzbrücke schlängelte. Unter den Linden war nichts zu sehen, aber dahinter die Umrisse des Brandenburger Tors und dahinter, ganz fern, die Lichter von West-Berlin, die eben zu flimmern begannen. Die Mauer ist aus so großer Höhe nicht zu sehen. Die ganze Stadt lag mir zu Füßen. Es war tiefe Wunscherfüllung: mein Riesenspielzeug, meine Kinderstadt, meine alte, immerwährende Kitschgeschichte – mein Heimatdorf, riesig und doch verspielt. Ich war sehr glücklich – da oben. Daß wir das geschafft haben! Seit zwanzig Jahren wollte ich das. Wie oft habe ich es früher versucht beim Presseamt der DDR: Aufenthaltsgenehmigung drüben. Nie hat es geklappt. Jetzt endlich. Wir werden hier bleiben, hier wohnen, hier leben, die historische Mitte der Stadt entdecken. West-Berlin ist doch nur Vorstadt gewesen, früher. Altberlin ist immerhin 750 Jahre da. Berlin-Alexanderplatz: auch ein Roman von Döblin.

Ach, was für ein Quatsch! Was für ein komisches Rührstück.

Ich immer meine verlorene Zeit suchend. Ach, du lieber Augustin, alles ist hin! Kein Stein ist hier auf dem anderen geblieben. Alles ist anders, ist neu und fremd geworden. Es gibt den alten Alex nicht mehr. Ich war in ein kaltes, unbekanntes Berlin gekommen. Man muß es wohl sozialistisch nennen? Es pfiff uns ein eisiger Wind um die Ohren. Preußische Barschheit schlug mir entgegen, als ich später unten vor dem Hotel mein Auto noch etwas unexakt rumrangierte. Sie sind wohl verrückt, herrschte mich der Volkspolizist an. Sehen Sie denn nicht das Halteverbot an dieser Stelle! So etwas kostet bei uns hundert Mark! Ost – oder West, bitte? wollte ich heiter zurückfragen, aber ich tat es nicht. Ich biß mir still auf die Zunge. Die guten Zeiten von Quedlinburg waren vorbei. Ich begriff es so langsam. Du bist in die Zentrale, in die Hauptstadt der Macht gekommen. Hoheit geht um. Hier herrscht ein strammer Ton. Preußen ist eingemischt.

Und als wir dann noch etwas später unten in der Hotellobby die »Zillestuben« suchten, mußten wir einmal quer durch das ganze Haus. Man kommt da auch an den Konferenzräumen und Privatsalons vorbei, die jedes große Hotel, halböffentlich, hat. Eine Versammlung Uniformierter löste sich eben im »Salon Weimar« auf. Lauter Militärs, Offiziere der Nationalen Volksarmee, alle von höherem Rang. Sie hatten hier wohl eine Konferenz gehabt, ein Meeting im kleinen Kreis? Man sah jedenfalls noch auf den Tischen Reste eines großen Soupers, das man feudal nennen muß: Kaviar und Sekt, Lachs und köstliche Südfrüchte standen in Massen. Die Massen haben das nicht. Die neue Klasse hatte getagt und geschmaust – auf wessen Kosten?

Ungute, schwere, etwas verschwommene Gesichter. Der deutsche Kleinbürger in Uniform, der ewige Befehlsempfänger: Schirmmütze, Schulterstücke, Ordensbrett an der Brust, die Aktentasche in der Hand, und wie sie dann durch den Flur gingen zum Ausgang: massig, unterwürfig und anmaßend zugleich – die Arroganz der Macht. Die sind verläßlich, ging es mir durch den Kopf. Wenn's befohlen wird, schießen die auf ihre eigenen Leute. Übrigens sahen die gleichen bei den Nazis ganz anders aus: schmissiger, kälter, schneidender. Die damals waren Rasiermesser: blutig. Die heute sind Holzknüppel: blaue Flecken.

Ich will von unserem ersten Abend in den »Zillestuben« sprechen. Wer Zille war, weiß jeder. Die Stuben waren ein sehr kultiviertes, feines, auch gemütliches Restaurant, der S-, also der Luxus-Klasse. Nicht, daß wir zu klagen gehabt hätten; uns ging es gut. Die jungen Berliner, die draußen vor der Tür standen, auch reinwollten, es aber nicht wagten, sie machten mich nachdenklich. Zwei Burschen, waschechte Arbeitersöhne vom Alexanderplatz, hatten tatsächlich gewagt, die Tür eigenmächtig zu öffnen, die neue Klassengrenze zu durchbrechen. Wie sie dastanden: langhaarig, jeansblau, hilflos, aber doch hoffend, und wie sie dann vom Saalchef gefeuert wurden: Zack, flogen sie raus, an einigen Graphiken des Meisters vorbei, die ähnliche Unterdrückung des Volkes zeigten – das hatte schon Stil, auch das war von Klasse. Ich frage: Ist Heinrich Zille in Kategorie S nun eigentlich rauf- oder runtergekommen?

Trotzdem, die nächsten Tage brachten Pluspunkte, massenhaft. Ich holte nach, ich lernte viel zu. Ich war erstaunt, rund um den Alexanderplatz einen Aufbau zu sehen, den man imponierend nennen muß. Wir im Westen sollten diese gewaltige Leistung zur Kenntnis nehmen. Viele unterschätzten sie noch. Ost-Berlin draußen, gleich an der Schönhauser Allee und dann in Köpenick und in Friedrichshagen sieht es immer noch grau und verkommen aus; vereinzelte Neubaukomplexe dazwischen. Hier aber im Zentrum, also vom Brandenburger Tor ab bis ungefähr S-Bahnhof Jannowitzbrücke, ist ein riesiges, funkelnagelneues Musterberlin entstanden, das imponierende Zukunftsmodell der Republik. Es ist, gemessen an den meist monströsen Metropolen der Ostblockstaaten, geradezu von überwältigender Modernität. Vieles ist gelungen, einiges sogar schön. Merke, vergiß es nicht: Das kommunistische Berlin ist heute mit Abstand die westlichste Stadt im Sowjetimperium, architektonisch gesehen. Vom Lebensgefühl, der Stadtatmosphäre her ist natürlich Warschau oder Budapest viel westlicher.

Daß man die historischen »Linden« im schönen Stil des preußischen Klassizismus wieder hergestellt hat, ist bekannt. Der alte Lustgarten, der neue Marx-Engels-Platz sind dann auch akzeptabel. Der Palast der Republik hat mir von außen gleichfalls gefallen. Man muß schließlich bedenken, wo man hier ist: im letzten, überanstrengten Nervenzentrum von Moskau. Innen ist etwas mißlungen. Sie sind nach meinem Geschmack um eine Nuance zu sehr ins andere Extrem verfallen: die tausend Lichter, gespreizt, die zu dicken Teppiche und Sessel, die vielen Rolltreppen, mich erinnerte es an amerikanische Warenhäuser: Macy's in New York lockt so seine Kunden an, immerhin. Palazzo Prozzi haben's die Berliner getauft.

Erst dahinter beginnt jenes Quadrat, das mir unbekannt war, das jüngste, neue Musterberlin, nicht übel in der Komposition. Der ganze Platz ist ein Viereck geworden. Linker Hand auf der Liebknechtstraße: helle, weiße Hochhäuser, Geschäfte, Büros, Hotels, alles im westlichen Look, schwedische, japanische Firmen bauten da mit. Rechter Hand, also zwischen der Marienkirche und dem Rathaus Berlin, ein großer Platz, eine weiträumige Grünanlage, in deren Mitte, gewaltig und drohend in seiner schwindelnden Höhe, der neue Fernsehturm steht.

Sozialistischer Städtebau, man spürt sofort: Das ist nicht ein Fernsehturm wie bei uns, etwa der in Stuttgart oder jener in Frankfurt-Ginnheim, also ein Funktionsträger der Fernmeldetechnik mit etwas Touristen-Schnickschnack drumrum. Das ist nun wirklich der große Bruder: seine phallische Demonstration. Wer hat den größten Turm? Damit die sozialistische Weltordnung nicht ins Wanken gerate: Der in Moskau ist tatsächlich noch ein paar Meter länger. Die Stimme der Macht, die alles beherrscht, dirigiert, einschüchternd in ihrer himmelstürmenden Majestät. Von dort oben also werden jene Fernsehprogramme abgestrahlt, die niemand sieht? Man soll sich diesem Heiligtum der Republik nur mit festlichen Gefühlen nähern. Weite Grünanlage also davor, bunte Blumenrabatten, breite Parkwege, viele Bänke zum Sitzen, Sinnen und Staunen und Hunderte von Springbrunnen – alles vielfältig vor dem Fernsehturm gestaffelt.

Wir haben diesen Brennpunkt der Republik öfter des Nachts bestaunt. Eine Automatik, die nicht immer, aber doch meistens funktioniert, schaltet unzählige Springbrunnen sozusagen nach Potsdamer Grenadier-Reglement: Zack, spritzen alle Fontänen plötzlich steil hoch, halten sich eine Weile, beginnen dann, halbhoch zurückgenommen, schüchtern zu tänzeln, gehen runter, ersterben fast, aber nicht ganz, kommen wieder hoch, senken sich zu halben Freundlichkeiten, jagen dann wieder steil empor. Betörende Farbspiele von rot über blau bis grün mischen das Ganze ins Wunderbare. Trotzdem hat das köstliche Wasserspiel etwas Soldatisches: Knie beugt, Brust raus – ein Rekrut exerziert.

Das komische ist: Trotz dieser imponierenden Einladungsgebärde wirkt dieser Brennpunkt der Republik, des Abends vor allem, leblos und leer. Ein öffentliches Glück wird zelebriert, das nicht stattfindet. Das Land ist tot, hat Biermann gesungen, geschrien, geklagt. So weit will ich nicht gehen. Wir sind eine

Woche lang um zehn Uhr abends über diesen neuen Alexanderplatz gelaufen. Wir kamen meist aus dem Theater, wollten zurück ins Interhotel, das gleich hinter dem Turm liegt. Kein Pärchen flanierte, kein Hund war zu sehen: menschenleer. Manchmal ein Betrunkener, der ganz rechts an den Passagen vorbeitorkelte. Es sind fast bewußtlose Wracks, die man – pardon – nur besoffen nennen kann. Schon um Mitternacht, wo es am Kurfürstendamm ziemlich verrückt lebt, ist der Alexanderplatz ausgestorben, eine Mondlandschaft, über die von Zeit zu Zeit Polizisten patrouillieren, immer mit Sprechfunk und Schußwaffen, manchmal auch von Hunden begleitet. Wo glimmt hier ein Funke? Wo ist hier wer aus der Reihe getanzt? In welcher Diskothek wurde was gesagt? Immerhin hat es hier am Alexanderplatz schon einige Tote und die Rufe: Russen raus! gegeben. 1977 war das eine kleine Schlacht gewesen. Auch von jungen Hakenkreuz-Schmierereien ist die Republik nicht so frei, wie sie tut. Man braucht sich trotzdem nicht zu sorgen: Magst ruhig sein, lieb Vaterland, sozialistisch. Wenn hier was glimmt, sie werden es eisern austreten mit ihren Stiefeln. Da bleibt dann kein Auge trocken. Ich sah es einmal im S-Bahnhof Jannowitzbrücke. Nur eine kleine Affäre: zwei Burschen, die nicht gleich parierten. Die schlagen zu, daß es nur so kracht in den Knochen.

Es wird ja bei uns im Westen von besorgten Linken oft geklagt, die Bundesrepublik sei auf dem Wege zum Polizeistaat. Ich teile jede Sorge um den Verfall demokratischer Freiheiten. Ich bin nur nicht so sicher, ob das Wort richtig gewählt ist. Ich weiß, was sie meinen. Der Begriff scheint mir falsch. Geht doch mal hier auf den Alex, zehn Uhr abends. Ihr könnt das ja, geht nur aus Gründen der Begriffsklärung. Da könnt ihr studieren, wie ein Polizeistaat aussieht, beschaffen ist, funktioniert: perfekt. Meint ihr dies?

Das zweite Bild:

Berlin-Liebhabern empfehle ich einen Alex-Besuch an einem Sonnabendvormittag, sagen wir gegen elf. Im Zentrum der Republik ist jetzt ein Betrieb: kolossal. Es rennt, es läuft, es wimmelt nur so, massenhaft. An jedem freien Sonnabend ist hier auf dem Zentralpunkt des Warenumschlags ein Einkaufsrummel im Gang, ein Konsumfestival, verwirrend. Ich war verblüfft. Massen strömen herbei, ergießen sich über den weiten Platz zwischen Interhotel und S-Bahnhof. Die meisten ziehen ins Warenhaus »Centrum«, das hier über zwei große Gebäude verfügt. Es riecht nach Familie, nach Schweiß, nach Bratwürsten und Benzinabgasen: das deutsche Kleinbürgerglück, ungeteilt. Recht so, sage ich. Warum nicht? Wer, bitte, ist denn eigentlich kein Kleinbürger heute?

Welch ein Spektakel! Sie ziehen hier mit Körben, mit Taschen, mit Plastiktüten und Koffern an den Schaufenstern vorbei, die vieles verheißen, das es nicht gibt, die immer noch ungeschickt, steif, hilflos gespreizt dekoriert sind, gleichwohl. Die Massen hasten, sie laufen, sie sitzen dann eine Weile erschöpft auf den Bänken unter der großen Weltzeituhr, blicken kritisch auf, was ihnen die Stunde geschlagen habe. In Tokio ist es jetzt drei Uhr nachts. Was soll's? Wer kann dahin? Hier hat die Uhr eben eins geschlagen. Um 14 Uhr wird auch hier der Laden dichtgemacht. Die Zeit ist knapp. Es geht hoch: weiter die Jagd.

Daß hier alles beschwerlicher und mühsamer ist, brauche ich nicht zu sagen. Daß die meisten Gänge zwecklos waren, ist auch bekannt. Daß die Artikel, die man bekommt, nach unseren Begriffen minderer Güte sind, meist Ausschuß, Restramsch aus der Westproduktion, ist jedem DDR-Bürger geläufig. Mit anderem wird nicht gerechnet. Die zwei schönen Langspielplatten, die wir hier kauften, können es nachweisen: Peter Schreier singt Lieder von Schubert, Mendelssohn, Schumann. ›Sei mir gegrüßt‹ – heißt die Platte euphorisch. Ich weiß nicht so recht. So recht lief die Begrüßung nicht zu Hause. Die Platte war so wellig, daß wenigstens der Tonarm West zu hüpfen, zu tanzen begann. Es kam nur ein Stottern zustande. Immerhin: So etwas gibt es heute auch drüben: das große Einkaufsfamilienfest Sonnabendvormittag. Ich will es dankbar verbuchen. Marx, wenn ich ihn recht studiert habe, wollte das eigentlich abschaffen: den teuflischen Zauber des Marktes, die Ware als Fetisch. Herbert Marcuse, wenn ich ihn recht verstand, beklagt mit unseren Linken den Konsumterror, diese perfideste Form der Repression: immer mehr verbrauchen müssen, Verdinglichung allen Lebens. Ach, diese Stubenweisheit unserer Gelehrten und Herren Professoren! Hier blüht das nun auch schon, bescheiden, versteht sich. Ein Mauerblümchen von Markt ist zu sehen. Von dieser Art Terror hätten sie es gern noch etwas kräftiger. Um es mit Peter Schreier zu sagen: ›Sei mir gegrüßt‹ – Konsumterror drüben! Das Leben ist unorthodox. Es ist sicher falsch, aber gottlob immer noch stärker als alle Erlösergehirne.

Aber nein, nicht deswegen pinsele ich dieses Bild. Es war etwas anderes, was mich erstaunte: die Kunden. Wie fremd, wie weit weggerückt spielte dieses Spektakel der Konsumlüste! Ich meine nicht die DDR-Bürger, die einfacher, braver sind als bei uns, viel anspruchsloser in ihren Wünschen. Nie würde da einer aufmucken, wenn das berühmte »Hamanich« kommt. Ich meine: Die Szene am Alex wird von den Völkern Osteuropas beherrscht. Es sah aus, als hätten von Posen bis Wladiwostok alle Volksgruppen des großen Sowjetimperiums Einkäuferdelegationen entsandt. Ein panslawisches Meeting ist hier jeden Sonnabendvormittag in Gang. Friedensgruß und Völkerfreundschaft werden mitgebracht. Die DDR braucht nur die Waren zu liefern. Hier können Polen, wenn sie noch rauskommen, Würste und frisches Fleisch kaufen. Es ist nicht zu fassen. Sowjetsoldaten und russische Mädchen umlagern die Warenstände. Hier kann man Fotoapparate, Kofferradios, blitzblanke Fernseher kaufen. Es ist nicht zu fassen. Deutsche Konsumfülle, Honekkers kleines, etwas schäbiges Konsumparadies, ein Hauch, der dann irgendwo in Usbekistan oder Kasachstan langsam verebben wird. Nicht Neckermann, der ist bankrott – die DDR macht es möglich.

An jenem Sonnabendvormittag war es auch gewesen, als mir dieser Einfall kam. Ich weiß: ein böses Bild, ein falscher Vergleich, aber Bilder haben ihre eigene, andere Logik. Man möge also das Folgende nur auf der Bildstufe der Kinder verstehen. Ich sah das: die Völker des Ostens. Ich dachte: War das nicht schon Hitlers Vision? Nach dem Sieg, wenn sein Großreich germanischer Nation einmal fertig wäre, sollten doch die slawischen Völker auch einmal im Jahr durch die Hauptstadt Berlin geführt werden, um die Macht und Pracht der germanischen Herrenrasse zu bewundern. Albert Speer hatte dafür ja schon sehr detaillierte Baupläne entworfen. Daraus ist nichts geworden. Gott und der großen Sowjetunion sei es gedankt. Aber wenn man an die Stelle von »Rasse« das Wort »Ökonomie« setzt, ist der Aspekt sicher noch falsch, doch man fragt sich schon: Wer hat eigentlich wen besiegt, hinterher? Die Frage stellt sich übrigens gesamtdeutsch.

Ich sah ein russisches Mütterchen mit Kopftuch, weitem Rock, dicken Strümpfen, vielen Plastiktüten unter der Weltzeituhr auf einer Bank sitzen. So eine Matka, original. Sie hatte sich offenbar Schuhe gekauft. Sie zog sich die neuen Schuhe an, etwas ächzend, mühsam ging das. Waren sie in der Eile zu eng gewählt? Sie ließ jedenfalls später, als sie dann ging, ihre alten Schuhe samt Schachtel sorglos unter der Bank stehen. Ob sie jetzt nach Schönefeld zum Flughafen schritt? Neben ihr auf der Bank hockte ein junger Sowjetsoldat. Man soll sich die Kinder der großen, ruhmreichen Sowjetarmee nur nicht gewalttätig und furchteinflößend vorstellen. Es mag solche geben. Dieser nicht. Er wirkte bedauernswert auf mich: armselig. Wie um seinen schmächtigen Körper die viel zu große, derbe Uniform schlotterte, wie das Schiffchen auf seinem kahlgeschorenen Kopf immer nach hinten wegrutschte! Daß die unten doch immer die unten bleiben! Daß es da gar keinen Fortschritt gibt trotz aller Revolutionen. Immer sind welche ganz unten im Dreck. Er sah wie ein armer Hund, ein Muschkote aus der Zarenzeit aus. Er tat mir leid.

Also: Er hockte auf dieser Bank. Er hatte eine Ansichtskarte auf seine Knie geklemmt und schrieb mit einem Kugelschreiber offenbar Grüße nach Hause. Ob er nach Smolensk, Orel oder Alma Ata schrieb? Ich sah die kyrillischen Lettern. Ich konnte sie nicht entziffern. Auf solchen Grußpostkarten steht immer das gleiche: Mir geht es gut. Wie geht es Euch? Ich bin gesund. Hier ist es schön! Was sonst? In diesem Fall könnte ich mir vorstellen, daß er etwas Besonderes hinzufügte: Berlin ist phantastisch! Hier gibt es Sachen! Ihr werdet es nicht glauben. Ich bringe einen neuen Foto mit, ja, und dann auch die Schrauben für Euren Dreschflegel, die Ihr seit Jahren sucht. Schöne Grüße vom Westen: Sergej Michailowitsch, Euer getreuer Sohn.

Ja, meine liebe DDR. Zu nahe will ich ihr nicht treten. Aber dies sei gesagt: Sie hat es nicht leicht. Sie wird mit einer bemerkenswerten Leidenschaft ausgekauft von ihren sozialistischen Brudervölkern. Mit Brüdern ist es ja immer so eine Sache, vor allem, wenn es die älteren sind. Die machen, was sie wollen. Aber die DDR ist trotzdem Spitze. Für uns mag das wunderlich klingen: Innerhalb des Warschauer Paktes ist sie mit Abstand führend auf dem Konsumsektor. Besser geht es nicht: sowjetisch. Ich will keinen Hauch nationalen Weihrauchs, aber ich muß es doch registrieren: Die Deutschen sind unheimlich tüchtig – in West, in Ost. Ob das verbindet? Ich bin nicht sicher.

Das dritte Bild:

Dreimal sind wir im Theater gewesen. Es war nicht der Rede wert. Der Staat steht militärisch: Geistig, moralisch liegt seine Ideologie darnieder. Die Zeiten, wo man wegen Brecht- oder Felsenstein-Inszenierungen rüberfuhr, sind ohnehin längst vorbei. Wir haben in der Staatsoper ›Figaros Hochzeit‹ gesehen, eine verluderte Inszenierung. Schwamm drüber. Wir haben im Gorki-Theater ›Kasimir und Karoline‹ gesehen. Ich sage wieder: Schwamm drüber. Von Horváth war das Stück nicht, aber die Schulkinder, die im Parkett saßen, fanden es lustig, wenn das Auto hupend und blinkend über die Bühne fuhr. Die Kunst dem Volke, bitte: Das Volk ist doch so volkstümlich? Brecht war da anderer Meinung: Das Volk ist gar nicht »tümlich«, hat er gesagt.

Ich will von einem anderen Stück erzählen. Das war nicht schlecht. Ich kann mich verbürgen. Es war gut inszeniert. Es war im »Morava«. Das »Morava« ist ein niveauvolles, sehr delikates Speiserestaurant böhmischer Art, auch am Alexanderplatz, gleich neben dem Rathaus. Ich aß gegen 22 Uhr dort zu Nacht, und da ich allein saß, allein aß, und da freie Plätze immer knapp sind in so exquisiten Etablissements, war es nur sinnvoll und richtig, daß mir ein neuer Gast, der eben kam, zuplaciert wurde. Man nennt das so drüben. »Bitte, warten Sie«, steht draußen an der Tür geschrieben, »unsere Kellner placieren Sie gern.« Manchmal auch nie.

Der neue Gast war ein Mädchen, aber keins, wie man es hier kennt. Heute, rückblickend, würde ich sagen: eine tolle Biene, sexy. Für die übliche Mode hier war sie geradezu raffiniert gekleidet. Sehr elegantes Spitzenkleid, schwarz, Geschmeide an den Ohren, am Hals, um die Arme. Daß außerdem noch zwei enorme, wunderbar volle Brüste etwas zu üppig und offenherzig mir manchmal entgegenquollen, schien mir bestürzend exotisch. Ich hielt sie für eine Ausländerin. So sehen Mädchen in Polen, in Prag oder Budapest manchmal aus. Sie sprach auch so fremdartig am Anfang. Sie nuschelte Unverständliches. Aber später, essend, trinkend, langsam ins Plaudern kommend, stellte sich heraus, daß sie ein Kind der Nation war. Eigentlich sei sie aus Mainz, wo ihr Vater lebe. Aber jetzt sei sie hier wohnhaft, leider. Die resignierte Art, wie sie das sagte, und die stumme Melancholie, mit der sie sich gleichzeitig langsam die Lippen rot nachzog, machten mich neugierig.

Ach, das Leben in Germany, wie es so spielt! Da war ich

wieder in eine Geschichte geraten. Es war fast wie am Kyffhäuser: unsere Zwietracht und Sehnsucht nach Einheit. Daß so was immer mir passiert! Warum passiert es nicht Gerhard Löwenthal? Der ist doch aus Mainz, außerdem zuständig für so diffizile Fälle. Sie war sichtlich erleichtert, in mir einen Bundesdeutschen gefunden zu haben. Sie kam sehr langsam mit ihrer Geschichte heraus. Ich war es, der das Gespräch vorantreiben mußte. Sie hielt sich zurück. Sie war sichtbar verschüchtert.

Es sei schrecklich hier, bekannte sie später diskret. Sie halte es nicht mehr aus. Schon vier Ausreiseanträge seien abgelehnt worden. Sie könne es mir ja sagen als Westdeutschem: Sie habe sogar einen holländischen Freund gehabt, der sie besucht, geliebt habe, auch rausheiraten wollte – ehrlich. Es habe sich aber zerschlagen, leider. Was sie nun machen solle? Ich halt's nicht mehr aus hier, sagte sie leise. Sie sagte nicht: Können Sie mich vielleicht rausholen? Wissen Sie einen Weg? Sie ließ nur erkennen, daß sie das Glück, einen ernsten Mann der ungeteilten Nation gefunden zu haben, wohl zu schätzen wisse. Und später, ganz zum Schluß: Sie wolle nicht heim jetzt, jetzt nicht. Sie zeigte sich weiterem Austausch nicht abgeneigt.

Ich will's kurz machen. Es wurde nichts aus der Affäre. Gottlob bin ich in solchen Versuchungen relativ standfest. Ich war aber betroffen. Leid tat sie mir doch. Was es für Schicksale hier gibt. Was für ein Staat! Ob ich den Fall nicht doch ans Fernsehen weitermelden sollte? Wir hatten uns längst getrennt. Es war eine Stunde später. Es war kurz vor eins.

Ab zwölf Uhr nachts dürfen DDR-Bürger, die nicht im Interhotel wohnen, das Hotel nicht mehr betreten. Es wird an der Tür streng kontrolliert. Nur wer den blauen Zimmerausweis hat, darf rein. Ich hatte ihn. Ich war noch eine halbe Stunde in jener vorzüglichen Rotisserie meiner Nobelherberge gewesen, die tatsächlich den Gipfel des Berliner Nachtlebens Ost darstellt. Man kann dort an fünfzig Hockern bis sechs Uhr morgens ein müdes Steak oder kraftloses Kaßler essen. Ich hatte nur meinen Schlummertrunk zu mir genommen: den Lindenblättrigen, den man in der ganzen Republik als köstlichen Weißwein schätzt. Ich will mich zu seiner Qualität nicht äußern. Er macht aber, in großen Mengen genossen, tatsächlich trunken. Ich hatte es nötig. Viel deutscher Schmerz war in mir, der in Besäufnis ertrinken wollte. Einsames Vergessen. Ich war nicht blau, aber etwas bläulich geworden.

Man wird verstehen, daß ich in diesem Zustand einen Augen-

blick meinen Augen nicht trauen wollte. Ich stand am Fahr-
stuhl, wollte eben aufs Zimmer. Du bist ja betrunken. Du siehst
wohl schon doppelt? Ich war perplex. Da kam sie anspaziert.
Sie wurde nicht kontrolliert an der Tür. Sie kam am Arm eines
älteren Herrn herein, der mich entfernt an mich selber erinnerte. Er sah jedenfalls sehr westdeutsch aus. Sie plauderte munter
mit ihm. Sie kannte mich nicht mehr. Und sie liftete strahlend
mit dem Glücksvogel aufs Zimmer. Ob er zu beneiden war?
Sicher hatte sie ihm dieselbe Geschichte erzählt, nur daß ihn das
Kind, leibhaftig, noch etwas mehr bewegte. Also gute Nacht,
ihr Lieben, und viel Vergnügen: jedem nach seinen Bedürfnis-
sen, wie es marxistisch heißt.

Ich kann es natürlich nicht beschwören, aber die freizügige
Art, wie sie sich zu verbotener Zeit in diesem Haus hier bewegte, sprach doch dafür, daß dies nun eine Dame im höheren
Staatsdienst war: »Stasinutte« nennen's die Berliner. Im Augenblick sind die speziell auf Fluchthelfer trainiert. Ich verstehe
das. Und ich füge nur noch hinzu: Es wurde eine unruhige
Nacht, bei mir. Ich schlief schlecht, wachte oft auf, phantasierte
verrücktes Zeug. Was für ein Staat! dachte ich wieder. Aber
jetzt ging dieser eine Gedanke von vorhin um sehr viel mehr
Ecken herum.

Wanjas Geschichte – kein Happy-End

Uralte, verrottete Geschichten – wer will sie hören? Ich habe
das alles im Buch meiner Jugend beschrieben. Es spielt in Berlin. Es heißt: ›Das zerbrochene Haus‹. Aber Geschichten, die
nicht ich – die das Leben selber schrieb, gehen eben nicht zu
Ende. In mir ist noch alles lebendig. Erst wenn ich tot bin, wird
diese Geschichte ganz aus sein, für immer. Solange ich lebe,
trage ich sie mit rum. Berliner Jugend, Eichkamper Kindheit
vor vierzig Jahren. Was sind vierzig Jahre? Wenn ich aus dem
Westen nach Berlin komme, ist es immer, als wenn es gestern
gewesen wäre.

Und so kam es auch, daß ich diesmal, im Ostberliner Telefon-
buch blätternd, diesen und jenen suchend, ganz zum Schluß
meiner Suchaktion auf den verrückten Gedanken kam: Sieh
doch mal nach! Es ist absurd, aber könnte auch sein. Ob dort
sein Name steht? Er stand. Das heißt: der seiner Frau, aber so

war es ja immer gewesen. Killmer, Anja, war zu lesen, Frankfurter Allee 8. Anni Korn hieß sie damals vor vierzig Jahren.

Es war '39. Es war Frühling. Es war Hitlers strahlendstes Jahr. Wir hatten eben das Abitur gemacht. Er, also Lothar, und Anni, mit der er schon damals lebte – sie hatten mich beide in jene sozialrevolutionäre Widerstandsgruppe eingeführt, die uns eines Tages alle ins Gestapogefängnis Moabit brachte. Es ging um »Vorbereitung zum Hochverrat«. Er hatte fünf, Anni fünfzehn Jahre Zuchthaus bekommen. Ich will mich nicht wiederholen. Aus ihm wurde dann nach der Befreiung durch die Rote Armee ein glühender Kommunist. Er wurde noch später nach Studienjahren Afrika-Korrespondent für ›Neues Deutschland‹. Was aus mir geworden ist, weiß man, sieht man auch jetzt – nichts, jedenfalls nichts, was, historisch gesehen, auf der Höhe des Klassenkampfs heute zählt. Heute zählen ganz andere.

Ja, ich habe dort angerufen. Ich will nicht verheimlichen, daß mir, als ich in meinem vorzüglichen Zimmer 19/17 des Interhotels »Stadt Berlin« dann das Rufzeichen hörte, etwas mulmig wurde. Es war Freitag. Ein leichtes Schlottern inwendig: Hoffentlich ist niemand da! Hoffentlich meldet sich keiner! Bist du verrückt? Laß sein, leg auf! Man soll nicht an so alte Geschichten rühren. Was hin ist, ist hin. Aber da war schon ihre Stimme zu hören. Was ist der Mensch? Ein Sack voll Geschichte: Weltuntergänge, Weltkriege, zwei neue Republiken – von Hitler bis Honecker. Es ist nicht zu fassen. Wir Deutschen, die älteren wengistens, tragen das alles noch mit rum: Kein Wunder, daß wir so sind, wie wir sind. Das merkwürdige war: Sie war sofort informiert, als ich meinen Namen nannte. Die Stimme einer älteren, sehr entfernten Frau. Es kann aber auch an der miserablen Tonqualität der DDR-Telefone gelegen haben. Sie sagte: »Ja, wir haben Ihr Buch damals gelesen.« Es war sehr unfreundlich. Sie sagte nicht: Wir haben Ihr Buch. Sie sagte: Es hat uns jemand zugesteckt, damals.

Wie fremd sind sich die Deutschen? Hier meine ich, kann ich's beurteilen, erster Hand. Sehr, würde ich sagen. Wir waren uns ganz fremd geworden. Es war sofort zu hören, daß sie mit dem Klassenfeind sprach. Immerhin war das einmal eine tiefe, schöne Jugendfreundschaft gewesen. Lothar und ich, ich nannte ihn Wanja, waren unzertrennlich gewesen, auch in der Verachtung des Nazireichs. Was hin ist, ist hin. Man soll es nicht heben. Sie sagte dann weiter: »Mein Mann ist nicht zu Hause. Ich will ihm nicht vorgreifen, aber ich bin sicher, daß er Sie privat nicht zu empfangen wünscht.« Sie sprach tatsächlich auch so gewählt: das DDR-Deutsch der Macht. Sie fügte dann, etwas entspannter, hinzu: »Montag ist mein Mann wieder auf der Redaktion. Sie können ihn dort anrufen. Vielleicht, daß er Sie dort empfängt? Im übrigen können Sie ihn ohnehin täglich in der Zeitung lesen.«

Nein, ich werde diese gesamtdeutsche Rührgeschichte von damals hier nicht ausbreiten. Es steht ja geschrieben. Ich will nur sagen, daß mich dieser strenge Bescheid mit Hoffnungsschimmer nicht mehr losließ die nächsten Tage. Er hat mich begleitet bis zur Mauerpassage. Schleifspuren der Kindheit und Blut der Geschichte: Da hatte ich mir wieder etwas eingebrockt. Es war ein solider neurotischer Komplex, der mich quälte: Einerseits wollte ich, andererseits aber auch nicht.

Einerseits fand ich den Gedanken faszinierend, ihm im Haus vom ›Neuen Deutschland‹ gegenüberzusitzen. Sicher wäre da auch noch ein Kollege dabei als Zuhörer? Wir, über Deutschland sprechend, damals, heute und morgen. Er sicher stramm, wenn auch gealtert. Ich eher liberal, leicht ironisch, ziemlich melancholisch, öfter: Ja schon, andererseits aber – sagend. Nach zwanzig Korrespondentenjahren in Afrika saß er jetzt, wie presseüblich, zu Hause in der Zentralredaktion, redigierte nur noch, was von draußen kam, schrieb wohl auch Kommentare, kleine Artikel, aber ohne Namenszeichen. Ich habe in diesem maßgeblichen Blatt nichts gefunden von ihm. Er konnte zufrieden sein. Die Aktien der DDR stehen in Afrika gegenwärtig nicht schlecht. SED-Beauftragte mischen dort kräftig mit. Andererseits – wir? Andererseits – ich? Was hätte ich sagen sollen zur Sache? Sicher war er mir im Informationsstand hoch überlegen.

Man merkt: Aus diesem Treffen ist nichts mehr geworden. Aber die Tage, die blieben, waren durchsetzt mit meinen Versuchen. Ich hatte mir die Nummer des ›Neuen Deutschland‹ auf einen Zettel geschrieben. Ich hatte sie immer zur Hand. Ich kann sie heute schon auswendig: 5850 – mehr nicht.

Zugleich setzten wir die Besichtigung der Stadt fort, draußen. Man kann ja beides verbinden. Zum erstenmal sah ich Schloß Köpenick und wie schön es dort ist, sehr gepflegt. Die Hohenzollern kannten offenbar kein West-Ost-Gefälle? Sie bauten im Osten ihre Schlösser genauso kultiviert und kunstvoll wie in Charlottenburg. Zweimal sind wir am Müggelsee gewesen, einmal bei strömendem Regen, einmal im milden Abendlicht. Märkische Heimat, märkischer Sand, durch den wir stapften. Der Müggelsee ist riesig: ein stilles, grünes Erholungsgebiet.

Man spürt schon den Osten, also den Spreewald und seine alten Sagen und Mythen aus früher Wendenzeit. Der Osten ist stumm und immer ärmer gewesen. Etwas von dieser Kargheit gibt dem Müggelsee noch heute eine bescheidene Würde, einen unvergleichlichen Ernst, der Respekt erzwingt. Menschen, die es zum Wassertod drängt, liegen hier richtig. »Das Müggel ist bös«, hat Fontane geschrieben. Er hat hinzugefügt: »Die alten Mächte sind besiegt, aber nicht tot, und in der Dämmerstunde steigen sie herauf und denken, ihre Zeit sei wieder da.«

Wir sind dann am Ufer gewandert. Da haben sich Glücksvögel, denen es gelang, so ein Wassergrundstück zu ergattern, Wochenendhäuschen von köstlicher Schönheit gebaut. Die Datschenkultur blüht. Wir sahen hier ein paar Bungalows mit Wassergrundstück, die jedem Kapitalisten am Wannsee zur Ehre gereicht hätten. Daß die unten immer unten sind, hatte ich schon gesagt. Daß die oben immer oben sind, lernte ich jetzt.

Es ist überhaupt verblüffend, wie in Ost-Berlin West-Berlin noch einmal spiegelverkehrt existiert. Alles ist zweimal da, schon geographisch. Im Westen die Havel, im Osten der Müggelsee, beide übrigens in einer großen und einer kleinen Ausgabe. Im Westen die Spree, im Osten die Dahme, im Westen Spandau, im Osten Köpenick. Sogar den Teufelssee vom Grunewald gibt es exakt als Teufelssee noch einmal im Ostteil beim Müggelberg. Auch die Krumme Lanke ist im Osten als Krumme Laake zu haben. Berlin, das muß man einräumen, ist vom Gott der Geschichte für Teilungsabsichten schon immer gut programmiert worden.

Und hat es nicht, rein soziologisch gesehen, schon immer lange vor der Mauer eine Art Mauer sozialer Kommunikation gegeben? Ich frage ja nur? Ich jedenfalls, zwanzig Jahre im Grunewald lebend, bin in meiner Jugend über den Alexanderplatz nie hinausgekommen, Richtung Osten. Irgendwie schickte sich das nicht. Da wohnten nicht gerade Wilde, aber doch Leute, vor denen man sich in acht nehmen mußte. Eine sanfte Klassengrenze hat es damals schon gegeben. Wir hatten ja auch alles im Westen. Die haben ja auch alles im Osten heute. Nur die Freiheit haben sie nicht. Was ist Freiheit? Wenn man eine Woche hier im Ostteil lebte, weiß man es schon. Es bedarf keiner tiefsinnigen Philosophien. Freiheit ist nichts als – die Abwesenheit von Zwang. Es mag ja sein, daß der Westen krisenanfällig in Depressionen abrutschen kann, wirtschaftlich. Die DDR, so gesehen psychopathologisch, wäre dann aber – die Zwangsneurose der deutschen Geschichte.

Doch lassen wir das. Ich wollte von Wanja erzählen. All diese Lokalvisiten waren immer wieder durchsetzt von meinen Versuchen, ihn anzurufen. Wir waren zum Beispiel in Erkner, wollten das Gerhart-Hauptmann-Haus hier besuchen. Es war geschlossen, aber ein Telefonhäuschen stand auf der Straße. Ich habe es also wieder versucht. Ich habe meine Feigheit mannhaft bekämpft. Ich habe nicht gekniffen im Klassenkampf. Wie oft und wo überall? Das Telefonieren in der DDR ist selbst noch als Ortsgespräch abenteuerlich. Viele Apparate in den öffentlichen Zellen sind kaputt, andere aber funktionieren, nur kommt die Leitung nicht zustande.

Trotzdem kam ich in den letzten drei Tagen mindestens siebenmal durch. Es meldete sich jedesmal ›Neues Deutschland‹, übrigens ganz zivil. Man kannte mich wohl schon in der Zentrale? Moment, sagte eine Frauenstimme, wir stellen durch, Redaktion Außenpolitik zum Genossen Killmer. Dabei ist es geblieben. Es weckte in der Redaktion. Es ging aber niemand ran. Möglich, daß ich Pech hatte. Vielleicht war er tatsächlich in diesen drei Tagen, obwohl anwesend, in diesen Augenblicken immer abwesend? Es könnte ja sein. Man kann es nicht wissen in diesem System.

Ja, und damit bin ich am Ende – mit Wanja, mit mir und überhaupt mit dieser deutschen Geschichte. Es ist nichts mehr zu sagen. Einmal war es so, einmal so. Es war immer anders. Eine Antwort wird nicht gegeben. Die Frage bleibt offen.

Ein Gefühl von Zuhause
Annäherungen an die Bundesrepublik

An meine Mutter

Ich weiß gar nicht, ob das geht? Was für eine Idee! Ich schreibe
Dir heute diesen Brief. Er wird Dich niemals erreichen. Ich
schreibe ihn trotzdem. Nur an Tote kann man solcherart Briefe
schreiben: ins Ungefähre – genau. Ich sitze in Frankfurt am
Main. Ich gehe durch die Wohnung. Ich halte die Uhren der
Zeit an. Ich schließe die Augen. Ich kehre zurück. Wann, ich
bitte Dich: Wann genau haben wir uns zum letztenmal gesehen
im Leben?

Ich glaube '43. Ich war Soldat. Ich kam von der Front. Ich
kam auf Urlaub: ein deutscher Gefreiter der Fallschirmtruppe.
Ich kam von Monte Cassino zu Euch nach Berlin. Es muß Juli
gewesen sein, oder war es schon Anfang August? Eichkamp
jedenfalls blühte, es leuchtete hochsommerlich. Ein paar Häuser waren kaputt. Dachschaden, sagte man damals und blickte
kritisch nach oben. Ich weiß, daß ich einen Benzinkanister voll
Olivenöl für Euch mitbrachte, aus Süditalien. Fett – wer wird
das heute glauben? – war damals ein großes Glück, obwohl ich
mich an glückliche Urlaubstage dann nicht erinnern kann. Es
lag Untergang in der Luft. Fuhr ich noch einmal zum Zoo?
Ging ich ins Café Wien? Sah ich noch einmal Gründgens im
Schauspielhaus? Ich roch das Ende. Ich spürte: Das Reich zerfällt. Der Tod schleicht schon durch Berlin. Wir werden uns
niemals wiedersehen: ade und dahin, Ihr Lieben!

Tatsächlich seid Ihr dann auch auf ganz erbärmliche Weise
zugrunde gegangen. Im Frühjahr '45 seid Ihr irgendwo zwischen Potsdam und Lehnin gestorben – wie? Ich weiß nur aus
einigen Notizen, die Papa in seinem Taschenkalender hinterließ, daß Ihr bei der Schlacht um Berlin Richtung Westen zu
fliehen versuchtet. Warum? Nazis seid Ihr nie gewesen. Papa
war auch nie in der Partei. Er hätte einen blütenweißen Entna-
zifizierungsbescheid bekommen, später. Aber so seid Ihr ja immer gewesen: ratlos, hilflos wie große Kinder. Sterbendes
Kleinbürgertum, das nichts mehr begreift.

Einfach absurd: Ihr habt die Eichkamper Reste in zwei Koffer gepackt, das Bessere, Wertvollere, das Euch nützlich schien

unterwegs: Goldsachen, ein paar Damastdecken und Bettzeug natürlich. Ihr habt Euch damit zu Fuß auf den Weg gemacht, Richtung Westen. Irgendwo vor Kloster Lehnin hat Euch dann die Rote Armee überrollt. Sie hat Euch die Koffer natürlich abgenommen. Die Rotarmisten haben Euch dann laufenlassen – wohin? Ich weiß nur: liegengeblieben, verhungert, verkommen. So sind die Leute ja massenhaft damals gestorben, in und um Berlin. Es sind mir davon zwei Gräber am Wannsee geblieben. Nur sie – laß ruhen!

Und ich? Ich bin nach dem Urlaub natürlich nach Cassino zurückgekehrt. Ich habe den Winter '43/44 nur wenige hundert Meter unter dem Kloster in einer Bergspalte verbracht. Ich hockte, von ein paar Zeltplanen abgedeckt, mit meinem Karabiner zwischen zwei mächtigen Felsbrocken. Es tobte damals die letzte Materialschlacht der Alliierten um diesen strategisch entscheidenden Punkt. Es war ein Feuerorkan. Die Amerikaner bombardierten das Kloster dauernd aus der Luft. Und wenn ihre Flugzeuge abgedreht hatten, setzte die Schiffsartillerie ein, die vor Gaeta in der Bucht von Nettuno lag. Der Feuersturm brach niemals ab. Zerfetzter Fels, zerbombter Stein. Der Berg von Cassino zerbröselte richtig in Staub. Trotzdem war mein Adlerhorst nicht ohne Reiz.

Der Winter war mild. Schon im März lag manchmal ein märchenhaft mediterranes Licht über dem fernen Meer. Italien ist schon ein Traum. Ich kannte es nicht. Ich kann auch nicht sagen, daß ich gedarbt hätte. Für uns Fallschirmjäger gab es die Verpflegung des fliegenden Personals: eine kreisrunde Scheibe Schokakola, eine halbe Flasche Sekt und sechs Zigaretten, zusätzlich zu den Normalrationen. Ein Kurier brachte das immer nachts. Manchmal war auch Feldpost dabei von Euch. Ich habe damals viel Rilke und Hölderlin gelesen: Lyrisches, Hymnisches, das erhebt. Das ging so ein halbes Jahr. Allerdings: Am Karfreitag '44 hat es mich dann getroffen, zweimal.

Ich will das nicht beschreiben. Ich will nur festhalten: Wenn es wirklich ans Sterben geht, ist es so schlimm eigentlich nicht. Man stellt sich den Heldentod meist schrecklicher vor, als er ist. Jedenfalls erschossen zu werden, ist so übel nicht. Man spürt nur einen dumpfen Schlag im Leib, wie wenn ein Fußball aufprallt. Man spürt keinen Schmerz. Es hatte mich ein amerikanisches Maschinengewehr erwischt: einmal am rechten Oberschenkel, einmal am Bauch. Die Bauchdecke wurde nicht zerrissen, nur aufgeschlitzt. Immerhin, es dauert gut fünf Sekunden, bis man überhaupt etwas merkt. Es wird dann langsam warm. Eine angenehme, feuchte Wärme zieht sich fast zärtlich den Leib herunter. Man badet in seinem eigenen Blut – tiefdunkelrot. Und erst sehr viel später stellt sich ein schneidender Schmerz ein. Aber normalerweise ist man dann ja schon tot.

Was tue ich? Wohin bin ich geraten? Das dunkle Loch der Vergangenheit – kann man das überbrücken? Ist es nicht Wahnsinn, was ich versuche? Was ist der Mensch? 1943 in Eichkamp: der letzte Gruß, die letzte Umarmung, auf Wiedersehen und so weiter. Gibt es ein Wiedersehen nach dem Tod? Es ist unfaßbar: Vierzig Jahre ist das nun her. Ich wollte Dir eigentlich nur sagen: Ich lebe. Du, ich lebe immer noch. Ich habe das alles überstanden. Das und noch etwas mehr.

Du wirst es nicht glauben: Ich lebe jetzt in einem Land, das so übel nicht ist. Es heißt: die Bundesrepublik Deutschland. Davon will ich erzählen. Denn vielleicht wird eines Tages einmal diese meine Republik, genau wie die Eure von Weimar, nichts als Erinnerung sein? Man kann es nicht wissen in unserer Geschichte.

An einen jungen Israeli

Damals in Tel Aviv in der Dizengoff-Street im Haus Ihrer Eltern, damals, lieber David, das ist nun schon fünfzehn Jahre her, und ich kam als Neuling, ich kannte Ihr Land nicht, war ratlos und unsicher natürlich. Ich kam doch aus Deutschland, damals noch Henkerland. Ich kam in das Land Ihrer Väter, das eben wieder einmal einen Krieg hinter sich hatte, viel Neuland also den Touristen bot – damals also, nach diesem Abend meiner Lesung in der Hirschbibliothek, habe ich Sie im Kreis Ihrer Familie nicht richtig erkannt. Ich wußte wenig von Ihnen. Sie sind jetzt Anfang Dreißig. Sie haben inzwischen zwei Bücher geschrieben, zwei Romane, die hier in Deutschland fast mehr Aufmerksamkeit fanden als bei Ihnen. Sie tragen sich mit dem Gedanken, aus Israel auszuwandern. Wohin ist noch unentschieden. Sie fragten mich nach Deutschland. Ihre Eltern kamen einmal aus Berlin.

Zu Ihrer Idee der Auswanderung möchte ich nicht Stellung nehmen. Das müssen Sie mit sich selber ausmachen und Ihrer Familie. Ich kann Ihnen nur andeuten, was Sie hier erwarten würde, wenn. Ich darf auch voraussetzen, daß Sie mit Deutschland die Bundesrepublik meinen? Immerhin sollten Sie zur Kenntnis nehmen, daß die Welt heute den Vorzug zweier Deutschland hat. Ein Deutschland hat zwar einmal die Juden ermordet, aber von heute aus, richtig gesehen, sind das nur die Deutschen der Bundesrepublik gewesen. Ich mache Sie also zunächst darauf aufmerksam, daß es gleich nebenan noch ein Deutschland gibt, das nie etwas mit dem Hitlerfaschismus zu tun gehabt haben will. Es ist für Auschwitz nicht verantwortlich. Es hat auch Wiedergutmachungen an Ihren Staat nicht gezahlt. Es unterstützt sogar Israels Feinde mit Macht. Es ist ganz ohne Schuld und versteht sich auch so: als das bessere Deutschland, moralisch uns weit überlegen. Ich meine, das muß für Sie von Interesse sein? Ich rate Ihnen also sehr, sich zunächst einmal in der DDR umzusehen. Es wäre ja möglich. Es könnte ja sein?

Ich sage es Ihnen vorweg: Ein so makelloses Deutschland kann ich Ihnen nicht anbieten. Bei uns in der Bundesrepublik ist alles verzwickter. Loblieder auf die Republik dürfen Sie nicht erwarten. Eigenlob stinkt, sagten wir früher als Schüler. Heute würde ich sagen: Die Demokratie ist ihrer Natur nach etwas Unvollkommenes. Dies hier ist ein schwieriges Land. Aber gemessen an der Vergangenheit, aus der es kommt, ist es nicht schlecht geraten. Es gibt, glaube ich heute, keine guten oder schlechten Völker in der Geschichte. Es gibt nur gute oder schlechte Verhältnisse, unter denen sie leben. Und wenigstens das kann ich Ihnen zusichern: Die Verhältnisse haben sich hier radikal geändert. Es gibt natürlich immer noch schreckliche Deutsche – wie nicht? Es gibt aber das Deutschland, das einmal der Welt den Schrecken einjagte, nicht mehr.

Man kann sagen: Welch ein Gemeinplatz! Wohl wahr, aber für mich, lieber David, der ich das Deutschland Ihrer Eltern noch kenne, bleibt diese Veränderung der Deutschen der erstaunlichste Prozeß meines Lebens. Nichts war vorherbestimmt. Alles hätte auch anders kommen können. Nirgendwo stand geschrieben, daß uns diese zweite Republik besser gelingen müsse als die erste. Wieso denn? Wenn man bedenkt, aus welcher Schuld dieses Land kam. Wir waren nach 1945 die Verfemten dieser Erde – mit Recht, nach allem, was in unserem Namen angerichtet worden war. Genau wie 1918 mußte die Demokratie als Folge der Niederlage erzwungen werden. Die siegreichen Alliierten haben sie per Dekret einfach befohlen.

Diesmal aber ging es gut, so alles in allem gesehen. Im Felde total besiegt – mit dieser blutigen Erfahrung fing alles an.

Die Deutschen haben aus ihrer glücklosen Geschichte gelernt. So etwas braucht natürlich seine Zeit. Kein Volk verändert sich schlagartig, obwohl das nach 1945 zunächst so aussah. Der Hitlergeist war wie ein Alptraum verschwunden. Über Nacht gab es keine Nazis mehr. Das war natürlich voreilig. Aber wahr ist auch, daß nach der Gründung dieser Republik die Deutschen langsam lernten, die Spielregeln der Demokratie als ihre Spielregeln anzunehmen. Der Umgang mit der Freiheit muß geübt werden. Die Demokratie muß sich in Krisen bewähren. Wir sind da keineswegs durch. Im Gegenteil: Jetzt, Anfang der achtziger Jahre, sind wir mit den Millionen von Arbeitslosen in einer solchen Belastungsprobe. Es sieht trotz aller Schwierigkeiten, in denen wir stecken, so aus, als wenn wir damit fertig würden, politisch, meine ich. Wir sind heute so vorangeschritten, daß ich selbst in Ihrem heiklen Fall zusichern kann: Kommen Sie! Auch als Jude brauchen Sie Deutschland jetzt nicht mehr zu fürchten.

Ich rate Ihnen, sich zunächst in München, in Hamburg oder Frankfurt umzusehen. Das beste für einen jungen Intellektuellen Ihrer Art wäre natürlich Berlin. West-Berlin jedenfalls ist heute ein Sonderfall; tatsächlich, obwohl man's nicht gerne hört, offiziell, ein Stück drittes Deutschland, zwischen den beiden deutschen Staaten noch ein besonderer Platz, für Feinschmecker der deutschen Teilung von delikatem Reiz. Manche meinen, es sei der einzige Ort in Deutschland, wo man leben könnte. Andere wandern dort ab. Sie werden auf jeden Fall den engstirnigen, preußischen Mief der alten deutschen Untertanengesellschaft dort nicht mehr finden. Im Gegenteil: Sie werden hier, genau wie in der Bundesrepublik, auf eine merkwürdig kosmopolitische, bunte, vielsprachige Gesellschaft stoßen: Türken, Pakistani, Perser, Araber, der halbe Balkan logiert hier, von den Kindern Südeuropas nicht zu reden. Die Bundesrepublik ist wider Willen ein Einwanderungsland geworden. Früher floh man aus Deutschland, heute drängen alle hier rein – das ist der Unterschied. Ich finde es ein gutes Zeichen, obwohl es natürlich viele Probleme mit sich bringt.

Frisches Blut kommt von allen Seiten. Wußten Sie, daß Berlin um 1700 zu dreißig Prozent aus Franzosen bestand? Es ist der Stadt nicht schlecht bekommen. Was wären die Berliner zum Beispiel ohne ihre Buletten? Überhaupt das Essen: Die alte deutsche Küche, die etwa die Generation Ihrer Eltern in New York immer noch hochhält, ist in Deutschland heute nur noch ein Gerücht. Sauerbraten und Eisbein? Das gibt es natürlich, wenn Sie es suchen. Aber hierzulande speist man jetzt eher italienisch, jugoslawisch, spanisch oder französisch oder chinesisch. Wenn es wahr sein sollte, daß die Liebe durch den Magen geht, so sind die Deutschen heute Liebhaber der Fremde geworden. Sie reisen ja auch wie verrückt. Kaum drei oder vier arbeitsfreie Tage, schon liegen sie auf der Autobahn. Raus mit uns! heißt die Devise. Mir ist das recht. Das Land steht offen. Viel Welt strömt ein.

Genug, fast komme ich mir schon wie die Frankfurter Tourismuszentrale vor: Zauberhaft ist Germany now – come and discover! Lieber David, davon kann im Ernst keine Rede sein. Als Reiseland bietet diese Westrepublik schöne Punkte, aber eigentlich nur für heimische Kenner. Ich jedenfalls kann mir als Tourist zwischen Sizilien und Finnland schönere Ziele vorstellen. Und genauer betrachtet: Hinter den strahlenden Hochhausfassaden unserer neuen Städte stecken natürlich Probleme und Konflikte, massenhaft. Wohlstand macht ja nicht glücklich, wie die Väter dieser Republik, wie noch Adenauer und der Professor Erhard meinten. I wo – Wohlstand bringt gerade die Besten gegen die Zustände auf. Er macht gereizt. Nicht der Hunger, erst der Wohlstand reizt zu Protesten. Er produziert Schmerzen ganz neuer und höchst verzwickter Art. Man kennt das auch aus Schweden. Ich kann ihnen jedenfalls kein glückliches, nicht einmal ein befriedetes Land in Aussicht stellen. Ich kann nur zusichern: Das alte Deutschland, aus dem Ihre Eltern einmal in den dreißiger Jahren fliehen mußten, das Land der borniertem, engstirnigen Kleinbürger, die einmal Heinrich Heine mit Recht haßten – deutschnational, arrogant und völkisch beschränkt –, brauchen Sie nicht mehr zu fürchten. Heinrich Manns berühmter ›Untertan‹ ist auch heute – in die DDR ausgewandert.

Sehen Sie, das ist wieder etwas, das den einen selbstverständlich, mir aber immer noch staunenswert ist: Das blauäugige, blondzopfige Mädchen, das jahrhundertelang das gebärfreudige Bild deutscher Weiblichkeit bestimmte, war schon zehn Jahre nach Hitler verschwunden. Wo ist es geblieben? Die Veränderungen könnte man bis ins Anatomische nachweisen. Der junge germanische Siegfried mit Schillerkragen, kurzen Hosen und Scheitel, der immer etwas nach Leder roch, leicht schwitzend von Gehorsam und Leibesübungen – er ist weg, einfach weg.

Die verspätete Nation hat nachgeholt. Sie werden gerade unter der deutschen Jugend auf ein buntes, ziemlich zerzaustes Völkchen stoßen, das nicht mehr zu unterscheiden ist von dem in Tel Aviv oder Amerika. Süße Anarchie bestimmt die Szene.

Deutsch mag vielleicht ein Hauch von tierischem Ernst sein, mit dem man sich hierzulande in diese Anarchie hineinwühlt. Unsere Jugend heute ist eigentlich nicht jung. Sie strahlt wenig Hoffnung, schon gar keine Fröhlichkeit aus. Sie liebt Moorbäder finstersten Pessimismus. Null Bock nennt man das heute. No future! steht auf ihren schwarzen Fahnen. Diese Sympathie mit dem Abgrund hat Tradition. Untergang ist immer unsere tiefste Lust gewesen. Das war bei den Romantikern nicht anders als bei Richard Wagner.

Die Jugend von Marx und Coca-Cola hat man gesagt. Es kommt da ein Hauch von Selbstzerstörung hinzu, bei uns. Grau und lustlos ist ihre Kleidung. In der Kunst zu leben ist sie jedenfalls nicht fortgeschritten. Immerhin ist sie auch produktiv. Die Kulturszene wird von ihr bestimmt. Ich glaube, es hat noch nie eine Generation in Deutschland gegeben, die sich so lautstark und schön artikulieren konnte: vom Protestsong bis zum jungen Film. Wir damals waren viel verklemmter. Wir schluckten alles runter – die heute schreien alles raus, lauthals. Das letztere soll, psychologisch gesehen, auf jeden Fall gesünder sein.

Lieber David! Sind das nun zu einladende Ansichtskarten geworden? Sie müssen es selber prüfen. Nur auf eine Schwierigkeit will ich noch hinweisen. Ihr Judesein wird Sie natürlich auch hierher begleiten. Wirklich zu Hause fühlen werden Sie sich trotz aller Veränderungen, von denen ich sprach, hier nicht können. Aber wem sage ich das? Als Heimat wage ich Ihnen mein Land nicht anzubieten. Dazu war alles zu schrecklich, damals. Über Auschwitz wird niemals Gras wachsen. Es soll es auch nicht. Ein Rest von Fremdheit, Angst in der Tiefe wird Sie hier manchmal einholen. Auf massiven Antisemitismus werden Sie jedoch wenig stoßen. Eher das Gegenteil ist im Augenblick die bequeme, deutsche Gefahr. Es kann keine Rede davon sein, daß sich das Verhältnis von Deutschen und Juden normalisiert habe. Aber es wäre auch falsch zu sagen, die Deutschen hätten aus ihrer Vergangenheit nichts gelernt. Auch das braucht seine Zeit. Hier ist unsere Jugend wieder zu loben. Sie ist ganz frei, auch in diesen alten Geschichten.

Als der Krieg zu Ende war

Ich will mich erinnern. Ich will zurück. Es könnte zu leicht verlorengehen, für immer. Was ist, kann man nur aus seinen Anfängen verstehen. Geschichte ist wichtig, auch in diesem Fall. Ich sage also: Damals, ganz am Anfang dieser Geschichte, war es in Deutschland wie bei der Weltschöpfung. Es war nichts. Ich erzähle vom großen Nichts, aus dem wir kamen. Warum kam ich überhaupt zurück?

Es ist so gewesen: Wir hatten zwei Nächte, drei Tage im Lager Tuttlingen gestanden. Übergabe an die Franzosen nannten wir das. Wir froren, wir hatten Hunger. Des Abends kamen Frauen an den Stacheldraht, nahmen Pellkartoffeln aus ihrer Schürze, schoben sie heimlich durch den Draht. Es gab schmutzige Finger, die gierig nach den Kartoffeln griffen. Wir fraßen alles so rein in uns, auch die Kartoffelschalen. Am nächsten Tag sah ich meine Studentenstadt wieder. Sie hieß Freiburg im Breisgau. Sie war weg. Weggebombt, sagten wir nur.

Ich trete noch näher heran an das Bild. Ich erinnere mich genau. Es ist zehn Uhr morgens. Ich gehe wieder durch die Bahnhofstraße. Ich bin ein Heimkehrer, abgerissen, schäbig, die schäbige Abgerissenheit deutscher Obergefreiten damals. Ich bin sechsundzwanzig gewesen, als alles begann. Die Gasmaskentrommel klappert. Die Schaftstiefel hallen. Sinnlose Schritte – wohin? Die Stadt ist weg, ist verbrannt, ist ausgekohlt, vertan und niedergemacht: ein Totenhaus. Wer will das hören? Es standen nur noch Ruinen in Deutschland. Freiburg, das einmal geblüht und geleuchtet hatte, war eine Gerippestadt. Häuserreste, Reste von Wänden, von Fußböden, von Zimmerdecken. Man konnte in aufgerissene Wohnungen, in abgebrochene Treppenhäuser sehen. Vieles schwebte auch einfach – im Nichts.

Dann all die Kaminstümpfe. Schornsteine haben ja diese merkwürdige Zähigkeit zu überleben. Ganz Freiburg, das schöne, bestand nur noch aus Trümmern, aus Brandgeschmack und Schornsteinstümpfen. Die Stadt war richtig runtergemacht, geplündert, gebrandschatzt wie im Dreißigjährigen Krieg. Tabula rasa, sagten wir damals. Die Leichen lagen noch unter den Trümmern im Kellergeschoß. Das Münster stand, etwas beschädigt. Warum? Warum kriegen Kirchen immer mehr Überlebenschancen als Menschen?

Es regnete. Es war kalt und naß. Novemberregen 1945 – wer

will das heute hören? Ich fror. Ich hatte Hunger, einen wütenden Hunger, der schwach und zittrig machte. Ich ging zu dem
großen Mietshaus am Martinstor, wo meine Studentenbude
war, gewesen war, müßte ich von heute her sagen. Ich hatte die
Miete aus Berlin weiterbezahlen lassen. Aber ich kam nicht die
vielen, hohen Treppen des alten Hauses empor. Ich fühlte nur
Schwäche in den Gliedern, in den Knien vor allem. Die Beine
würden zusammenklappen wie Taschenmesser. Ich sackte ab,
ließ mich nach unten rutschen. Am Hauseingang war eine Bäkkerei. Ich schlich hinein, setzte mich auf eine Kiste, sagte zu der
Verkäuferin: Ich bin der Student von damals, der Heideggerstudent: Sommer '40 – erinnern Sie sich nicht? Ich habe hier damals gewohnt. Ich habe so einen wahnsinnigen Hunger. Geben
Sie mir ein paar Brötchen, ohne Marken, bitte! Das Mädchen
gab sie mir schließlich, zögernd, mißtrauisch, fast verächtlich,
immerhin. Ich biß und kaute und starrte so vor mich hin. Damit
begann nämlich damals das Leben: kauend.

Es hatte niemand mehr mit mir gerechnet in dieser katholischen Stadt. Mein Ende, mein braver Soldatentod war längst
einkalkuliert. Es gab mein Zimmer nicht mehr. Ein anderer
wohnte jetzt dort. Die Wirtin öffnete die Wohnungstür. Sie
blickte mich fremd und starr an, wie versteinert. Sie hatte die
großen Augen sehr alter Dackel, Augen, die am Rande rötlich
verlaufen. Sie sagte: »Jesses Maria – Sie leben ja noch! Das kann
doch nicht sein?« Und war doch so. Es gab meine Sachen nicht
mehr. Mein Geld war weg. Meine Kleider, meine Bücher, meine
Freunde verschwunden. Es war eben gar nichts mehr da –
damals: Tabula rasa. Ich war wie Beckmann, aber wußte es
nicht.

Also? Es ist nichts als ein schönes, sentimentales Gerücht,
wenn Menschen heute immer sagen: Wie waren wir doch voller
Freude, voller Hoffnung und voller Aufbruchsstimmung, Hitler überlebend in Deutschland. Ganz am Anfang, konnte ich
mir so großartige Gefühle einfach nicht leisten. Ich war 1939
zusammen mit anderen Linken in einen Hochverratsprozeß
verwickelt gewesen. Ich hätte jetzt als OdF gehen können. Opfer des Faschismus hatten bescheidene Vorrechte und Aufstiegschancen. Ich aber war wie betäubt. Ich dachte an gar
nichts, schon gar nicht ans Weiterkommen. Ich war nur davongekommen wie alle und suchte so durchzukommen wie alle,
mehr nicht.

Ich habe eine Weile auf dem Bau gearbeitet, habe Grundstük

ke enttrümmert. Enttrümmern war damals der große Job. Ich habe Steine geschleppt, Ruinen eingerissen, Wände zerhackt. Einmal bin ich dabei mit dem Fußboden, den ich aufhackte, samt Schaufel und Pickel in die Tiefe versackt und lag eine Weile im Keller auf Steinen, etwas benommen. Ich habe mich dann wieder hochgerappelt. Man war damals viel zäher und kraftvoller als die Jugend heute. Ich weiß auch nicht, woran das lag. Im Wald, dem schönen Schwarzwald, habe ich Holz gesägt, dann durch die Straßen gekarrt, dann schön kleingehackt mit einem Beil. Das war im Hinterhof zu Hause. Zu Hause ist natürlich auch übertrieben. Es war eine Bude zur Untermiete.

Es war eben alles mehr ein Körpergefühl, ganz am Anfang. Ein Gefühl in den Händen: ein Brennen von Schwielen und Blasen. Es gab ein Gefühl von Hunger, das ziehend und stechend war vom Magen. Und eins in den Beinen, das nur schwer war vom Stehen. Mein Gott, was hat man doch damals gestanden vor den Türen der deutschen Verwaltung! Viel mehr als heute die in der DDR. Es gab Türen, die zu Brotmarken, und andere, die zu Kartoffelmarken, zu Bezugsscheinen für Spinnstoffe und Briketts führten. Meistens waren sie geschlossen. Der Umtausch in Reisemarken war eine besondere Prozedur. Man konnte hundert Gramm Fleischmarken, wenn man sehr lange stand, in Reisemarken umtauschen und damit essen gehen, wenn man die notwendigen Fett- und Kartoffelmarken dazu hatte, auch in Reiseausgabe. Ich weiß: Das alles klingt etwas komisch und wunderlich heute. Heute will das niemand mehr wahrhaben. Es klingt wie aus der Steinzeit und ist doch einmal gewesen. Ich kann es aus mir nicht entfernen. In mir ist das alles geblieben.

Nein, ich kann also nicht nachträglich Kränze flechten, die Zeit der schönen Armut preisen, wie es heute manche Jungen wieder tun. Ich kann auch nicht sagen: Das Land hat mich aufgenommen, und wie dann alles anfing und sich regte und neues Leben sproß aus den Ruinen, den bekannten. So wäre es wohl richtig, zeitgeschichtlich gesehen, doch so war es nicht, für mich. Ich fühlte nur Öde und Leere, tiefe Erstarrung. Traurigkeit holte mich ein, Melancholie. Ich trauerte um all die Toten, all die Ermordeten und Hingeschlachteten. Man erfuhr das erst jetzt genauer. Man hörte das Wort Auschwitz. Ich kannte es nicht. Ich hatte es im Krieg nie gehört in Italien. Man sah die ersten Bilder der Lager, sah alles in kaltem Entsetzen und wußte: Das meint auch dich!

Es wehte ein eisiger Wind durch die Straßen der Stadt, so um Weihnachten. Es läuteten Glocken vom Freiburger Münster, aber nicht für mich. Ich fühlte mich todtraurig. Ich dachte: Warum? Warum bist du zurückgekommen? Ich war sicher: Nie mehr, nie mehr wird es das geben – Deutschland, Zuhause, ein Land für dich.

An einen DDR-Kollegen

Lieber Herr H.! Als ich Sie das letzte Mal anzurufen versuchte, war es fatal. Meine bescheidenen Versuche vom S-Bahnhof Friedrichstraße aus mißlangen. Es entstand eine peinliche Situation. Obwohl Ihre Wohnung nicht einmal drei Kilometer entfernt liegt, war Ihre Stimme kaum zu hören. Fisteldünn klang sie. Es war, als wenn ich mit Wladiwostok zu telefonieren versuchte, eben russisch. Es knackte auch dauernd im Apparat. Und Sie riefen mir beinah entrüstet zu: »Hören Sie denn nicht das Knacksen? Es geht nicht! Etwas ist nicht in Ordnung hier!«

Wohl wahr, muß ich heute bestätigen. Damals lief nämlich bei Ihnen die Biermann-Affäre auf Hochtouren. Mein Gott, so lange ist das schon wieder her? Ich hatte nicht einkalkuliert, wie tief diese Affäre ging in Ihrer Intellektuellen-Republik. Sie alle waren ratlos, auch etwas verängstigt. Ich habe mich schnell verabschiedet. Ich habe gleich aufgelegt und kam mir, wie gesagt, etwas dumm vor hinterher. Es war mein letzter Versuch. Ich will Sie nie mehr in diese Verlegenheit bringen, telefonisch. Das verspreche ich hier.

Immerhin, wenn ich zurückdenke: Wie oft bin ich früher bei Ihnen gewesen? »Passierschein für Ost-Berlin« hieß das damals. Fast immer fuhr ich in diesen zwanzig Jahren dann auch zu Ihnen raus, Richtung Schönhauser Allee, wo Sie in einer Querstraße eine Villa haben, ein bißchen alt, ein bißchen still: sehr schön. Nirgendwo lebt man ja ruhiger als in den abgelegenen Straßen Altberlins. Und natürlich, nirgendwo kann der Schriftsteller, wenn er in Grenzen bleibt, ein solches Maximum sozialer Sicherheit einhandeln wie in Ihrer Republik. Das ist ja das Schöne am Sozialismus sowjetischer Prägung: Die eigene Rechnung geht immer zu Lasten des Kollektivs, es trägt. Wer trägt denn uns, bitte, im Westen?

All unsere Gespräche in fast zwanzig Jahren. Sie begannen

meist literarisch. Sie sind ein Kenner der europäischen Literatur. Ein Fachmann vor allem des französischen Surrealismus, gut ausgewiesen durch Übersetzungen: exzellent. Später dann Ihre Bemerkungen zur kulturpolitischen Lage in Ihrem Land, Ihre Klagen, was alles wo wieder verhindert worden sei durch Bürokraten. Sie schilderten das nicht ohne Witz und heiteren Sinn für Surrealismus im real existierenden Sozialismus. Sie sind ein viel zu feinnerviger Literat, um nicht mit einer ganzen Palette melancholischer Witze sich aus der Affäre zu ziehen. Sie sind aber auch ein großer Friedensfreund in den letzten Jahren geworden. Friedenskonferenzen mit Schriftstellern sind Ihre jüngsten Verdienste. Ich frage mich immer: Was machen die da? Zählen sie Raketen? Wiegen sie Sprengköpfe auf? Es blieb, hörte ich es recht, meist bei der gegenseitigen Beteuerung explizierter friedfertiger Gesinnung, was ja auch schon etwas ist – unter Literaten.

Trotz solcher geistigen Verdienste habe ich nie daran gezweifelt, daß Sie, lieber Herr H., Kommunist sind. Ich meine das Wort nicht abschätzig. Die besten Köpfe Deutschlands waren das, mindestens bis in die dreißiger Jahre. Ich meine das Wort auch nicht als Loyalitätsbezeugung für Ihren Staat, dessen Bürger Sie sind. Ich meine: Sie glauben unverändert an die Überlegenheit der Idee. Sie sind ein sublimer Spätbürger und ein knochenharter Klassenkämpfer zugleich – darf ich es so sagen? Jedenfalls kam in unseren Gesprächen Ihrerseits irgendwann zum Schluß, wenn auch etwas verschämt, immer der Satz: »Aber der bessere Staat ist es doch, trotz allem!« Sie lächelten dabei verlegen.

Lieber Herr H.! Beide deutschen Staaten sind in die Jahre gekommen. Ich will den Ihren nicht in Frage stellen. Ich will ihm kein Härchen krümmen. Nicht einen einzigen Stein trage ich von der Mauer heimlich ab. Ich meine nur, nach gut einer Generation getrennter Erfahrungen muß einmal die Frage erlaubt sein: Woher nehmen Sie und die Ihren eigentlich die Legitimation für diesen hehren Satz? Das Prinzip Hoffnung in Ehren, das einmal vor hundert Jahren die Idee des Kommunismus entflammte. Es ist eine schöne Idee, daß durch Abschaffung des Privateigentums an den Produktionsmitteln, also ihre Vergesellschaftung, das Reich der Freiheit, immer verheißen, nun wirklich beginnen werde.

Wir verfügen aber heute auch über das Prinzip Erfahrung. Die Erfahrung beider Staaten sagt: Die Theorie des Marxismus-Leninismus war ein Irrtum. Sie hat jedenfalls auf deutschem

Boden die Hoffnung von einst nicht erfüllt. Es sind keine wundersamen Produktivkräfte der Wirtschaft durch Ihre Vergesellschaftung freigeworden. Ihre Staatswirtschaft quält sich eben so hin. Sie ist kaum in der Lage, die notwendigsten Bedürfnisse der Bevölkerung zu befriedigen. Es ist der Staat nicht abgestorben, wie von Marx versprochen. Im Gegenteil: Er ist zu einem gigantischen Monopolbetrieb aufgebläht, der alles lähmend beherrscht. Es ist das gleiche Recht für alle nicht entstanden, sondern eine Gesellschaft neuer Hierarchien und Privilegien, ein modernes Feudalsystem, das sich geschmeidig um den Hof der Parteimacht schart. Es ist statt Abrüstung ein gewaltiges Militärsystem entstanden. Es ist statt Befreiung der Menschen ein kompletter Polizeistaat aufgebaut worden, dessen Agenten- und Spitzelsystem absurde Blüten treibt, die man bei Kanzlervisiten in Ihrem Staat gelegentlich sogar in unserem Westfernsehen bewundern konnte, in Güstrow zum Beispiel. Und das seltsamste ist: Trotz dieser totalen Verstaatlichung der Macht wirkt dieser Staat merkwürdig anfällig für leiseste Regungen von Einzelgängern im Geist. Ein Buch, ein Gedicht, ein Pamphlet, ein Interview mit abweichender Privatmeinung – schon beginnt die Staatssicherheit zu arbeiten. Was ist das für ein Fortschritt? frage ich Sie als fortschrittlicher Geist.

Warum ich das hier so deutlich und unverblümt frage? Weil wir Intellektuellen doch alle einmal an diese linke Utopie der Befreiung geglaubt haben, in unserer Jugend jedenfalls. Die Utopie taugt aber nichts. Der Traum war falsch. Das Prinzip Erfahrung hat mich eines anderen belehrt. Es ist auf keine griffige Formel zu bringen. Ich glaube jedenfalls, daß das Gesellschaftssystem, das wir in der Bundesrepublik aufgebaut haben, das bessere ist. Es ist effizienter, es ist offener. Es entspricht unserem Verständnis von Demokratie mehr. Wenn der Fortschritt einer Gesellschaft darin besteht, das größtmögliche Maß an wirtschaftlicher Kraft mit dem größtmöglichen Maß an persönlicher Freiheit in eine sinnvolle Balance zu bringen, so scheint mir dies hier eine fortgeschrittene Gesellschaft. Sie ist nicht perfekt. Sie hat ihre ungelösten Probleme und dunklen Punkte, aber sie ist offen, also entwicklungsfähig. Es lohnt, sie zu verbessern. Und immerhin: Sie hat für über sechzig Millionen Menschen heute eine Lebensform geschaffen, die große Anziehungskraft ausübt, weit über die deutschen Grenzen hinaus.

Offen gesagt, lieber Herr H., die Transparente von gestern interessieren mich nicht mehr. Was heißt da Kapitalismus? Was

Sozialismus? Mein Prinzip Erfahrung plädiert für eine offene Gesellschaft, die ihre inneren Widersprüche in sich aufnimmt, verarbeitet und die sich selber dauernd kontrolliert. Die Errungenschaften der bürgerlichen Revolution von 1789 dürfen wir auf keinen Fall preisgeben. Hinter Montesquieu und seine Theorie der Gewaltenteilung dürfen wir einfach nicht zurückfallen. Das mag sich abstrakt anhören, ist aber ganz konkret gemeint. Was nützt uns denn ein Sozialismus, wenn er in der unnahbaren Gestalt eines absoluten Souveräns auftritt? Die Macht darf kein Souverän sein. Sie muß sich in einem System komplizierter gegenseitiger Kontrollen selber begrenzen, und auch dies nur auf Zeit.

Daß die Kontrolle der Regierung durch das Parlament bei uns nicht besonders gut funktioniert, räume ich ein. Dazu fehlt es uns offenbar noch immer an demokratischer Tradition. Dafür ist aber bei uns heute sehr ausgeprägt die Kontrolle der Regierung durch die Presse, also die öffentliche Meinung, getreten. Die Macht der Medien ist keine bürgerliche Illusion. Die Macht vor allem des Fernsehens ist groß. Jeder Parteiführer weiß, daß es so gut wie unmöglich ist, heute eine Wahl gegen das Fernsehen zu gewinnen. Und wie viele Minister hat bei uns die Presse in fünfunddreißig Jahren zu Fall gebracht? In Amerika haben Zeitungen Präsidenten gestürzt. Und das ist gut so: Die Macht muß sich auf die Finger sehen lassen. Die Regierung ist kein Souverän. Sie ist nur auf Zeit beauftragt.

Es gehört weiter zu meinem Prinzip Erfahrung, daß das private Gewinnstreben in der Wirtschaft nichts an sich Böses ist. Im Gegenteil: Es ist ein mächtiger Hebel zur Entfaltung ökonomischer Produktivkräfte. Wir haben das gleich nach der Währungsreform erlebt. Erhards Sprung in die freie Marktwirtschaft war damals der Motor, der dann die Wirtschaft in Gang brachte. Wenn die große Sowjetunion nun schon seit zwei Generationen vergeblich versucht, Amerika wirtschaftlich einzuholen, so liegt es auch daran, daß sie das private Gewinnmotiv verteufelt. Es blüht dann in den Grauzonen der Illegalität um so verwilderter.

Das Gewinnstreben muß natürlich öffentlich kontrolliert und sozial gebremst werden. Es muß auch auf sehr viele Gruppen, die untereinander konkurrieren, verteilt werden. Zu einem potenten Unternehmertum, das ich bejahe, gehören genauso potente Gewerkschaften, die dafür sorgen, daß das Sozialprodukt gerecht verteilt wird. Diese Gewerkschaften müssen mächtig sein; nicht so mächtig, daß sie, wie in manchen nördlichen Staaten, fast alles beherrschen, wohl aber so, daß sie als echtes Gegengewicht etwas bewirken können. Nur wenn das berühmte Gleichgewicht zwischen Kapital und Arbeit ungefähr ausbalanciert ist, funktioniert das System, das man ja in der Sprache der Staatsrechtler »check and balance« nennt. Das ist es, was ich meine: Alle müssen alle in der Schwebe halten.

Zugegeben: Es entsteht so ein ziemlich verzwicktes Gesellschaftssystem. Die Bundesrepublik läßt diese Kompliziertheit täglich erkennen. Sie muß für Uneingeweihte, etwa aus dem Osten, verwirrend wirken. Die Presse läuft Sturm gegen einen Minister. Die Gewerkschaften drohen mit Streiks, die Arbeitgeber mit Betriebsschließungen. Alle möglichen Bürgerinitiativen versuchen, ihre regionalen Sonderinteressen durchzusetzen. Gruppen von Ausländern demonstrieren für ihre Rechte. Die Jugend ist außerdem gegen alles: »Du hast keine Chance – Nimm sie wahr!« heißt ihre Parole. Und außerdem gibt es ja auch noch die Opposition in Bonn – das alles, lieber Herr H., ist eben kein Chaos, wie es DDR-Bürgern erscheinen mag. Das ist die offene Gesellschaft, zu der ich stehe. Genau das nämlich ist Demokratie.

Ich meine: Die Konflikte sind doch real alle da. Sie sind auch natürlich, weil sie nur widerspiegeln, wieviel verschiedene Interessen in einer Gesellschaft leben. Man muß sich ihnen stellen. Das gehört mit zur pluralistischen Demokratie. In Wahrheit gibt es doch nur die Alternative, sie entweder, wie bei Ihnen, unter den Teppich zu kehren, oder sie offen auszutragen. Ich sehe in der permanenten Bereitschaft unseres Systems zum offenen Konflikt jedenfalls seine größte Stärke. Die Freiheit ist in der Tat riskant. Wer sie wagt, gewinnt aber auch neue Energien. Daran ist ja kein Mangel. Ich meine, die Bundesrepublik steht trotz aller Krisen heute ziemlich stabil in der Welt. Vielleicht, daß sie schon etwas zu breitbeinig steht?

Nierentisch und Nylonhemd

Wo war ich stehengeblieben? Nein, nichts mehr von Freiburg im Breisgau. Schwamm drüber! Der Tag der Gründung dieser Republik gibt auch nichts her. Ich kann mich an ihn nicht besinnen. Wir Menschen unten haben damals gar nicht bemerkt, was uns da geschah – an Freiheitsrechten. Die Väter des Grund-gesetzes haben das unter sich ausgemacht. Das Volk wurde nicht gefragt. Recht so, sage ich heute. Es war noch gar nicht reif für solche Grundsatzfragen. Es hätte so vielen Freiheiten mehrheitlich nicht zugestimmt, vermute ich. Dazu lag Hitlers Zeit noch zu nahe. Das Ja der Länderparlamente genügte.

Von einem richtigen Bonner Staat war ja auch gar nicht die Rede. Es sollte alles nur vorläufig sein. Heute ist das längst vergessen, aber so war es: Der Weststaat war nur als Provisorium gedacht. »Transitorium«, sagte man damals, sozusagen ein Feld-lager, eine Vorausabteilung der Freiheit, bis dann das Reich, das alte, in Einheit und Freiheit – na ja: Die Geschichte geht oft auf krummen Wegen zum Ziel. Heute jedenfalls ist niemand so recht froh, wenn er das Wort »Wiedervereinigung« hört. Wer in der Welt, außer einigen DDR-Bürgern, will sie im Ernst?

Der Tag der Währungsreform ein Jahr vorher: Kopfgeld hieß das. Ich erinnere mich, daß die Leute, obwohl begierig, miß-trauisch, ganz ungläubig waren. Die Männer trugen damals noch lange Mäntel, schlapprige, weite Anzüge, die Frauen Kopftücher und blaßgestreifte Kleiderschürzen. Sie sahen aus-gemergelt und ziemlich vergrämt aus. Die meisten wirkten mies, irgendwie tückisch. Sie standen in langen Schlangen. Sie nahmen die neuen Zehnmarkscheine. Sie warfen das alte Geld mit Gelächter weg. Manche verbrannten die Reichsmark voller Lust und Verachtung. Was soll das? sagten sie. Die neuen sind vielleicht ein halbes Jahr gültig. Dann wieder eine Abwertung. Man kennt das in Deutschland seit 1923. Wer konnte wissen, daß diese Scheine trotz aller Teuerungsraten eine der stärksten Währungen der Welt werden würden? Damals stand der Mor-genthauplan zur Debatte: Das Land sollte ein Kartoffelacker werden. Aber dann kam der Marshallplan. Mit ihm, so sagen die Fachleute, habe alles begonnen. So wird es wohl sein.

Und ich? Ich habe eigentlich erst Anfang der fünfziger Jahre langsam zu leben begonnen. Ich zog aus dem kaputten Freiburg nach Baden-Baden: eine heile Stadt, wunderschön. Es war Frühling. Es war Mai. In der Lichtenthaler Allee blühten die Kastanien. Mitte Mai '52 habe ich dort beim Südwestfunk als Nachtprogrammredakteur begonnen. Der Franzosensender, sagte man damals: wenig zu beißen, aber viel Geist aus Paris. Ich mußte mich bei der Sûreté einer strengen Befragung unter-ziehen. Alfred Döblin saß hier in der Stadt. Er sah in der grau-grünen Uniform eines französischen Obersts irgendwie verloren und etwas komisch aus. Ein kleines, vertrocknetes Männchen, das nervös, fast unglücklich durch seine dicken Brillengläser das Land seiner Träume zu erblicken versuchte. Sein Genie war ihm nicht auf den Leib geschrieben. Er gab eine Zeitschrift heraus, die etwas zu optimistisch ›Das goldene Tor‹ hieß. Immerhin hat sie mir ein paar Dukaten gebracht. Ich schrieb manches hier. Auch half mir das Ganze politisch. Jeder Deutsche ist nämlich für jeden Franzosen zunächst ein Nazi gewesen. So streng waren damals die Sitten.

Jetzt, wo ich das schreibe, kehrt manches zurück. Eine merkwürdige Zeit war es. Man kann es heute kaum noch verstehen. Ich möchte den ›Zeitgeist‹ damals innerlich, fast fromm nennen. Jedenfalls hier im Badischen roch es unverkennbar katholisch aus allen Ritzen. Es ging in der Kultur nicht um Politisierung und Konfrontation. Es ging immer um Begegnung und Besinnung, um Wandlung und Erneuerung, irgendwie aus dem Geist des Christentums, aber niemand wußte genau wie. Es war alles wolkig, aber tief. Auch vom Abendland war viel die Rede, das bedroht, jetzt zu erneuern sei, und vor dem Massenzeitalter wurde eindringlich gewarnt: Es verflache und entseele immer mehr das Eigentliche im Menschen. Niemand wußte genau, was das war: das Eigentliche, trotzdem kam es darauf an. Martin Heidegger war dafür zuständig.

Das Gespräch wurde damals immer gesucht. Die Begegnung gepflegt, der Dialog eröffnet. Die Kirchen gründeten ihre Akademien, katholisch und evangelisch. Ich besuchte einige Tagungen. Ich schrieb später ein Feuilleton dazu. Es hieß: ›Wagemut am Wochenend‹. Man fand das in Baden-Baden gewagt, fast zynisch. Kein Wunder, daß ich richtig links wurde oder das, was man hier im Kurort darunter verstand. Es war eine wunderliche Mischung aus Kulturenthusiasmus und Haß auf die reichen, alten Damen, die im »Café König« sich durch Berge von Schlagsahne arbeiteten. Es konnte sich darin bekunden, daß man in einer Spätvorstellung im Kino einen Film von Jean Cocteau sah, der zusammen mit Jean Marais eine wunderbare Ehe führen sollte. Mein Linkssein konnte sich aber auch darin äußern, daß ich im Funk leidenschaftlich für eine Tucholsky-Sendung stritt, die mir von höherer Stelle verboten worden war. Der Mann war zersetzend.

Ja, so ungefähr ist es gewesen. Nicht Tucholsky, ganz andere Dichter hatten das Sagen, in Baden-Baden jedenfalls. Bergengruen und Edzard Schaper standen hoch im Kurs. An Sonntagen waren Eliot oder Claudel im Programm. Zu Weihnachten oder Ostern gab es Hörspielfassungen von Gertrud von LeFort oder Reinhold Schneider. Alles etwas bläßlich, aber gut gemeint. Die Botschaft des Dichters in heilloser Zeit war zu entziffern. Der schlesische Dichter Friedrich Bischoff war unser Intendant und steuerte auch manchmal süßen Gesang bei, an sehr hohen Feiertagen. Ja, es war Kalter Krieg damals, und die Wirtschaft rotierte – und wir? Wir waren alle so verinnerlicht und schön auf uns selber fixiert. Es war ein merkwürdig introvertierter Provinzialismus, der durch den jungen Rheinstaat Adenauers zog. Machtgeschützte Innerlichkeit hat das schon früher Thomas Mann genannt.

Was haben wir eigentlich damals getrieben? Es ging steil aufwärts mit uns. Das war zu sehen, in allen Schaufenstern. Es gab alles wieder, wunderschön. Wir haben uns Nierentische und Nylonhemden gekauft. Komisch, daß man das Zeug damals schön fand – wieso eigentlich? Die Hemden rutschten abscheulich, die Knopflöcher leierten aus, aber das Waschen war so bequem. Bügelfrei war eine kleine Revolution. Einfach naß im Badezimmer aufhängen – wir waren beglückt. Wir haben Bausparverträge geschlossen, den Führerschein gemacht. Wir haben uns das erste Auto gekauft. Meins war ein schwarzer VW mit Schiebedach, Bordsteinfühler und Weißwandreifen. Das Weiße war damals der Gipfel des Vornehmen und dann? Dann machten wir unsere erste Ferienreise in den Süden. Ach, Bella Italia, war das schön! Ich fuhr erst nach Alassio, später nach Florenz. Der Höhepunkt war natürlich Capri. Im gelben Nylonhemd durch die Blaue Grotte gerudert – schöner konnte es nicht werden. Italien war ein Traum. Damals gab es noch keine Roten Brigaden. Niemand schoß einem in die Beine. Im Gegenteil: Die Liebe war hier zu Haus. Alle Italiener waren fröhlich und faul, lachten immer, servierten den kleinen Espresso mit jener gewissen Eleganz, die ich als »lateinisches Erbe« bezeichnete. Des Abends saßen alle Italiener am Meer und sangen Lieder von Amore und so. Ich meine, der Schmalzdackel Vico Torriani begann damals auch von Bella Italia zu singen? Es muß dann schon Ende der fünfziger Jahre gewesen sein, als Caterina Valente, eben vom Südwestfunk in Baden-Baden entdeckt, in diesen Chor einfiel. ›Ciao, ciao, bambina!‹ Da aber lag schon ein Hauch von Abschied in diesem zärtlich verschwebenden Ton.

Wie unpolitisch wir damals doch lebten! An den 17. Juni 1953 zum Beispiel erinnere ich mich kaum. Es gab noch kein

Fernsehen. Man mußte ins Kino gehen, um den Aufstand in der Zone zu sehen. Dafür aber besinne ich mich genau auf den Tag des Mauerbaus in Berlin. Ich bin damals wieder in Italien gewesen. Es war August, Ferienzeit. Wir lagen in Paestum. Wir lagen unter den Tempeln Poseidons. Es war heiß, und Grillen zirpten im Gras. Man hörte das Meer rauschen. Es kam ein Junge durch die Tempelruine gelaufen. Er hatte wohl unseren deutschen Wagen am Eingang gesehen? Der Junge stürmte auf uns zu. Er rief: »Signore, grande muro in Berlino!« und hielt dann die Hand auf: »Cento Lire, prego?« Man wird es nicht glauben: Damals waren das noch fast siebzig Pfennige. Die Botschaft ist ihren Preis wert gewesen.

Es war ein Paukenschlag der Geschichte, eine Art Urerschrecken. Wir fuhren zurück. Diesmal konnte man alles im Fernsehen sehen. Es kam immer in der verlängerten Tagesschau. Man mußte zehn Minuten mehr drangeben. Es waren entsetzliche Bilder. Und heute, zurückblickend, möchte ich bilanzieren: Dieser 13. August 1961 war das eigentliche Ende der fünfziger Jahre mit all ihren schönen, törichten Träumen. Die Illusionen der Adenauer-Epoche zerbrachen, in mir jedenfalls. Es war das wichtigste Datum der deutschen Nachkriegsgeschichte. An diesem Tag wurde nicht nur die deutsche Teilung perfekt. Erst jetzt wurde die DDR wirklich geboren. Eine Epoche war an ihr Ende gekommen, eine ganz andere begann.

An einen Altrevolutionär

Vermutlich werden Sie mich nicht kennen, lieber Danny? Seit ich ins Frankfurter Westend gezogen bin, begegne ich Ihnen oft, meist im Kettenhofweg. Ich bin dann immer etwas ratlos. Schon wahr: Der, der Sie einmal waren, sind Sie nun auch nicht mehr. Der Zahn der Zeit hat auch an Ihnen genagt. Die Gloriole junger Empörung ist erloschen. Geblieben ist aber um Ihren netten, etwas pausbäckigen Barockengelkopf eine kolossale Afrolook-Frisur, die sozusagen im milderen, rotblonden Abendlicht der Erinnerung noch jetzt von späten Bränden zeugt. Lang ist das her. Spötter nennen Sie manchmal Barrikadenrentner oder auch Revolutionspensionär. Ich nicht. Jetzt sind Sie ja grün, wie sich's gehört. Ich möchte Sie den grünen Altrevolutionär dieser Mainmetropole nennen.

Als Frankfurter Bürger ist man heute mit Revolutionserinnerungen gut dran. Wo immer ich wohnte, ob in der Tönnesgasse, auf der Zeil oder in Sachsenhausen, kamen auch Sie vorbei mit ihren Kohorten, mit Ihren schönen Kommunekindern. Ein ungeheures Spektakel war das. Ihr kamt in Zehnerreihen, untergehakt, mit Transparenten und flatternden Fahnen. In meiner Jugend war man aufs Einzelgängertum stolz. In den fünfziger Jahren schätzten meine Kollegen der Gruppe 47 das Wort »Nonkonformismus«. Ihr hattet das Wort Solidarität auf Eure Fahnen gepflanzt. So wandeln sich die Ideale. Nur die Begeisterung bleibt. Ihr wart von Rotchina begeistert, obwohl niemand von Euch da war. Aber war Hölderlin je in Griechenland gewesen? Eure Ho-Chi-Minh-Rufe jedenfalls verblüfften damals die braven Bürger der Stadt. Sie waren ratlos. Sie blickten etwas dumm und verängstigt aus ihren Fenstern. Na so was, die Studenten– was ist denn in die gefahren? Tatsächlich war in Euch was gefahren.

Heute ist das nun auch schon wieder Geschichte. Die Zeiten sind härter geworden. Melancholie, Resignation und Rückzug ins Grüne herrschen jetzt. Manchmal spritzt sich ein junger Mann tot mit Heroin, der Goldene Schuß genannt. Manchmal geht hier in Frankfurt auch eine Bombe hoch. So etwas wäre Euch damals nie in den Sinn gekommen. Es war eigentlich eine schöne Zeit. Ihr wolltet die süße Revolution: Paradise now! – hieß Eure Parole, zunächst. Und tatsächlich wart Ihr Mitte bis Ende der sechziger Jahre mit Euren Kampfslogans, Spruchbändern, Buttons und abenteuerlichen Kostümen ja auch eher auf fröhliche Provokation aus. Eure Kreativität war bemerkenswert. Es gab komische Käuze, Spaßvögel der Politik unter Euch, die jedem Kabarett Ehre gemacht hätten. Die Phantasie an die Macht! hieß eine andere Parole. Die Revolution war sehr kunstvoll mit Poesie gemischt. Lang ist das her.

Damals wurde zum erstenmal jener tiefe Konflikt sichtbar, der die Geschichte dieser Republik bis heute durchzieht. Er hat sich gewandelt, er findet immer andere Parteigänger, aber er ist nicht ausgestanden. Er währt fort. Es begann der Aufstand der Söhne gegen die Welt der Väter. Der Generationsbruch, sagt man. Es ist aber mehr. Tatsächlich wart Ihr die erste Generation, die in diesem Westdeutschland wirklich zu Hause war. Ihr, nicht wir, wart die Eingeborenen von Trizonesien, wie es damals hieß. Erst nach 1945 zur Welt gekommen, kanntet Ihr nichts anderes mehr als die Bundesrepublik. Es war für Euch alles selbstverständlich, was für uns noch halb wie ein Wunder war. Es verstand sich für Euch ganz von selbst, daß das Verbraucherparadies funktionierte, daß alles im Überfluß da war. Die erste Schreibmaschine, das erste Radio für mich: '47 – es war ein abenteuerliches Glück auf dem Schwarzmarkt gewesen. Ihr wart des Wohlstandes und der Konsumfülle so sicher, daß Ihr sie verachtet, ja, zu hassen begannt. Konsumterror hieß Eure Antwort auf das Erreichte. Die Wohlstandskinder proben den Aufstand, hat man damals gesagt. So war es. War es die ganze Wahrheit?

Ich meine: Es kam mit Euch zugleich ein anderes Lebensgefühl hoch, das wir so nicht kannten. Eine radikal andere Welt schwebte Euch vor – wie nicht? Es ist ja sehr unwahrscheinlich, daß eine einzige Generation die ganze Wahrheit auf ewig gepachtet hat. Jetzt hattet Ihr plötzlich das Sagen auf unseren Straßen und Plätzen. Ihr brachtet in diese Republik, die tatsächlich bis dahin nur an Wirtschaft und Wohlstand gedacht hatte, auf einmal moralische Kategorien ein, die die Älteren so nicht gesehen hatten. Wir kamen noch aus dem Reich, Ihr nur aus dieser jungen Republik. Ihr saht schon ganz anders aus. Wir trugen noch Scheitel, Schlips und Kragen, Ihr jetzt den wilden Afrolook oder schulterlange Haare. Zottig und grau standet Ihr im glanzvollen Neonschein. Man hat es »Die neue Sensibilität« genannt. So war es. Ihr wart von einem weltweiten Gefühl moralischer Gerechtigkeit erfüllt, das ganz unbekannt war, hierzulande. Solidarität mit den Unterdrückten der Welt, hieß Eure fast messianische Parole.

Mein Gott, wenn ich jetzt zurückdenke. Vieles ist natürlich konfus und ziemlich verrückt gewesen. Manches war nichts als Revolutionsromantik, einiges auch blanke Anarchie. Anderes aber war, langfristig gesehen, ganz realistisch und hat sich als richtig herausgestellt. Es hatte ja alles 1967 mit den berühmten Demonstrationen gegen den Schah von Persien begonnen. Ich räume ein: Auf lange Sicht habt Ihr recht behalten. Dann Eure endlosen Demonstrationen gegen die Kriegführung der Amerikaner in Vietnam. Die Geschichte hat Euch recht gegeben.

Ich kann Euer neues Gefühl für eine Politik mit glaubwürdiger Moral aber auch vor Ort, sozusagen vor der eigenen Haustür hier in Frankfurt, bestätigen. Die rabiate Zerstörung des alten Frankfurter Westend durch Kapitalhaie wurde damals durch Eure ziemlich riskanten Aktionen der Hausbesetzungen gestoppt. Ihr seid hart auf Kollisionskurs mit der Polizei gegangen. Wirkungslos war es nicht. Wieder räume ich ein: Wenn heute bis in die Parteien und Rathäuser hinein ein neues Bewußtsein für Lebensqualität und Ökologie gedrungen ist – Ihr habt die ersten Anstöße dazu gegeben. Ihr habt die Signale gesetzt. Ihr habt viel verändert. Euer Traum war so unpolitisch nicht.

Nur in einem, lieber Danny, haben Sie sich radikal getäuscht. Sie haben die demokratischen Strukturen dieser Gesellschaft falsch eingeschätzt. Sie haben doch all Ihre Aktionen nur in Gang gesetzt, um der Welt den Nachweis zu bringen, wie autoritär, wie gewalttätig, wie faschistisch eben diese Gesellschaft der BRD im Grunde sei. Es kam Euch darauf an, mit all Euren Provokationen sozusagen den alten, verstockten Untertanenstaat wieder hochzukitzeln. Brutale Reaktionäre in Bonn wären Euch recht gewesen. Ein knochenharter Polizeistaat hätte Euren tiefsten Wünschen entsprochen. Eben das aber ist Euch nicht gelungen. Auf diesen braunen Leim ist Euch die Republik nicht gekrochen.

Natürlich hat sie auch ihre Fehler gemacht. Der noch junge Staat mußte ja selber erst lernen, auf die ganz neuen Spielformen Eurer Herausforderung zu reagieren. Auch verstärkte sich Eure Provokation Anfang der siebziger Jahre dann zu jenen gezielten Anschlägen radikaler Terroristen, die Eurer Sache sehr schadeten. Ich sage nicht, daß der Studentenprotest und die Rote Armee Fraktion dasselbe seien, aber daraus entwickelt hat es sich schon. So radikalisieren sich Reste brutal.

Und die Serie blutiger Morde und Erpressungen, die 1975 Mode wurden, waren nun wirklich unfaßbar in ihrer Heimtücke und eiskalten Perfidie. Ich kann die Wochen, als Männer wie Ponto, Buback oder Karry ermordet wurden, so schnell nicht vergessen. Und auch, wenn diese Terroristen nicht Eure Genossen mehr waren – für den Staat blieb es die eine Herausforderung, die man bisher nicht gekannt hatte. Sie müssen einräumen, daß die Bundesrepublik, alles in allem gesehen, darauf ziemlich geschickt und flexibel reagiert hat: Mogadischu zum Beispiel. Obwohl der Geist der Liberalität natürlich Schaden nehmen mußte, ist hier kein Polizeistaat entstanden.

Mit einem Wort: Sie und die Ihren, lieber Danny, haben Revolution gesät, aber Reformen geerntet. Natürlich träumtet Ihr den schönen, alten Traum aller Intellektuellen, daß alles umgeworfen werden müsse: radikal. Aber daraus ist nichts geworden. Dazu war diese Gesellschaft längst zu stabil. Aber Reformen kamen in Gang. So spielt ganz ungewollt eine Generation der andern die Bälle in die Hand. Ihr habt dazu beigetragen, daß diese Republik auch für ihre eigenen Minderheiten hellsichtiger wurde. Randgruppenproblematik habt Ihr auf das Programm gesetzt. Also kein Wort der Resignation und enttäuschten Hoffnungen. Ihr habt die Geschichte dieser Republik mitgeschrieben, spiegelverkehrt sozusagen.

Schon wahr: Ich kann die monotonen Beschwörungsformeln vom freiheitlich-demokratischen Rechtsstaat, den es gegen jede Zuckung von links zu verteidigen gelte, auch nicht mehr hören. Parlamentarisches Wortgeklingel, leere Begriffshülsen, die gar nichts taugen, konkret. Aber genauso leer ist natürlich Ihr dauerndes Faschismusgeschwätz. Sie sind noch zu jung, aber ich könnte Sie aus meiner Jugend darüber aufklären, was Faschismus in Deutschland war. Die Stärke unserer Republik jetzt besteht eben darin, daß sie auf Herausforderungen und Konflikte gerade nicht reaktionär mit Angst und Rückzug und schließlich Gewalt reagiert. Sie ist offen, flexibel und dauernd bereit, sich mit diesem oder jenem Problem neu in Frage stellen zu lassen. Ich sehe in dieser Offenheit für Veränderungen das qualitativ Neue in unserer Geschichte.

Sie werden es schwer ableugnen können. Hier geschieht dauernd was. Etwas wird immer in Frage gestellt. Früher einmal war es der sogenannte Radikalenerlaß. Mein Gott, was habt Ihr für Kübel von Schmutz hier ausgegossen, als sei in diesem Land eine Kommunistenjagd ausgebrochen. In Wirklichkeit ging es doch wohl um eine Frage des deutschen Beamtenrechts, oder? Später dann die Energiedebatte. Das Wort Gorleben sagt alles. Und jetzt, wo ich dies schreibe, ist ja die Friedensbewegung mächtig im Kommen. Die Angst vor dem Atomtod geht um. Sie können nicht behaupten, daß es sich die Bundesrepublik in dieser furchtbaren Sache leicht macht. Andere Länder, wie etwa Frankreich oder die DDR, sind da nicht so zimperlich. Sie bauen Atomreaktoren munter weiter. Sie dulden Raketen auf ihrem Boden, ohne mit der Wimper zu zucken, was die ganze Friedensdebatte in unserer schmalen Bundesrepublik ohnehin etwas theoretisch macht.

Trotzdem: Ich unterstelle wieder, daß die Jugend, die in der Friedensbewegung mit so viel Vehemenz protestiert, durchaus etwas Richtiges sieht. Es ist eine unheimliche Kraft, auf die sich die Menschheit mit ihrer Rüstungsspirale jetzt eingelassen hat. Sie reicht ja nun schon in den Weltraum. Wohin wird sie führen? Ich habe kein fundiertes Urteil zur Sache. Ich weiß die

Lösung nicht. In mir haben Sie einen hoffnungslos Liberalen, der bei Wahlgängen manchmal erst bei der dritten Frage die Hand erhebt: Stimmenthaltung? Ich enthalte mich manchmal der Parteinahme. Ich habe nicht für alles eine Patentlösung. Für manches muß man sehr viel Sachkenntnisse haben, um ein begründetes Urteil abgeben zu können. Aber das mag auch mit meinem Alter zu tun haben. Nur in der Jugend ist alles glasklar.

Immerhin: Ich sehe das Problem. Ich gestehe dieser Jugend zu, ihre Meinung zur Sache in unsere Öffentlichkeit einzubringen. Ich sehe aber auch keinen Staat, wo heute das Für und Wider so offen, so langwierig diskutiert würde wie hier. Mir scheint das ein Zeichen der Reife – für Demokratie.

Reiseerfahrungen

Der Gedanke an den Tod – er rückt näher. Gesetzt also der Fall, ich würde heute sterben, und es gäbe ein Jüngstes Gericht, und es gäbe einen waltenden Gott, gnädig und gerecht, was wünschenswert, aber höchst unwahrscheinlich ist – ich würde vor diesem Gericht sagen: Lieber Gott, würde ich sagen, das Beste in meinem Leben waren eigentlich die Jahre der großen Reisen in den siebziger Jahren dann. Dafür habe ich zu danken. Das war sehr schön. Da habe ich manches gelernt. Den Rest dazwischen vergessen wir lieber. Über diese späte Zeit möchte ich noch etwas sagen.

Es waren gute Jahre. Ich war so erfüllt von Neugier. Welthunger trieb mich um. Es waren auch Augenblicke vollkommenen Glücks und tiefer Welterfahrung dabei. Damals etwa, als ich zum erstenmal an den Küsten Kaliforniens stand, es war bei Carmel, und ich spürte den wunderbar weichen Sand unter meinen nackten Füßen. Ich hörte den Pazifik rauschen. Ich sah diesen endlosen blauen Himmel Kaliforniens: Mein Gott, ist die Welt schön, dachte ich. Oder später in Ägypten, die Abendstunden am Nil, wenn sich die Sonne, müde und blaß, zu den Toten in Theben-West legte, und ich spürte, wie nun der späte, lange Weg ins Reich der Toten begann, die doch lebten, nur eben anders: ägyptisch. Oder die hellen Nächte der Sonnenwende in Kiruna, Nordlappland, oder die Reise nach Spitzbergen, ans Dach der Welt, wo nur noch phantastische Eisformationen in den herrlichsten Farben glühen: zartgrün, orange, manchmal auch azurblau und kein Mensch mehr, nur Gräber, die von den Abenteurern erzählen, die es zum Nordpol drängte. Wie ist die Welt weit und erregend! Manchmal war ich so fasziniert.

Aber kann man's so sagen? Klingt es nicht doch etwas kitschig? Darf man es so einem Gerichtshof vortragen, vorausgesetzt, es gäbe ihn überhaupt? Ich kann's auch einfacher bringen. Ich setze noch einmal an. Ich werde ganz sachlich. Es ist so gewesen, sage ich jetzt: Schon Mitte der sechziger Jahre begann mir Baden-Baden auf die Nerven zu gehen. Das versteht man, oder? Das ist doch nicht die Welt, ging es mir immer wieder durch den Kopf, wenn ich Freunde zum Bahnhof gebracht hatte, dann langsam und melancholisch allein durch die Lichtenthaler Allee nach Hause lief. Das waren immer Sonntagabende, und Montagmorgen begann dann wieder der Bürokram oben im Funk – wie gehabt. Das kannst du nun lebenslänglich so weitermachen. Funkredakteure sind unkündbar nach zehn guten Jahren. Du wirst ein Beamter werden genau wie dein Vater. War das dann dein Leben: der grüne Salon voll alter, pelzgeschmückter Damen und sonnabends die Spätvorstellung im Kino: Cocteau und so? Das kann doch nicht alles sein, was uns nach Hitler blieb? Diese Unruhe, dieser Drang – du mußt weg! Raus mit dir! Lust der Veränderung. Sieh dir die Welt endlich an! Hinter den blauen Bergen des Schwarzwalds ist doch auch noch was? Es war alles zu eng und zu fad geworden für mich. Leiden an deutscher Provinz. Ich kannte den Laden. Es trieb mich jetzt raus.

So bin ich damals gegangen. Ich zog nach Frankfurt am Main. Ach, war das schön, die ersten Jahre bestimmt. Stadtluft macht immer noch frei, und dann kam meine ganz persönliche und wunderliche Liebe zu Frankfurt hinzu, für die ich inzwischen bekannt und berüchtigt bin. Doch lassen wir das. Es genügt jetzt zu sagen, daß Frankfurt eine günstige Drehscheibe ist. Man kann immer aufbrechen, und das tat ich nun. Ich bin immer wieder weggefahren, kam dann zurück. Es war eine Art Erdkunde, die ich betrieb. Ich lernte nicht nur die Welt kennen. Ich begann auch, die Bundesrepublik neu zu sehen. Nur wer weggeht, kann ja auch heimkehren. Nur wer die Fremde kennt, weiß das Zuhause zu schätzen. Ich will keine großen Worte machen. Ich sage nicht: Deutschland – mein Vaterland. Ich sage nur: Ich ging gern weg. Ich kam noch lieber zurück. Ein Gefühl von Zuhause stellt sich ein – zuletzt.

Was habe ich gelernt draußen? Nein, ich will jetzt nicht auf unser Ansehen in der Welt hinaus, obwohl man es schon registrieren darf. Die Scham und Schande, die Hitler einmal über unseren Namen brachte, ist ausgestanden, soweit so etwas überhaupt möglich ist. Es ist eine heilsame Normalisierung zu registrieren. Man kann sich mit dem Paß dieser Republik sehen lassen. Ach, aus der Bundesrepublik kommen Sie? Das löst in Portugal nicht weniger Wohlwollen und Neugier aus als in Finnland. Als ich durch China fuhr, im Zug von Peking nach Hongkong, löste das Wort »West-Germany« bei den kommunistischen Chinesen dieselbe freundliche Sympathie aus wie bei denen in Hongkong.

Ich lernte allerdings auch, was sie an uns draußen so schätzen. Das Wort »Bundesrepublik Deutschland« bedeutet in den Augen der Welt nicht die Assoziation Goethe oder Bach, auch nicht Thomas Mann oder Heinrich Böll. Geistig haben wir der Welt bis heute wenig zu sagen. Sind wir zu kompliziert, zu ernst und abstrakt? West-Germany meint: Maschinenbau, Elektronik, Stahlwerke, Automobile, vor allem Deutsche Mark natürlich. In Bankgeschäften sind wir offenbar Klasse. Statistiker haben errechnet, daß die Bundesrepublik die erfolgreichste Staatsgründung der Neuzeit war, ökonomisch gesehen. Wer da rechtzeitig investierte, kam mit bemerkenswerten Gewinnen heraus. Die Kulturnation blieb auf der Strecke. Der deutsche Geist hat sich zu keinem Adlerflug nach Hitler erhoben. Er hinkt hinterher. Ich registriere das ganz ohne Emotion. Ich bin nämlich der letzte, der es gut fände, wenn die Welt wieder am deutschen Geist genesen würde.

Nein, ich will nun nicht mehr auf einzelnes eingehen, Reiseandenken persönlichster Art. Jeder sammelt sie auf seine Weise. Ich will nur festhalten, daß eben dieses Gefühl entstanden ist, ziemlich spät übrigens. Soll ich es Zustimmung, Einverständnis nennen? Das wäre zu viel, zu pauschal. Mit vielem hierzulande kann man nicht einverstanden sein. Wahr ist aber auch: Ich fühle mich heute nicht fremd in dieser Republik.

Ich komme zum Beispiel mit dem Auto zurück. Ich bin in Südfrankreich gewesen, nur so: etwas Aix, etwas Nîmes, der Geschmack der Provence. Ich rolle mit dem Wagen über die Rheinbrücke zwischen Straßburg und Kehl. Meist geht das langsam. Und wenn ich dann die Grenze hinter mir habe, stellt sich dieses Gefühl ein. Der Bundesadler, schwarz auf gelbem Grund, nach links blickend, schreckt mich nicht wie früher. Er sagt mir in ruhigem, ernstem Ton: Hier beginnt dein Land, bitte! Und ich nehme es keineswegs beglückt, schon gar nicht stolz, aber doch zustimmend zur Kenntnis: o. k., allright – es hat wohl seine Richtigkeit so?

Ich will nicht von Grenzerfahrungen Ost sprechen, etwa bei Helmstedt oder Wartha-Herleshausen. Grenzübertritte aus der DDR in die Bundesrepublik haben ihr besonderes Aroma, ihre eigene, latente Dramatik. Immer ist da ein Hauch von Entlassung dabei. Das Gefühl, das ich meine, kenne ich auch vom Frankfurter Flughafen. Ich komme aus Amerika oder Israel. Die Fluggäste werden am Einreiseschalter zur Paßkontrolle gebeten. Man steht dann einen Augenblick in der Schlange, staunt, was alles hier reindrängt: eine kleine Völkerversammlung, so scheint's. Ich zeige meinen Paß vor. Ich sehe, wie der Beamte hinter seinem Desk den Paß blitzschnell prüfen läßt. Die Elektronik, die testet, schreckt mich nicht. Wir verdanken sie unseren Terroristen von einst. Na bitte, da kommt schon die Antwort. Ich begegne dem letzten kritischen Blick des Beamten, während er mir meinen Paß mit einem sehr knappen Danke zurückreicht. Du kannst mir nichts. Zurückweisen kannst du mich nicht. Ich bin hier zu Hause. Dies ist mein Land.

Und ich meine: Wenigstens die Ehrlichkeit verlangt, daß man das auch einmal zugibt. Man kann doch hier leben, und nicht einmal schlecht. Es ist nicht selbstverständlich für einen deutschen Intellektuellen, in Deutschland zu Hause zu sein. Für mich jedenfalls ist es neu.

Und manchmal frage ich mich auch: Wie lange wird das so sein? Ein freies Land, das war nicht die Regel, es ist fast eine Ausnahme in unserer Geschichte – jetzt.

Horst Krüger

Fremde Vaterländer
Reiseerfahrungen eines Deutschen
255 Seiten, gebunden.

Zeitgelächter
Ein deutsches Panorama, 256 Seiten, gebunden.

Das zerbrochene Haus
Eine Jugend in Deutschland. Nachwort des Autors
228 Seiten, gebunden.

Poetische Erdkunde
Reise-Erzählungen. 312 Seiten, gebunden.

Ludwig lieber Ludwig
Ein Versuch über Bayerns Märchenkönig
100 Seiten mit 8 ganzseitigen Farbabbildungen u. 16 Seiten
s/w-Abb., gebunden.

Spötterdämmerung
Lob- und Klagelieder zur Zeit
336 Seiten, gebunden.

Tiefer deutscher Traum
Reisen in die Vergangenheit
368 Seiten, gebunden.

Zeit ohne Wiederkehr
Gesammelte Feuilletons
336 Seiten, gebunden.

Kennst du das Land
Reise-Erzählungen. 304 Seiten, gebunden.

Horst Krüger – Ein Schriftsteller auf Reisen
Herausgegeben von Marcel Reich-Ranicki
304 Seiten, Abbildungen, gebunden.

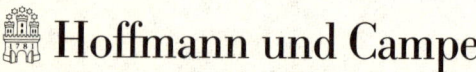

Hoffmann und Campe

Horst Krüger
im dtv

Ostwest-Passagen

Horst Krügers literarisch-politische
Reise-Essays sind nicht deshalb so
brillant und außergewöhnlich, weil
er so außergewöhnliche Orte besucht, sondern weil er sie anders
sieht. dtv 1562

Poetische Erdkunde
Reise-Erzählungen

Zehn scharfzüngig-anmutige und
engagierte Reisebeschreibungen
über Frankfurt am Main, die Provinz der DDR, Wien, Mainfranken,
Baden, den El Escorial in Spanien,
Ägypten, Washington D.C.,
Peking und Hongkong sowie ›Die
Frühlingsreise – Sieben Wetter-
briefe aus Europa‹. dtv 1675

Foto: Isolde Ohlbaum

Spötterdämmerung
Lob- und Klagelieder zur Zeit

Eine Sammlung heiterer, provokan-
ter, aber auch melancholischer
Feuilletons und witziger Satiren, in
denen Horst Krüger von sich und
seinen Reiseerlebnissen berichtet,
Zeiterscheinungen aufs Korn
nimmt, über den Kulturbetrieb
spottet und Schriftstellerkollegen
porträtiert. dtv 10355

Tiefer deutscher Traum
Reisen in die Vergangenheit

Horst Krüger auf der Suche nach
der deutschen Identität. Ein sinnliches, melancholisches und ehrliches Buch. »Ich habe es in einem
Zug gelesen, Orte und Menschen
neu entdeckt, den Osten, die Deutschen, auch unsere Geschichte neu
sehen gelernt.« (Arnulf Baring)
dtv 10558

Das zerbrochene Haus
Eine Jugend in Deutschland

Horst Krügers Bilanz seiner Jugend
im nationalsozialistischen Deutschland. Das persönliche Leben im
Alltag und die Politik jener Jahre
sind in diesem Bericht auf ungewöhnliche Weise miteinander ver-
knüpft. Ein Bekenntnis und eine
scharfsinnige Analyse des verführ-
ten Kleinbürgertums. dtv 10665

Zeit ohne Wiederkehr

Eine Auswahl von Feuilletons des
unerschrockenen Chronisten Horst
Krüger, die in den Jahren 1964 bis
1983 entstanden sind und als litera-
rische Spiegelungen des Zeitgeistes
die Jahre überdauert haben. dtv 11121

Kennst du das Land
Reise-Erzählungen

Horst Krüger als Reisebegleiter
nach Amerika, Indien, Israel,
Estland, Ungarn, Rothenburg ob
der Tauber, West-Berlin und in
die DDR. dtv 11158 (Dez. 1989)

Erich Loest
im dtv

Foto: Isolde Ohlbaum

**Es geht seinen Gang
oder Mühen in unserer Ebene**

Ein Mann verweigert sich dem
Leistungsdruck seiner Gesellschaft
und seiner Familie. Ein DDR-
Roman von souveränem Format,
der für das ZDF verfilmt und 1981
mit dem Hans-Fallada-Preis
ausgezeichnet wurde.
dtv 10430

Die Mäuse des Dr. Ley

Berlin 1934. Waldemar Naß, ein
an sich unbedeutender sächsischer
Industrieller, hat verblüffende
Ähnlichkeit mit Dr. Robert Ley,
dem Führer der Deutschen Arbeits-
front. Da dieser aufgrund seines
beträchtlichen Alkoholkonsums
ständig kleinen, Zigarre rauchenden
Mäusen begegnet, springt sein
Doppelgänger Naß bei öffentlichen
Anlässen für ihn ein ...
dtv 10687

Völkerschlachtdenkmal

Carl Friedrich Fürchtegott Vojciech
Felix Alfred Linden wird vom
DDR-Staatssicherheitsdienst ver-
haftet, weil er versucht hat, das
Völkerschlachtdenkmal zu
sprengen. Sein anschließender Aufenthalt in einer psychiatrischen
Klinik gibt ihm auf groteske Weise
Gelegenheit, den Ärzten Glanz
und Elend der Leipziger Geschichte
darzulegen.
dtv 10756

Schattenboxen

Gert Kohler wird nach zweiein-
halb Jahren aus dem Gefängnis
entlassen. Doch die Freiheit sieht
längst nicht so rosig aus, wie er sie
sich in seiner Zelle erträumt hatte.
Vor allem gibt es da den kleinen
Jörg, das Kind seiner Frau, das
während der Haftzeit geboren
wurde und dessen Vater ein anderer
ist.
dtv 10853

Zwiebelmuster

Hans-Georg Haas und seine Frau
Kläre, beide in der SED, haben
ihre Kinder sozialistisch erzogen
und sind »gesellschaftlich aktiv«.
Deshalb ist es ihr gutes Recht,
so glauben sie, sich um »das größte
Privileg, das die DDR zu vergeben
hat«, zu bemühen: eine Reise in
den Westen. Doch wider Erwarten
gibt es Probleme ...
dtv 10919